ちくま学芸文庫

経済と文明

カール・ポランニー
栗本慎一郎　端 信行　訳

筑摩書房

目次

第2部　経済の諸形態――社会における経済的要素の原理

第3部　奴隷貿易――非市場経済の安定性

経済と文明

Dahomey and the Slave Trade
: An Analysis of an Archaic Economy
by Karl Polanyi

ポランニー理論の核心——新版・訳者まえがき

今日、本書の著者カール・ポランニーは、経済史（及び古代史）と経済人類学に認識の革命をもたらした巨人として、日本でも、つとに注目を集めるようになった。

とくに、ポランニーの経済人類学者としての名声を不動にしたのが、彼の遺著となった本書『経済と文明』であり、ここでは、ポランニー理論の基軸をなす非市場社会の原理が、見事に実証的に開示されている。本書はまた、経済史の書としても大変重要なものであり、日本語版の初版刊行（一九七五年）以来、ポランニー理解の必読文献として広く読まれるにいたっている。

今回の新版にあたっては、初版刊行時に寄せられた訳文が読みにくいとの批判、ならびにその後のポランニー研究の深まりに応えて、かなりの改訂を行なった。翻訳に対する批判のなかには、訳者はポランニーがわからないのではないかとの酷評もあった。地理的・歴史的沿革を述べる導入部分の翻訳がスムーズでなかったため、その批判が正しいかのような印象をもたれた向きもあったようだが、本書の骨子である貿易港論や、貨幣論、祝祭論については、今回の改訂においても手を入れる必要はほとんどなかった。むしろ、貿易港論や取揃え商品論は、当時の訳業に依って展開されてきたのである。

だが、それでも残ったいくつかの誤りは改め、tradeを商業ではなく交易（または文脈により貿易）と訳し、goodsはいかなる場合も財とし、商品はcommodityに限るというような、この数年間のポランニー理論の浸透に対応する訂正を行なった。

原文自体、ポランニーがハンガリー人であることからもくる「悪文」の定評ある文章なので、なおかつ充分とはいえないかもしれないが、ポランニーの核心を伝えることはできると思う。

振り返ってみると、ポランニーの思想は一応は一九四〇年代に全体の枠組みは出来ているものの、科学的に重要な形式として伝達され始めるのは、本書に結実するような原始貨幣、貿易港の研究以降である。その意味で、一九五七年の編著『古代帝国の商業と市場』（邦訳『経済の文明史』〈現在はちくま学芸文庫〉に四篇が収録）と、本書は注目されるべきである。また、遺稿類からH・ピアスンが編んだ *The Livelihood of Man*（邦訳『人間の経済』岩波現代選書）も重要である。同書では、これまでの理論の整理とともに、商業の外部性、ひいては経済の内部《ウチ》性と外部《ソト》性の分離を見る眼が透徹しているからである。

しかし、いずれにしても、この『経済と文明』はことさらに重要な書である。ポランニーの非市場経済論のハートに、本書を通じて触れていただけるものと考える。

最後に、ポランニーと本書の意義を逸早く評価して本書を出版してくださり、またこの改訂作業の督励をはじめ、初版以来これまで温かくご指導いただいたサイマル出版会の田村勝夫社長と、同社スタッフの方々に感謝申しあげたい。

(一九八一年七月)

栗本慎一郎
端　信行

ポランニーと非市場社会の原理——訳者まえがき

今から六十余年前、第一次世界大戦前の混沌たる状況の中で、ハンガリー自由革命の旗手だったひとりの若者が、ブダペスト大学を追われた。若き日のカール・ポランニー(Karl Polanyi, 1886~1964)である。このポランニーこそ、ルーマニア、オーストリア、イギリス、アメリカを転々として、カナダでその生涯を閉じるまでの恵まれない寡黙な学究生活の中から、現代の経済と社会の諸問題を整合的に理解しうるまったく新しい視点を作り出し、同時に社会科学の革命ともなるべき体系を生み出すことになった人物である。

現代社会の複雑きわまる諸問題は、既存の社会科学体系の理解からはみ出し、恒常的な国際通貨危機、第三世界対先進資本主義国、アラブ対イスラエル、ソ連と中国の対立、スタグフレーション、人種問題、資源問題などあらゆる分野で、先進的な学者は、既成の理論の行き詰まりを克服すべく、苦闘を続けている。

だが、一見無作為に見えるそれらの問題がすべて、資本主義社会の原理である市場経済の法則が、その強力な支配力を失い、人類史において普遍的な、非市場社会の原理が再び姿を現わそうとしている陣痛なのだということを、予言し、また科学的に実証したのがポランニーであった。全世界的にようやく注目されはじめたポランニーのその驚くべき体系を知って、一部の学者たちは、ウェーバー、ケインズにつづく二〇世紀第三の巨人とさえ呼びはじめている。

彼によれば、社会のすべての意思決定が、最終的にはすべて市場経済の法則によって支配されてしまう社会が資本主義社会であるが、それはけっして人類史の必然的な歴史的段階ではなく、むしろ異常と言えるほど特殊な歴史的構造体であって、これが変質しようとして自ら変質しきれない過程こそ現代なのである。したがって、市場経済の支配力が崩れた後にも、社会主義とか共産主義といった必然的な次の段階が用意されているのではなくて、非市場社会、すなわち人類の歴史における、より根本的・普遍的社会の原理を意識的・有効的に摂取しない限り、現代社会の諸問題を解決するいかなる試みも、今後ともただただ混乱と失敗を繰り返すか、手さぐりの歩みを続けねばならないのである。

ポランニーの透徹した眼によれば、ロシア革命もファシズムも、資本主義社会の市場経済の支配とそれがもたらした社会的欠陥に対する反撃であったが、裏づけのある方向感覚を持たない社会的試行だという点では、歴史的に同次元でとらえられるものである。この市場経済への反撃は、さらにニューディールや福祉国家政策として現われる。また、一九五〇年代以降の現代社会の諸問題についてのジレンマは、ほとんど、市場経済が社会の原理に基づく要求を組み入れることができず、他方、われわれもまた、その問題をいかなる方向に沿って処理すべきかが認識されていないということなのである。

では、いったいなにが、現代社会をゆりうごかしている非市場経済社会からの反撃の軸であり、方向なのかという問いが当然生まれてくるであろう。それに対するポランニーの解答が、晩年の全精力を傾けた結果としての本書 *Dahomey and the Slave Trade: An Analysis of an Archaic Economy*, University of Washington Press, 1966 であり、今後学問的に、実際的に、長く指針となりうる道しるべの宝庫なのである。

＊

ポランニーの体系が、このように包括的で、しかも衝撃的な示唆に満ちていることは、一九六〇年代後半から、学問的行き詰まり状況を痛感していた先進的経済学者たちの理解するところとなった。まず、非市場経済を分析する科学的な方法が確立されていることによって、比較経済体制論の分野に影響が現われつつあるのをはじめ、経済史および経済原論、そして日本の宇野派経済学の一部にも彼の問題提起が受け入れられようとしている。

ポランニーの提起が、生前必ずしも人びとの関心をとらえなかったのは、それがあまりにも根源的で、かつ古代ハムラビ王国から現代の第三世界にまで言及するという一見理解しがたい奥行きを持っていたことに第一の理由があるが、さらに、彼は新古典派経済学の全盛期にありながら、ボハナンも言ったように、まったく異世界的《アザー・ワールドリー》に寡黙で、派手な論争などとは無縁だったことも大きな理由である。しかし、彼は個人的な接触においては大きな影響力を持っていた。経済学のジョーン・ロビンソン（ケンブリッジ大学）や、人類学のコンラッド・アレンスバーグ（コロンビア大学）らに強い影響を与えたし、コロンビア大学大学院の講義や研究計画を通じて、その後、各分野の指導的立場に立つ俊秀に深甚な影響力を持った。そのなかには、いまや文化人類学の泰斗と言えるポール・ボハナン（ノースウェスタン大学）、同じく人類学のマーシャル・サーリンズ（シカゴ大学）、経済史から経済人類学へと導き入れられたジョージ・ドルトン（ノースウェスタン大学）らの名前をあげることができる。

　ポランニーの影響を受けた若手学者は市場経済の幻想にとりつかれていた経済学界ではなくて、より幅広く柔軟な文化人類学界で活躍の場を得、いずれもすぐれた業績をあげた。彼の薫陶を受けた若手が、文化人類学界で名を高めてくるにつれて、彼の業績もしだいに知られるようになった。そのため、彼はまず経済人類学者として知られるようになったが、彼自身は、経済人類学を柱としたコンパラティブ・エコノミストだと考えていたのである。

　そのポランニーが晩年最後の数年の努力を投じた本書は、必ずしも啓蒙書ではないし、難解な論理展開もあると思われるので、重要な点について少し触れておきたい。

＊

本書は、事実の舞台を一八世紀西アフリカのダホメ（ダオメ）王国にとりつつ、非市場経済社会の制度的運営とその原理を明らかにしたものである。そこを貫いている視点は、人間にとって本来、社会と経済の関係はいかなるものであるのかということであるが、本来の普遍的人間社会である非市場経済社会においては、互酬（reciprocity）、再配分（redistribution）、市場交換（market exchange）という三つの社会経済行為のパターンが、基礎となる社会的関係に組み込まれながら社会を統合しているのである。

互酬とは、血縁関係や友人関係における社会的義務となっている贈与行為であり、再配分とは、政治的または宗教的な中央権力への社会的義務としての財物の支払いである。したがって、市場交換以外は、すべてその基礎となっている社会的関係と不可分のものとなっている。この三つのかかわりかたが、その社会の「統合の型」、言い換えれば社会の体質または型となるというのである。

ダホメ王国を例にとりつつ、ポランニーは、社会と経済の関係が、三つの要素をとおしていかに緻密に組み合わされ、安寧に満ちた社会を作り出しているかということを、われわれの目の前に示している。ダホメには文字も近代的産業もなかったが、人びとはすぐれた制度的運営と管理に基づく、機能文明《オパラティブ・シビリゼーション》を享受していた。奴隷という不幸な商品を用いてはいたが、ヨーロッパ人との接触においても、むしろ黒人社会側の論理が貫徹されていくのである。ヨーロッパ側の論理に対して、まったくの虚構的な貨幣単位、取揃え商品《ソーティングス》を発明することによって対抗していく点に関しての分析が、本書中、もっとも難解な部分である。だがわれわれは、非市場経済が安定して運営されるとき、その社会はもっとも強靭で安寧であることを知るであろう。

この書を頂点とする仕事によって、ポランニーが残した業績は、こうした分析の方法が非市場社会のすべてに対して有効であること、またこの三つの経済行為の方法が、いかなるかたちで社会に埋め込まれているのかという検討が、どの社会に対しても有効であることを明らかにしたことである。これによって、すべての民族や社会の文化は、旧来のせまい常識からは考えられない広い枠組みの中で、「比較」されうることになった。また経済学は、市場経済社会である資本主義の歴史的特殊性が、マルクスの認識以上に完全に部分的で例外的でさえあることを知らされ、より普遍的な非市場経済社会を分析するについては、経済人類学と呼ばれる分野が不可欠であることを知らされたのである。そして、こうした分析から示される非市場経済社会の文化と経済の原理が、現代の混迷する社会で本質的に要求されているものであることをポランニーは述べている。直接現代の諸問題を取り扱っているわけではないにもかかわらず、本書が現代社会と学問に対する導きの書とされているのは、こういうわけである。

＊

ポランニーには本書のほか、著書に *The Great Transformation*, Rinehart, 1944（邦訳『大転換』吉沢・野口・長尾・杉村訳、東洋経済新報社）、および編著書に *Trade and Market in the Early Empires*, The Free Press, 1957がある。日本では『経済の文明史』（玉野井・平野編訳〈現在はちくま学芸文庫〉）が出版され、この二つの著作を含むポランニーの論文が紹介されている。

訳者たちは、ともに天理大学に勤務していた時にこの訳業を開始した。文化人類学と経済史を専攻していて、現在は二人とも経済人類学の仕事を始めているが、予想をはるかに越えるほど難解であったというのが実感である。しかし、原著の刊行にも協力したジョージ・ドルトン教授から日本語版への序文と多くの示唆を得ることができ、カナダのイローナ・ドチンスカ・ポランニー未亡人からもアドバイスをいただけたのは幸いであった。吉沢英成助教授（甲南大）、水田洋教授（名古屋大）のご配慮にも感謝する。

訳出の分担は、端が第1部、第2部の2、3章、第3部の1章、栗本が第2部の1、4章、第3部の2～4章で、第4部は共同で行なった。全体のまとめには栗本が当たった。

本書が刊行されるとき、訳者の一人は本書の舞台である西アフリカへ、一人はボハナンやドルトンのいるノースウェスタン大学へ研究に向うことになった。これも何かの機縁であろう。なお、全体の構成からみて、またドルトンの示唆によれば、第4部は未完の遺稿である。引用の出典と参考文献は本文行間に（番号）を付し、巻末にまとめた。本書の原題は「ダホメと奴隷貿易」であるが、ポランニーのモチーフが文明にとって経済とは何であるのかを解明することにあるので、邦訳に当たって簡明に「経済と文明――ダホメの経済人類学的分析」とした。読者のご了解を得たい。

本書の刊行をお引き受けくださり、いろいろと暖かく導いてくださったサイマル出版会の田村勝夫社長、編集部の諏訪部大太郎氏に心からお礼申しあげたい。

（一九七五年八月）

栗本慎一郎

端　信行

経済人類学への新たな理論提起

ポール・ボハナン*

一九六四年四月二三日、カール・ポランニーは七七歳で亡くなった。その死は、経済史および経済人類学の分野でもっとも生産的で黙々と仕事を残した人生、そして熱情的で典型的な二〇世紀人たる学問的存在の終焉をもたらした。その博識と、通例にとらわれない態度に感銘を受けた晩年の弟子たちの何人かが、彼を〈異世界的《アザー・ワールドリー》〉と評したが、ポランニーは、彼が生きた世界では嵐の中心にいたのであった。

その青年時代には、彼は、二〇世紀初頭のハンガリー自由革命の「ゆりかご」とも言えるブダペスト・ガリレイ同盟の創始者だった。その組織とともに闘ったために、彼はブダペスト大学を追われ、最終的には法律の学位を、当時のハンガリー（今日のルーマニア）のコロツヴァール大学で得たのである。

第一次大戦中には、彼は騎兵将校であった。第一次大戦後、彼は病気になり政治亡命者として、ウィーンへ行った。そこで彼は、「エスターライヒッシェ・フォルクスヴィルト」のコラムニスト、解説者になり、国際問題の分析を担当した。数年の間、彼は毎日「ザ・

タイムズ」「ル・タン」「フランクフルター・ツァイトゥング」、およびすべてのウィーンの新聞その他の関連する限りのものに目をとおした。「フォルクスヴィルト」が、一九三〇年代を生きのびるために自由主義的伝統を捨てねばならなかったとき、ポランニーは職を失い、イギリスへ渡った。

彼が最初にアメリカへ旅したのは、一九三〇年代後半から四〇年代初期にかけてであった。そのおり、彼はカレッジや大学の聴衆に対して、ヨーロッパの歴史や経済および時事問題についての背景を講義しながらアメリカのほとんどの州を訪れた。

イギリスに滞在中、ポランニーはオックスフォード大学の課外活動常任委員会、およびロンドン大学の同じ組織の講師となった。両者とも労働者教育協会との密接な関係のもとに活動していた。彼はそこで、やがて『大転換』(*The Great Transformation*)という著書として実ることになるイギリス経済史の再分析に没頭した。

第二次大戦後、ポランニーはコロンビア大学にやって来て経済史を講義した。社会科学、人文科学畑のたくさんの学生に対する影響はおどろくべきものであった。彼の講義コースはいつも人気があり、多数の出席者であふれていた。コロンビアでの晩年、および引退してからの数年間、ポランニーはコンラッド・アレンスバーグ〔コロンビア大学人類学教授〕の参加を得て、経済システムの比較研究に対する大規模な共同研究計画を主宰した。それが結実したのが、経済人類学と経済史のひとつの道標『古代帝国の商業と市場』(*Trade and Market in the Early Empires*）であった。

＊

ポランニーのダホメへの関心は、この共同研究計画にかかわった数年間に芽生えている。彼の学生の一人、ローズマリー・アーノルドはダホメについて二つの論文を書き、『古代帝国の商業と市場』に寄稿した。ポランニーはさらに関心を拡げ、独特の徹底性で西アフリカのダホメ王国に関する文献に踏み込んでいった。本書は、彼の最初の大学院学生でありトロント大学講師となったアブラハム・ロットシュタインの助力を得た、最後の数年間の実りの多い研究活動の結実である。

本著『経済と文明』（*Dahomey and the Slave Trade*）は、ベリル・ジリスピイの助力を得て、ポランニー夫人イローナ・ドチンスカ・ポランニーと、ジューン・ヘルムのあくことない努力によって出版の準備が行なわれたものである。ジョージ・ドルトンは参照文献と、手稿が不明瞭ないくつかの部分の意味を明らかにする点で多大の貢献をしている。しかしながら、本文のほとんどはポランニーの書いたとおりである（第2部の1、2章は、彼がロットシュタインの草稿を書き直したものである）。スーザン・メサリイは、多数の出典から参考文献表の対照を行なった。

本書は、いくつかの理由で人類学にとって決定的な重要性を持っているが、より心をひかれるのは、この中で歴史学と人類学の関心がオーバーラップしていることである。経済史を偉大な西アフリカの諸王国のひとつに対して有効なものとするとともに、本書は経済人類学に対して新たな理論を提示している。それはとりわけ第3部でなされ、そこでポランニーは、完全に貨幣化された経済を持つ民族とそれを持たない民族との間の交易についての複雑な問題を解明しており、そのなかで彼は、ひとつの概念として、経済統合の原理に関する彼の諸観念に「家族経済」(ハウスホールディング)をつけ加えている。

ポランニーが経済史家、ハンガリー文学翻訳家、行動の人、鼓吹的な教師であったことについては言うまでもないが、彼の経済人類学に占める地位は確固たるものである。彼は、人類学者たちを、生産の諸過程よりもむしろ分配過程の経済についての研究に焦点をむけさせることを可能にし、それによって、これまで解明の対象にはならなかったいくつかの経済システムに対して経済理論を単純に〈適用〉することを避けて、その研究を経済理論と調和させたのである。

経済人類学および比較経済の研究にとっては、彼の巨歩的前進の結果であるこの〈解放〉は、先の一九世紀における価格メカニズムそれ自身の発見の重要性とも比較されうるものである。私たちは他の、そして見なれない形態の経済についての諸研究を知れば知るほど、私たち自身の経済について知ることができる。ポランニーの業績は、比較考察研究の大きなよりどころとして存在しつづけるであろう。それこそは、人類学の目的の核心でもあるのだ。

（一九六五年）

＊ Paul Bohannan は、米国ノースウェスタン大学の文化人類学教授。

深まるポランニーの影響——日本語版によせて

ジョージ・ドルトン*

カール・ポランニーの著作は、経済史研究家、社会人類学者、そして考古学者たちによって注目されている。

彼の最初の著書『大転換』（*The Great Transformation*, 1944）は、一九世紀ヨーロッパの工業化による社会および経済の破壊的結果は、市場の機能を許容する自律性、すなわち、自由競争資本主義または〈自己制御的市場システム〉にその原因があるとしている。この書は、ただちにA・シーバースの『市場資本主義は崩壊したか』で詳細に検討された。また後になって、いくつかの論文が、E・H・カーの『新しい社会』、J・K・ガルブレイスの『豊かな社会』、グンナー・ミュルダールの『福祉国家をこえて』、そしてジョン・ヒックスの『経済史の理論』のなかで考察されている。

彼の二番目の著作『古代帝国の商業と市場』（*Trade and Market in the Early Empires*, 1957）でポランニーは、古代および原始経済、すなわち市場的諸制度によって工業化されたり組織されてはいなかった経済を分析する理論的体系を構築しはじめた。彼がとくに示そうとしたのは、そうした原初的経済における外国貿易、貨幣的物品、市場が、一九世紀や二〇世紀の発達した資本主義経済でのそれとはまったく異なる機能をしていたということであった。この書が現われてから一六年、ポランニーの思想は、ポール・ボハナン、マーシャル・サーリンズ、ウォルター・ニール、そして私自身をふくむ幾人かの人類学者、経済学者によって敷衍され、応用されてきた。

そして本書『経済と文明』（*Dahomey and the Slave Trade*, 1966）は、『古代帝国の商業と市場』で提出された思想を、一八世紀における西アフリカのダホメ王国に適用したものである。本書は、最近ハンガリー語に翻訳された。そして、今ここに日本語で出版されることを深く喜ぶものである。またポランニーの論文の集成『原始的、古代的、近代的諸経済――カール・ポランニー論文集』（*Primitive, Archaic and Modern Economies : Essays of Karl Polanyi*, ed. by George Dalton, 1968）が、四つの雑誌論文や二つの短い論文とともに、彼の三つの著作からいくつかの章をとり入れて、英語で出版されている。この論文集は、フランス語、イタリア語に翻訳されようとしている。

＊George Dalton は、米国ノースウェスタン大学の経済人類学教授。

プロローグ　ダホメ王国の経済人類学的意味

本書は、無文字社会のひとつ、一八世紀の黒人王国ダホメの経済上の成果に関するものである。その焦点は、ダホメ王国の興隆と、世界商業にもユニークな逸話、すなわちダホメの裏庭に噴火した近代奴隷貿易への対応にあてられている。

しかし、全体としては、この仕事の展望は好古家的なものではない。ひとりの経済史家がその時代の諸問題に立ち向かったささやかな貢献だとしても、この短い分析は、大きな社会経済的変化の真の姿がいつどこでも私たちの視野を拡げ、解決に向かっての探究を前進させるという確信に立って提出されている。しかし、たとえ過去の時代のいくつかの特徴が現代に教訓を与えるように見えても、私たちはそれでも現在の未開の諸世界のなかに理想的なものがあることに注意しなければならない。

力の造物主でもある恐怖は、現代において、人間の生活の軸を経済的秩序から切り離し、政治的、道徳的秩序へと振り動かしつつある。質素な肉体的生存と自由と、そして、道徳的に意義深い生活とが近い未来には不可避のものとなる。そこは、外観とは正反対に、物質的生活ではなくて、緊急の課題である生存と人間的高潔さである。そこへの変化の雄大さが、まさに本書の展望なのである。

私たちの直面している現代的混迷の歴史的な起源を語るためには、時間的にそれほど古くさかのぼる必要はない。一九世紀は、ふたつの巨大なひどく違った秩序を生み出した。すなわち、千年分の技術的発展と、その発展に対する経済組織の側の最初の対応である市場システムとである。

経済組織の変化は、一九世紀の技術的奇跡に活躍の場を与えるために要求された。市場システムは、生産という目的のために精巧で高価な機械の使用を組織化する、おそらくはただひとつの手段だった。危険負担の準備と能力、生産と消費についての知識は、何世代もの間、〈プッティング・アウト〉システムになれてきた商人階級には性の合わないものであった。こうした諸条件のもとでは、あらゆる商品を扱う市場が、機械への原料の安定した流れと製品の分配を行なう、唯一の効果的な方法として組織されねばならなかったのである。すべての点で相互に連関した市場のシステム作りに失敗していたならば、機械に資本投下する経済危険度は非常に高かっただろう。市場では消費財や原料だけが求められたのではなくて、土地と労働もまた、流動性と供給の維持を確実なものにするために、擬制商品として組織に組みこまれねばならなかった。人間と環境が、不可避的に、売るために作られた市場商品に適用される法則に支配されるようになってしまった。その結果が、自己制御システムに近づいた市場となり、それが一九世紀前半に西洋社会を革命したのだった。

人類が自分自身と、自らの社会について認識することは決定的に重要である。いったん生活が利潤動機に基礎を置き、競争的態度によって決定される相互に連関した市場の連鎖によって組織されると、人間の社会はどの点においても、物質利潤的な目的にこびへつらう有機体となってしまった。

市場システムのもとでは、社会的プロセスに与える経済の影響が圧倒的なのはもちろんである。経済の作用、つまり需要と供給の相互作用は、ここでは社会の支柱を形成するか、あるいはそれを〈決定〉する。それらは、ほとんど三角形のようになっており、その一辺の長さが角度を〈決定〉する。

諸階級の構成を見てみよう。労働市場における供給と需要は、明らかに、それぞれ労働者、雇用者となる。資本家、地主、小作人、仲買人、商人、知識人の階級はそれぞれ土地、貨幣、資本、種々のサービスの市場によって定められ、また実際に作り出された。これらの社会的諸階級の収入は、それらの市場によって決められ、身分や地位は収入によって決定される。

いったん技術が市場システムを導くと、その制度的配置が経済についての人間の思想と価値観の中心にすわる。自由、正義、平等、合理性、法律の支配といった概念は、市場システムの中でもっとも隆盛を極めたように思われる。自由は自由企業を意味するようになり、正義は私有財産の保護、契約の擁護、市場における価格の自動的決定などの中心となった。個人の財産、財産収入および勤労所得、彼の持つ商品の価格は、まさにあたかも競争的市場において形成されているようにみえた。平等は、協力者として契約に参加するすべての人びとの無制限の権利を意味するようになった。合理性は、効率性と、最高度に発達した市場行為によって概括される。市場はいまや、そのルールが法律と同じような経済制度となり、すべての社会関係を財産と契約の基準の中に組みこんでしまった。

近代的交換経済は、その範囲内に間接的であっても物質的諸手段に依拠する社会の全局面を含んでいる市場システムなのである。私たちの社会生活は、あれこれの物質的手段なしにはおくれないのだから、経済（または物の供給過程）を支配する原理が絶対者として考えられるようになってきた。

新しい見通しに立つならば、そこでは経済が社会に対し相対的なものとされねばならないところの、別個の重要な制度が要求されている。私たちが時代遅れの市場志向の精神を持っているために、忘れられていた大陸が急に工業化されたり、先進的大陸はどこに行きつくか判らないようなエレクトロニクス・オートメーションや原子力によって操られるという、この時代の諸問題の本質に接近することが妨げられている。(65)

西洋経済の運命を決定した奇妙な諸条件のもとに、西洋文明の労働問題が置かれているほとんど自覚されていない弱点がある。利潤原理を絶対化してしまったがゆえに、人類はそれを再び支配する力を失ってしまった。〈経済〉という語はまさに、人類の物質的生活の計画や、それを確保する実質的技術を意味するのではなく、まとめて私たちが〈経済的〉と呼びならわしている一連の特別な動機、特殊な態度、特定の目的を意味するのである。それらは実体としては現実の実質的経済とは無縁のものであるのに、近代西洋文明的特色のはかない相互作用によってのみ、あたかも必然的結果のように考えられてきたものなのである。経済の永遠的特徴ではない、この一時的な特徴が、私たちにとって本質的であるかのように映っていただけなのだ。

一九世紀的な固定観念が、思想的にも制度的にも生存への道をふさいだ。それらの固定観念は、明らかになりつつある社会的諸条件のもとで、物質生産の組織を運営する上での永遠の障害であった。そこで私たちが展望するのは、もはや永続する性格を持った機械時代によって惹起された生活と社会の一連の問題についてである。

新しい技術革新、すなわち市場システムは、労働や土地市場のない社会の本質への理解を妨げている。そうした市場がない場合、経済の働きは、外見からでは説明不能なのである。なぜなら、ここでは労働や土地、すなわち生産の諸要素の分配を説明するものがないからである。経済史家の古代社会への批判的関心は、自然と、それによって経済過程が動かされている構造、制度、機能を見究めることに向けられている。

既成の経済概念の誤謬

市場システムの機能を説明するために作られた経済の諸概念が別の制度的枠組みに応用された場合、誤った結果になることは明白である。たとえば、交易とか貨幣といった基礎的術語の定義をとってみよう。交易は、価格主導市場の財の二方向的運動として定義されるし、貨幣はその運動を容易にする手段として定義される。そして、交易や貨幣に諸条件が備われば、そこに市場が存在するのは自明の前提となるだろう。

しかし、そうした接近法は、完全に誤っているであろう。ハムラビ時代のバビロニアでは、都市にも市場はなかったが、この事実は、アッシリア学者の観察からは抜け落ちている。その上、上述した貨幣の概念が不充分である。貨幣は、交換の手段ではない。それは支払手段であるかもしれないし、別の目的や物質的単位として異なった用途に役立つかもしれない。バビロニアにおいて、大麦は支払いに、たとえば賃金や地代に用いられ、一方銀は価値尺度として用いられた。市場がないので、特別な目的の交換、すなわち、ある一定の区画の土地や家、少数の奴隷、何頭かの牛馬や何隻かの舟以外の交換が存在した様子はほとんどないし、もしあったとしても、実際に銀が使われた証拠は少ない。むしろ、油、ワイン、羊毛、その他の主要商品が差別なく、ある一定の等価量で、交換手段として役立った。

交易に関しても、事情は同じである。バビロニアの交易は、エジプトとは対照的に、活発であったので、学者たちは市場交易だと考えていた。そうして、管理貿易と贈与交易は見落されてきたのだったが、贈与交易は古代帝国間のおもな貿易形態であった。バビロニア時代以来ずっと存在する管理貿易の別の形態は、前近代のあの重要な制度「貿易港《ポート・オブ・トレード》」によっていた。

価格の概念が違っていたわけではない。価格は明白に市場価格として受けとられていた。ただ、実際には、古代では価格はだいたい慣習、法律、命令によって定められていたのだから、おそらく一般に価格と呼ばれるべきではないであろう。価格は決して変動しなかったのだから、それらを〈決められた価格〉と記述するのはまったく誤りであろう。おそらく「等価量《エクイヴァレント》」というような新しい術語が必要とされている。この語は、ある種の財が他の財に代用されるか、交換されるかの場合における永続するレートに対してここで用いられる言葉である。

その違いは基本的にはふたつの等価量の種類の差にある。すなわち、税金の〈現物〉の支払いにおける一方向的運動や、ポイント・システム下で配給物資の中からの選択におけるような〈代用された〉等価物（代用等価物）と、たとえば一定の価格での一種の代替物の購買がそうである、商品の二方向的運動におけるような〈交換された〉等価物（交換等価物）の差である。

バランスの上にたつダホメ経済

これらすべての誤謬の源は、交換を経済関係として位置づけたことであった。それはすなわち、物が手に入るところはどこでも〈供給〉という術語が有効であるとか、物が目的への手段として用いられるところではどこでも〈需要〉という市場用語が有効であるといった主張である。人間の世界はつねに市場制度に向かうシステムだと経済学者によって解釈されてきたが、そのことには薄弱な根拠しかない。実際には、交換以外の形態が、前近代世界の経済組織の中で行なわれていた。原始共同体においては、互酬性が経済の決定的特徴として現われるし、古代経済においては、中央からの再配分が広く行なわれている。より小さい規模ではあるが、農民の家族の生活パターンは家族経済である。しかし、互酬性と家族経済は、いかに広く見られたものであっても、交換に還元することのできるものだけを経済現象だとする近代の観察者には、不可視のものとしてとり残された。

ダホメの経済は、地方市場によって補われている互酬行為と、家庭経営の網の目をとおして調和させられている再配分的支配と、地方的自由のバランスの上にのっていた。計画された農業は、自由な村落によって統合されていたし、政府による外国貿易が、一方では市場システムを避けながらも地方市場と共存していた。この古代的社会は、法的支配の下に堅固な社会構造を持っていた。そして、身分というものが、市場システムとは疎遠な貨幣の機能によってさらに強化されていたのだった。

経済史家は、過去に関するデータに客観的な光をあてて利用できるようにしなくてはならない。たとえば、文明の基準として読み書き能力をとることは、宗教的、政治的、または経済的理由で書くことを禁じ、好ましくない文化的接触を避けた、高度に階層化された社会では意味がない。これに関してはアシャンティ人とダホメ人が思い出される。彼らが戦争や商業、商品流通において成しとげた成果が、いかに文字のないことと矛盾しなかったか？ その答えは、われわれが〈機能的《オペレーショナル》〉と呼ぶべき忘れ去られた文明の一局面に存在していて、そこでは、成功プロセスの概念化抜きでうまくいく、複雑な機械的および組織的な絶妙な技巧が働いているのである。

原初的諸国家（古代国家の諸原型）は、まさに機能にまつわる考案によって、原始主義《プリミティヴィズム》から脱して登場したのであろう。その精密な小石の統計や、特殊な計算体系がひとつの実例である。たとえば、ダホメにおいては子安貝の貨幣への応用と、「人間とハツカネズミ」の計算のやり方という、その他すべてに対応する二種類の計算法があった。これらの発明は、ＩＢＭに比較しうるコミュニケーションの前進であった。ＩＢＭはまた、機械による思想の代替、超克をも結果するのである。

ダホメの初期国家が行政面でなしとげた成果のもうひとつは、高水準の政治的手腕であった。このことは、のちに政府の代わりをつとめる傾向さえあった市場システムを欠いていることにも部分的には原因があった。したがって、〈近代〉が苦しめられている政治技術の衰退は、市場の次第次第の増大から結果してきているのであるということになる。ともあれ、一八世紀のダホメ研究が示すものは、政治の才能は決してヨーロッパの独占ではないことである。隣り合っていたダホメとアシャンティはギニア海岸で独立した存在を保ち、何世紀にもわたって、思慮深くかつ熟練した技術をもって別々の通貨を用いていた。大規模な商業的交渉にもかかわらず、交換比率は一定に保たれていた。アシャンティは、砂金を用い、ダホメは子安貝を用いた。この子安貝貨幣は、近代西アフリカの植民者がそれを知ったじつにとらえどころのない貨幣的手段であった。イギリス人とフランス人は、それに加えて、奴隷貿易において相互に安定的な架空の通貨を用いたのだった。

アフリカの土着社会における機能文明は、文字文明にその席を譲った。そして、高度の政治的手腕はアフリカ大陸の目覚めつつある諸国家において不意に再び姿を現わすかもしれない。自由と官僚制、または計画と市場の激しい確執さえも、両方とも目新しいものではない。複雑な管理から自由になるのを恐れることは、自由交易と中央計画とが対立しているのと同様に、すべて古代経済にその兆しを見せていた。このふたつのジレンマはダホメにおいて相互作用をしていたようである。

初期国家の社会構造は、自由と効率双方のセーフ・ガードとして働く制度的工夫に満ちている。ダホメの周辺部には、村落や叢林の中に大小の市場地がたくさんあったが、そこで売られる穀物の選択は首都からの計画に基づいていた。海外貿易は、そうした市場とは別個の官僚的ネットワークを通じて行なわれ、〈貿易港〉の媒介を経ていた。伝統や自由の揺籃である家族的、地方的生活に起因する諸行動から、中央の管理が形態的に分離していたために、専横な支配というものは押えられていた。そうした法律的限定は、防衛、商業、租税、宮廷の通貨の行政的分離によってさらに強められていたし、一方、地方的自治は王さえも犯すべからざる根源的な慣習に根差すものであった。

ダホメ文化の特殊性と普遍性

近代人は、経済史家を代表として、前植民地時代のアフリカに再び関心をもちつつある。一八～一九世紀のイギリス人旅行者にとってのダホメはヘロドトスのいう半ば架空のスキチア〔黒海およびカスピ海の北と東方の地域。スキタイ人の国〕以来ならぶもののない強い軍隊、アマゾン軍の根拠地であった。祖先崇拝の義務による大量殺人の証拠として、頭蓋骨のピラミッドを作っていた国だった。それは、ある程度は、宗教的な食人慣習でもあったのだが。

これが、ブリストル・リバプール海峡戦争の捕虜が筆舌につくしがたい非人道的な状態のもとで西インド諸島へ送られた時のダホメであった。本書で提起された問題は、最近のアフリカ人が個人の自由と進歩の理想を承認していることについても、また私たちの祖先による人類に対する許し難い犯罪についても触れていない。私たちはどちらについても時代錯誤的になることを避けねばならないからだ。

再配分、互酬性、家族経済は、まとめられてもひとつの経済システムになるものではないし、したがって当然古代経済の部分的画像なのである。そこで、カール・ビューヒャーの「近代社会のみが、大部分交換に基礎をおいた統合された国民経済を持っている」という主張を思いおこす。[16] カール・ロートベルトゥスのいう「オイコス」は(ギリシア人が「家」を指してそう呼んでいるように)、市場はあるが、その経済が市場システムを持っていないという範例であった。[70] しかしながら、そこに交易を導入することによって、私たちは、まさに西洋の国民経済が依拠している要素である、市場、貨幣、交易を持ち込もうとしている。これがひとつの経済システムの諸要素をみたすかのように思われている。

ダホメは市場を持つ国家だったにもかかわらず、それらは孤立していたので、ひとつのシステムに組まれてはいなかった。この事実は、市場と貨幣と交易とが分離できないものなのだと誤って考えられていたために見のがされてきた。一八〜一九世紀の仮説と反対に、交易、貨幣、市場は決して共通の母体からは発生せず、事実別個の起源を持っていたのだ。交易、貨幣の起源は人類の先史時代に埋め込まれており、一方、市場はごく最近発展したものである。

西洋的思考では、市場制度の諸機能として交易や貨幣を除いて考えることはほとんど不可能である。西洋的思考は、交易、貨幣、そして市場が、市場メカニズムの諸機能として私たちがまさに経済システムと考えるものの中に混在させられている場面では、近代の市場経済についてのたしかに正しい説明であった。そうしたプロセスの一般的統合と再生が、市場を通じて働く需給関係によって形成される。しかし、経済史の大部分において、交易、貨幣の使用、市場要因は、相互に独立に生起し、発展して来たのである。

元来、交易は遠距離の商品入手や運搬である。したがって、それは一方通行的な「利益搬入」をなす。そこに二面的な要素が、主として遠征と贈与の貿易に伴って導入された。貨幣は、賠償や儀礼的罰金のような一定の状況で発生した支払いに用いられた。人類学者と古代史家が最近になって示していることは、交易と貨幣はしばしば諸社会の特徴をなすが、市場はそれほどではないということである。ただし、現在通用している市場のふたつの意味は当てはまっている。ひとつは——典型的には自由地で——買手と売手が会い、主として食料品や即席食品などの生活必需品が購入できる〈場所〉の意味であり、いまひとつは、一定の場所に限定されなくてもよい、〈需要供給価格メカニズム〉の意味である。

ダホメ経済における交換形式の役割は、たくさんの思いがけない特徴を示している。地方市場、貨幣、外国交易が広く存在しているのに、経済全般にわたる統合形態としての交換はダホメ社会ではほとんど役割をもっていない。理由は簡単である。役割を果たすためには、交換は市場の諸要素から生まれる価格をとおして機能しなくてはならないし、そうした条件下では、生産は、消費財と生産財のための市場における価格の機能なのである。ダホメでは、これはまったく行なわれなかった。価格は市場で形成されずに、その外部の代理者や組織体によって決定された。生産は、君主制やシブ組織、組合の支配下にあり、諸価格の上に形成される利潤を追求する個人や企業の無名者の競争から生まれたのではなかった。かくのごとく、交換は経済過程を構成する統合形態に発展することを妨げられたのである。経済的諸制度は、相互に関連のない特性のままにとどまり、いかに重要なものであろうと、経済の限定された局面の中にあったのである。

交易は、主として外国貿易であるが、制度的に市場と区別されており、国家の権限内にあった。近隣貿易は、孤立した市場圏によって物理的に限定されていて、量的にたいしたことはなく、中距離貿易にも発展しなかった。その範囲が中央権力によって操作される輸出入の再配分的流れによって限定されていたのだからなおさらであった。

一方、地方市場では強制されていた貨幣の使用は、それを発行し、また再配分システムの機能にとって枢要とした国家の支配の下にあった。貨幣の動きは、信用が資源の動員に役割を果たす経済におけるようには〈金融〉へは到達しなかった。ダホメは、基本物資財政が従属的役割を果たしていた地域でも大体は〈実物〉経済であった。

非国家レベルにおいては、二、三の生活の基礎的必需品のみが市場に結びつけられていた。屋敷の塀の建設、屋根のわらぶき、両親への義務の遂行、田畑の耕作や収穫に際して、互酬的社会制度が働くのである。すなわち、ドックプウェ（共同作業集団）、ソ（職能組合）、グベ（相互扶助グループ）、そしてなによりも、シブ組織（父系リネジ組織）である。これらの制度は労働および土地の用益を分配し、経済過程の運動を導き、生産を組織し、そして主として外部からの活動であるが、市場での価格を定める。貨幣と交易はこのように国家の再配分的領域に適合していったのである。すなわち、租税制度は金納化され、武器の供給や他の政府輸入物は国家が組織した外国貿易によった。経済全般にわたる交換システムが市場から発達しなかった一方、文化的創造性が三つの交換制度のそれぞれの中に発見される。市場に関して言えば、孤立した市場がひとつの発展物である。

交易はウィダの貿易港において絶頂に達した。そのウィダこそはきわめて精巧な商業的支配の組織体であった。そして、貨幣の分野において、ダホメは、通貨の歴史上稀な優れた功績を残したのである。

ウィダの港を中心にした奴隷貿易は、いくつかの方法で経済史家への挑戦である。系統的な人類学からは単なる審美的文化的な暗示として落とされている〈古代的〉という語は、〈原始的〉と〈近代的〉という語に介在する社会学的な一局面を表現するために復活されるべきであろう。しかし、歴史家は自身が循環的定義のなかに迷い込んでいるのを気づかないとすれば、この語を用いるのに用心せねばならない。

国家と経済、制度と社会の相関現象には、それぞれがときおり古代的という語を冠されるが、名前を必要とする範疇だと主張できる真実の優先権はない。国家も社会も、経済でさえもひとつの全体として古代的と見なされるべきものではない。私たちは、原始共同体にはまだ現われず、貨幣の交換手段としての使用がすでに一般的な諸社会にはもはや見ることのできないそれらの経済的諸制度を「古代的」と表現しつつ、発生学的な接近を選びとるであろう。

古代経済の構造、機能を提示する分析を企てると、事実的証拠の欠如か概念の不充分さかのどちらかによって、途方にくれるような問題に出会うであろう。この研究の場合は、一八世紀ダホメの古代経済または奴隷貿易に関連した明確な術語を使う努力がなされるべきである。私たちは交易、貨幣、市場諸制度の古代的あり方を明らかにすることができるだろうか？　そうした経済が、再配分、互酬性、交換の流れに沿って形づくられた諸制度に埋め込まれているものとして描写してよいのだろうか？　どんな機構と工夫が見知らぬ文化間の貿易を許容し、容易にするために創出されたのだろうか？　そして、いかなるかたちで、奴隷ラッシュの渦のなかで西洋の貿易が西アフリカの交易の方法に適応したのだろうか？

ベニン分離帯の気まぐれな気候や、ダホメ全体の地理的枠組みとは別に、奴隷貿易の悲劇は、私たちをして制度的発展の温床を形成した歴史の圧迫にも目を向けさせるのである。それゆえ私たちは、自己の立場をアフリカ的環境のなかに投影するのを慎まねばならないのだが、この人類史の一研究のなかに、偶然に発見するかもしれない私たち自身の課題への解答の諸要素を喜んで利用しようとするものである。

第1部

ダホメ王国――その歴史的背景

1章　内陸王朝とベニン分離帯——王国の成立

一七二七年、ダホメ王国がギニア海岸地方に出現したとき、それは一世紀ほどの歴史を持つひとつの新しい君主制国家であった。

この君主国は、領有のさだかでない土地で種族的にも入りまじった諸集団をその軍事力で恐れさせ、うまく組織された外国貿易や安定した通貨、そしてその模範的行政組織で畏敬させていたひとつの好戦的クランから、突然興ったのであった。不運な出発から国家の絶頂へという、そうした速い発展は、歴史家にひとつの問題を提起する。

このダホメ王国は一九世紀の地図に示されたダホメではない。それは、一六世紀の末、海岸から六〇マイルほど内陸の小地方に起源した。そこは横断に一日行程の行軍も要さない、小さな高原であった。多くの戦闘ののち王国は領域的拡大をとげ、ついには一九世紀に植民地化される以前のダホメの人びとを含む地方に拡がった。その歴史の変遷は、その勢力の発揮を促した刺激と同様に、それが投げこまれた自然環境、限定された地域、海岸との関係におけるあいまいな位置、すなわちいわゆるベニン分離帯という環境の中で生じたのであった。

西はクッフォ川から東はウエメ川まで、その地方の平均的距離は五〇マイルほどで、面積は四千から五千平方マイルにおよび、約二〇万の人口を保持していたという。それは、北東で隣接するヨルバ族起源のオヨ族の一部程度のものであった。ダホメ社会は、細かく分かれた種族グループからなるという、典型的な西アフリカの人口現象を示している。住民はほとんど破壊されていないサバンナの生態に適応し、アブラヤシを点々と植え、まばらに居住した混成の人びとは、彼らにとってタブーであったところの海を、ものに憑かれたように恐れていた。ダホメの東西の近隣種族は海岸を避けていた。彼らの首都は、ダホメ族自身の首都アボメと同じく、比較的海岸から離れて置かれた。すなわちアシャンティ族の首都クマシ、ベニン王国のベニン・シティ、そしてヨルバ王国の古オヨなど。[34]

地理的には、その地方はまったく特色のない叢林におおわれた地方で、ダホメ族は、クッフォ川と南西方面のアセメ湖を除いては、いかなる自然的資源も自然的フロンティアも持たなかった。その地方はまた、深く防御するには小さすぎ、一部分は森林でおおわれていたが軍事上利点のある河川や山地が欠けていた。この点に、これらの欠点を補うための、すぐれた武器を持つことの重大な必要性があった。生き残るのに唯一必要な火器を入手できる海岸を、ダホメはどうしても必要であった。

海岸の東部と西部の森林帯を突き抜いて、ベニン分離帯は海岸ラグーンで内陸ダホメと結ばれた。二千マイルの海岸のうち、三百マイル足らずの範囲が森林におおわれずに残され、三〇マイルほどの距離で雨季がたいそう温和になり、それゆえ気候は、とくにダホメの南の短い直線部分では、その土壌の肥沃さをより良くしているのであった。

フランス人が呼んでいるところの〈その穴〉は、大規模な造化の戯れの一例である。セネガルからニジェール川にいたる数千マイルにわたって、西アフリカの内陸へはただ河口をとおって、海から近づくことができる。ポール・メルシエは、このことに基礎をおいた民族分布図を作って、広く西アフリカ地域を次のように述べている。「それは海岸からサハラまで拡がっており、サヘル、スーダン、バウレ、ベニンと呼ばれている、緯度的に連続した気候的植生帯を含んでいる。しかしながら第一の重要な事実がこの秩序を分解させる。それはベニン分離地帯の存在である。それによってスーダン型気候の影響は、まさしく海岸に直接およんでおり、東の中央アフリカ森林から西部ギニア森林地域を分離している。この突き抜けの効果は、南トーゴにはじまりニジェール川西岸のあたりで徐々におわるアタコラ山脈と、まったく平行して生じている。この気候の変則性の説明は、われわれの務めでもなければ、またできる仕事でもない。

このことについては、リシャール＝モラルドの言及に耳を傾けよう。〈三点岬（タコラディ）からはじまる海岸は、モンスーンの支配下にあり、寒流は海岸線に接近する。トト＝アタコラ山脈が、スーダン地方から流れてくる東風をさえぎるので、それは南方向に吹き抜けることになる。冬季には、近接した赤道アフリカをおおう低気圧が、ハルマッタン（十一月から三月にアフリカの内地から西海岸へ吹く乾燥した熱風）を吸い込む〉。すなわち、四つのもっともらしい理由が、この地方の気候がもはや密林の気候ではないことを説明している」

ベニン分離帯にあたる海岸について、メルシエは、ふたたびリシャール＝モラルドの記述を引用している。

「ゆるやかに二度の雨季のリズムが現われる。（それはアタコラ山脈に平行に南東方向、たとえばベニン分離地帯の方向へ動いていくのだが）降雨は海岸線に近づくにつれて減少する。たとえば、海岸から内陸へ向って山地がはじまる地点のロメでは、最も少ない降雨量を記録する。〈季節的リズムはまだ赤道地帯的であるが、雨はもはやほどよい程度である。スーダン気団はその猛烈な暴風（ハルマッタンが局地的に、貿易風ようになってあらわれる）を起こさなくなる。これは赤道地帯の縁辺的特徴であり、そこではすでにアブラヤシは馴じみぶかく、雑穀類とくにトウモロコシが完全に定着している。言いかえると、赤道地帯とは、いまなおおいに未開墾林をともない、それを人間の耐えられる限界内にとどめている土地である[57][68]〉」

この引用に対して、メルシエは、この事実はたしかに人間関係的な、そして社会学的な

1図　ベニン分離帯（P. メルシエ：1954による）

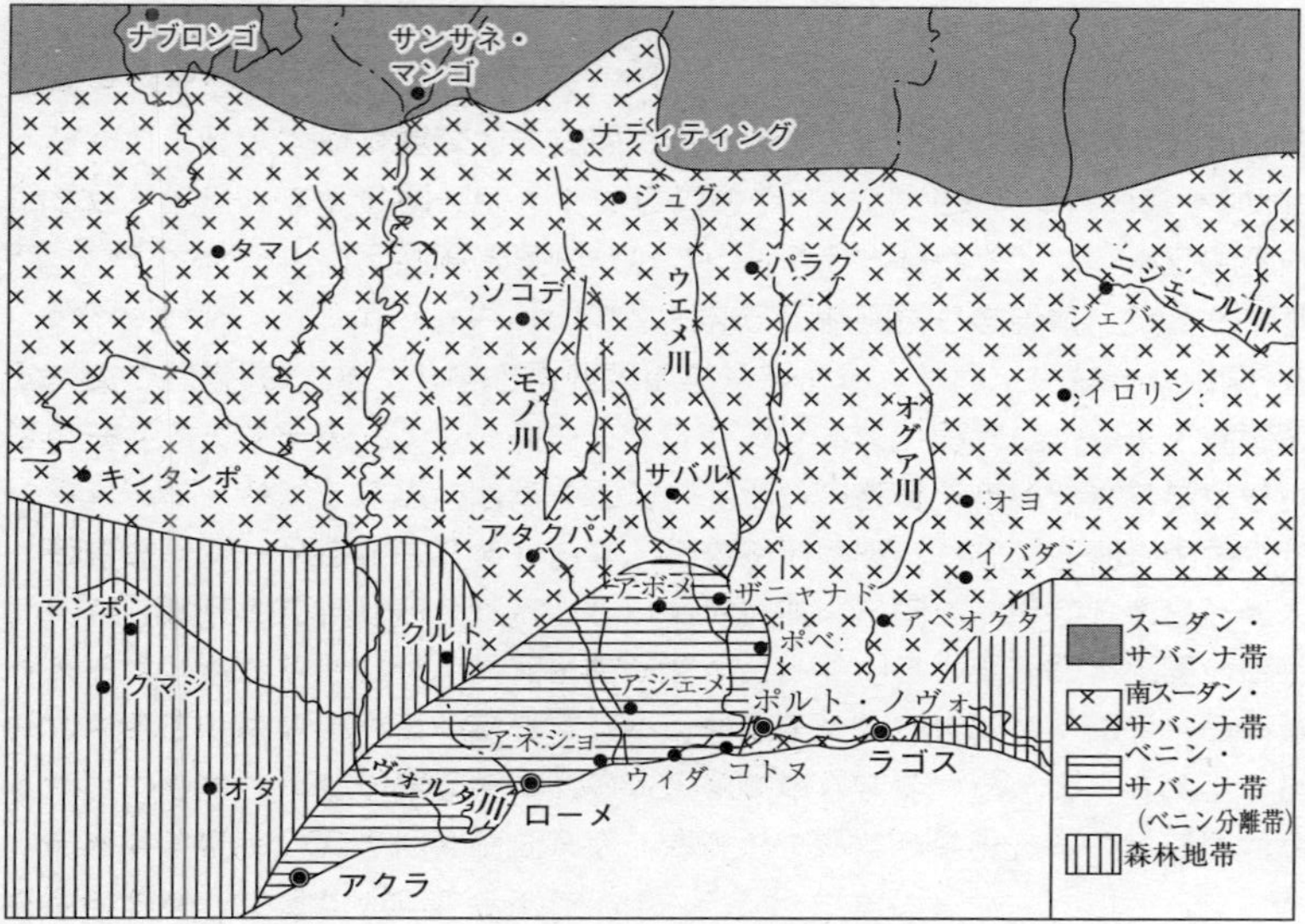

重要性をもつものだと付け加えている。

上ギニア地方の他の内陸諸国家が、海岸から離れて存続することは容易なことではなかった。しかし、火器を獲得するために奴隷貿易に依存したダホメは、一方では結果として生じる紛糾を避けるという慎重になるべき理由も抱きながら、海岸との直接的接触の手段を求めねばならなかった。気候や植生からみて、その分離地帯は内陸と海岸との間に好ましくない要素を形成していた。そのことがダホメの歴史を形作ったのであった。

海岸のラグーンの住民にとっては、彼らをとりまく土地は安全を意味した。ほぼ二百マイルにも達する互いに結ばれた水路は、北部では湿地があるために攻撃から守られていた。同じようにポルト・ノヴォ、大ポポス、ウィダには、隠れ島、浅瀬、流路の変わりやすい川、狭い〈通路〉、そして他の戦術的要地などがあったし、アルドラ王国も同様だった。アシャンティ、ベニン、オヨといった他の内陸国家の地理は、彼らの安全に寄与していた。しかしダホメは内陸国家のままでいることができなかった。その建国より〈ほぼ一世紀の間、ダホメはその隣人たちからの攻撃を、やっと退けることができた〉[33]。銃器を求めてアフロ＝アメリカ奴隷貿易に依存したことで、ダホメは海岸に武力で勢力を築くことに躊躇はなかった。

しかしながら網の目状のラグーンが、陸上の勢力を掌握することを困難にし、ときには公然と大体はこっそりと、白人の海軍に味方された近隣の、舟に乗り漁撈を営む人びとを

2図　西アフリカの降雨（J. B. キンサーによる）

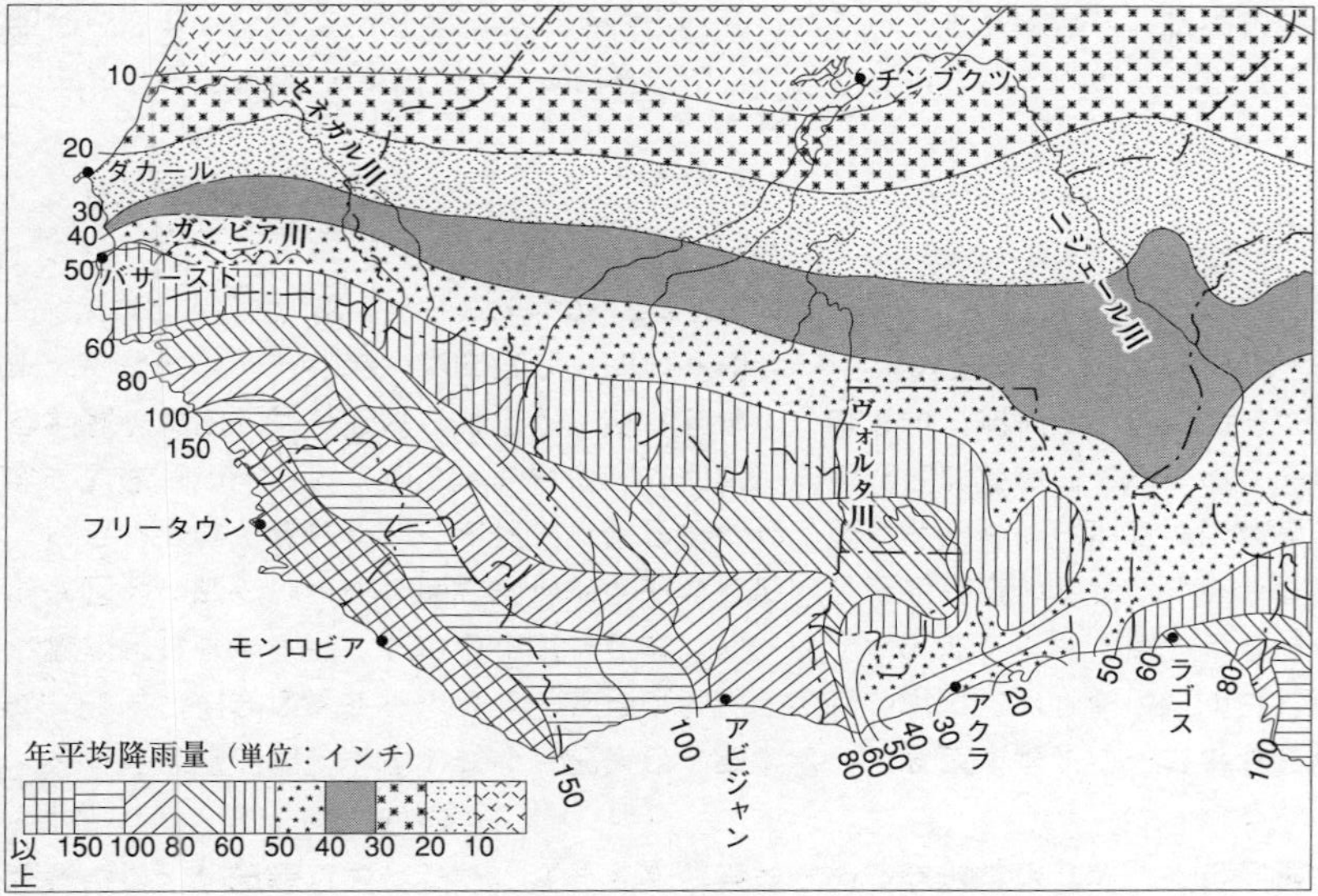

制することを困難にしていた。ダホメ社会はおよそめぐまれないところに位置したのであった。

ダホメの領土は、もっと大きな国家の一部分として吸収されたことはなかった。もっともダホメの土地の断片ぐらいは、他国の新しい住居の礎石になったのかもしれないが。また種族的にまざりあったこの住民たちは、アシャンティ族やヨルバ族といったような、ほぼ帝国とも思えるような連邦国を作り出せるほどの部族組織を持っていなかった。

このことは、なにもダホメ文化に集中する力と鋭い影響を与えている宗教的伝統の結合性を軽視するものではない。祖先崇拝は当然、王族への忠誠を含んでいる。王族は、毎年の壮観な貢祖大祭《こうそたいさい》の儀式において、輝くばかりの豊かさと気まえのよさをふりまきつつ、王とその人びとに共通した信仰の、目のくらむようなシンボルとなるのである（毎年の貢祖大祭については、第2部1章で詳しくのべられる）。

ダホメの君主制

日々の生活に関しては、それは土地と深く結びついている。それは、高次元では出自集団あるいはシブ組織で相続された財産の問題において、また普通には村落生活という両方の面で考えられる。貴族のアマゾン軍団の禁欲的な規律や、君主自らの厳格な職務の執行といった独裁的側面とは正反対の、村びとの平等性という側面の中にも、有意議な表徴が見出される社会なのである。

フランスの歴史学者ゴーティエは、ダホメの君主制を黒人世界の政治組織のうちで、もっとも進んだ形態とよんだ[35]。たしかに、不快な残忍な行為、宗教的集団殺人、政治的場面での裏切りの仕方などは、これらの高度な成功の副産物であろう。にもかかわらずダホメ王国はゆるぎない社会であり、社会連帯のきずなによって存続していた。しかし結局は、あからさまな力がそれを圧倒してしまったのだが。

歴史上のダホメ経済についての研究は、極端に集中化した官僚制が地方的生活の自由さや自主性と矛盾なく形づくられているという点で、現代人を感嘆せしめることだろう。また外国との貿易行政が権力主義的な君主制を背景に計画される一方で、〈ブッシュ〉すなわち田舎では大きく国家領域の外側にある社会組織を維持している。身分の低いものが住み、世襲の屋敷地がリネジの耕地や相続権を定められたアブラヤシの樹に囲まれている村落は、中央政治の活動から除かれている。

社会は、全体としては、国家と非国家的社会とからなる。というのは、村あるいはシブ組織の屋敷地の集合でさえ、不思議にも、国家に属さない世帯集団を示すからである。このようにふたつの点における高度な黒人の行政的手腕、すなわちごく最近までの君主制や古代的な一族居住と極度の安定と忍耐といったものが、まれに見る完成した構造を、自発性と強制とのバランスのうちに造り出すために結合している。

そのピラミッドの頂点に、黒人国家は独特な権力の中心点をつくった。それは王族の間で世襲される、いわば専門職としての王権ともいうべき型を示している。中世ヨーロッパにおけるアンジュ公国〔フランス西部ロワール河谷地方の公国〕、近代ヨーロッパにおけるホーエンツォレルン家は、玉座の候補者を擁する国ぐにの間で国際的な親交関係を結んでいた。西アフリカではイル＝イフェ＝ヨルバ族が、カタクレ、すなわちずんぐりした簡素な黄金の玉座に対する熱望者の群れによって、上ギニア海岸を手に入れた。ケツ王国〔アボメの北東約五〇マイル〕では、九つの王家〔のちに五つに減少〕が実際的な始祖エデを擁して〈順番に〉おさめた。アボメの少し西の、トーゴのタドからは、ヨルバ族のアジャ支族が扇形にひろがり、新しい聖都アラダを創始した。そこから他の世代の王たちがポルト・ノヴォへ、そしてついにはダホメへとひろがった。

社会的ピラミッドの基部には、不毛の土壌と取り組む人がおり、ひとつの居住形態が展開され、それは西アフリカの大部分で、黒人集落の不変の一要素となった。すなわち男と、妻を伴った彼の兄弟たち、息子たち、そして未婚の娘たちの家からなるひとつの屋敷地に居住する拡大家族がそれである。そのような壁にかこまれた住居集団や屋敷地のいくつかが〈集合〉をなしている。(38)

ダホメにおいては、屋敷地はハースコビッツが〈シブ組織〉とよんだ男系出自集団の、ほとんどが男たちの住居である。これらの男たちをめぐってつくられた拡大家族は、仮小屋あるいは草ぶき家屋の集団に住む。この様式は社会的行動における生物的、自然的、精神的決定因子を反映している。こうして、隣人は親族や兄弟や宗教などの織り込まれた構造を基礎づける役割を果たす。このように築かれた慣習は、人間社会の仕組みと同様に、ほとんど不滅であり続けるにちがいない。

国家建設という仕事は骨の折れることであった（第4部1章を見よ）。しかし歴史時代のダホメの土地は、強く望まれていた地域が定住され、近隣の住民にはどうしても使えなくなった後の、奴隷狩りの手ごろな餌食たる無防備な人びとの一団を除けば、移住民にさえも見捨てられた残りの土地だった。必要があればそのはざまのような土地に過剰人口が放り出されたのである。

ダホメは、メルシエがいうように、実際、辺境の無住地であった。彼はダホメを、遠く離れた北部と近接した南部との間に横たわる真空掃除機のような部分に当たると述べている。その北部はすなわち、マリ、ソンガイといったニジェール国家群からなり、その東はハウサ王国に連続する。また南部にはヨルバ、ベニンからアシャンティへ拡がる小さな海岸王国が現われる。

メルシエはすでに、垂直な煙突を真横に切ったような形に東と西とを結んでいる文化の水平的連続についてのゴーティエの叙述にもとづいて、さらにこの領域を狭く限定している。この文化圏の東方の中心は、ヨルバ文化であり、その遠くおよんだ影響は、黄金海岸の内陸に拡がった森林の中でようやく見えなくなる。メルシエは、この見方を、奴隷略奪の結果としておこった、東から西へつながる人口密度の低い地帯の存在という人口的現象によって確認している。その地帯の細長さは、ダホメの西に隣接する中部トーゴをとおり、中部ダホメへのびており、東では同緯度のヨルバ地域においてさえ、はっきりと現われている。(57)

ゴーティエが、赤道森林帯は異なった性質をもち、ダホメ＝サバンナによって分離されると主張しているのは正しい。すなわちベニン分離帯の東の古いヨルバ国家では、人びとは植林された土地に、アブラヤシの下に耕作した農地をもち、高い密度の人口を養い、聖なる諸都市から伝えられる活気を受けていた。(35) 数世紀にわたって、ひとつの宗教的伝統が南西のベニン地方や海岸沿いに、北西の古オヨの軍事中心にあったような、小さな座所を見出しつつあった。

ベニン分離帯の西には、黄金海岸や象牙海岸、そしてリベリアへのびる原始林が横たわり、高い山なみとともに、狭い荒涼とした海浜から殺風景な奥地への道を妨げていた。ダホメ自体も、まったくの叢林であった。イル＝イフェやオヨは、この地域の少数の人びとに対する外部からの政治的影響を行使した。彼らはそれらの人びとに対して、宗主権はあったが、しかし彼らを併合しようと試みはしなかった。

人口は、ほとんど東部から、すなわちヨルバからベニン分離体の東側の境であるモノ川までを横切って数世紀にわたり移動してきた、移住民の一団からなっていた。そこでは連続した移住の波がいくども重なった。あるものはその道をもどりさえした。それらの層は、いまも跡をたどることが可能であり、ほとんど原住の〈パレオニグロ〉諸族の混合であった。その地域の政治的統一は、内部からは試みられなかった。

同じ一般的な方向に向かって、小規模だがしかし力強い選ばれた人びとの移住もまたおこった。ときには友人や召使いにともなわれ、ときには彼ら自身のクランのみで、王族の子孫たちは王の発祥地イル＝イフェ、あるいは彼らの祖先たちが移動してきたより新しい聖なる都市を離れた。それこそすなわち、半宗教的権威の統治を行ない、王という地位を遂行するまことに驚くべき訓練をした、強い力で存在する君主たちであった。その血族者の集団は、順番に他の者のあとを継いで都市の玉座を占めることを企てた。イル＝イフェ型の統治者の標準といったものを、私たちはまず西部にあってヨルバ族と関係の深かった小さな独立国ケツに見ることにする。ダホメについてのごく最近の歴史学者で、ひとりのフランスの行政官が、その生涯の大部分をその地ですごした。エドアルド・ドゥングラがその人で、私たちはここで彼のことを詳しく追ってゆくことになる。

彼は個人的に人口センサスを編集し、土着民の家族の回想によって、ほぼ一七世紀中頃以後のケツの歴史を再構成したのである。アボメの北東にあるサヴェと同じく、ケツはオヨやベニンからのより一層重要なヨルバ分派よりも、ずっとのちになって基礎づけられた。ドゥングラ時代のケツの統治者は、口頭伝承によれば、イル゠イフェ子孫の四八代目であったが、最近の一〇代だけが歴史に現われている。最初の移住は早くも一一世紀ごろと記録されているが、伝説が伝えるイル゠イフェとのつながりは途切れてはいない。

伝説から歴史へ

伝説および歴史の織りなす特徴的な諸点は、次のようなものである。[30]

「ケツの基礎を築いたエデ王は、最初の王族の指導者から数えて六番目にあたっていた。その最初のイッチャ゠イクパチャンは、西の地方に新しい故地を求めてイル゠イフェをあとにし、彼とそのクランは約一二〇マイルの旅をした。イッチャはオケ゠オヤンに落ち着いた。時が過ぎ、彼の息子たちは散らばった。そのひとりオウェは、西へ移住した。もうひとりはサヴェを築き、第三番目の息子はもっとも遠くまで放浪し、のちに長くヨルバの軍事的中心となったオヨを築いた。

イッチャ゠イクパチャン自身は、息子のオウェと合流し、ともにさらに西へ進み、アロの村を開拓した。イッチャがそこで死んだとき、オウェはオケ゠オヤンの村に帰り、彼の父の墓を建て、数年そこにとどまった。

イル＝イフェの九つの王族は、ともにアロへ向かって移住し、イッチャおよびオウェと一緒になった。オウェが死んで、その後継者は九つの王族の中から選ばれ、その後、順にそうされた。その第七代目が、ケツの歴史的建設者エデであった。彼はアロに居住していたが、イッチャとオウェは結局そこで埋葬された。そこでその家族は二度目の分裂をし、エデの三人の息子は、それぞれ違った地方へ移住していった。エデ自身は、彼らの祖先の許しを請い、祖先を忘れないと約束し、彼の忠実な狩人で道案内人のアラルモンを伴って移動していった。案内人によって見つけだされた標識は、彼が流浪のときから知っていた大きなイロコ樹であった。

伝説はここから歴史へと移行していく。一九二二年に、背の高い木に落雷があったが、それはケツの実際の位置に立っていた。最初からの居住者——のちにダホメ社会の貴族層となったフォン集団から出ている——が叢林の中に住んでおり、彼らの住居地のそばにヨルバからの移住者の居住を許したのは、まさしくこの場所であった。さかのぼって数えると、ドゥングラによれば、ケツの王としてエデが就任したのは一七四八年である。伝統に従って、儀式はほとんど一年間続いた。死んだ君主の葬儀から二一日後に、首長が全員出席による会議を招集し、順を待つ王族の中から新しい王を満場一致で選ぶことになっている。また、新しく公表されるはずの王子は、つねにケツに親しく居住することはしなかったようである。

こうして王に選ばれた人間は、人びとに布告され、数時間は大混乱が起こる。つまり新しい君主に対して、粗暴なるのろいや言葉の上での下品な侮辱や悪口を言うのがきまりであった。次の朝、こんどはなぐさめがはじまり、そのとき、一時期王の私物にされていたすべての女はその正当な夫のもとへもどるのである。王の個人的な負債は寛容に整理されて、必要ならば、死んだ王の宝庫から支払われるのである。ファとして知られる占いのようなもので決められた〈都合のいい〉日に、王の遊歴が、まず第一に、即位に向かうことからはじまる。

はじめは近隣の歴史的な場所が訪問される。それらは伝承によって祖先の霊と結びあわされたところである。それから儀礼的旅程が、君主は象徴的にも肉体的にも先祖たるエデのアロからケツへ、すなわち彼の村から未来の都への移住を具現する道程ではじめられる。その道中で、彼はケツへ到着するまで記念の数多くの複雑な行為をはじめなければならなかった。

遊歴が終ると、三つの異なった場所での儀礼的閑居の期間がやってくる。王が魔術を手びきする家にとどまる三カ月の最初の夜、宰相が秘密の占いの知識を王に渡す。次の朝、王は夜明けにその日彼の代わりとなる大臣とともに、その家をあとにする。王は大門をとおって入り、町の門を通過し、中央市場《ビッグ・マーケット》へ足を踏み入れる。彼は厳粛に正当な王であることを宣言された王であり、イッチャ＝イクパチャンから発した家族たちやそのすべての姻族とともに布告官から詳細に話を聞く。

もうひとつの特殊な場所における三カ月の滞在は、エデの忠実な案内者アラルモンをまつるものである。ついに彼はイフェの象徴である宮殿にも、さらに三カ月とどまり、よって先祖伝来の統治者〈アフィン〉の称号で呼ばれることになった。そのあと王は、わらぶきの、昔は鉄が溶鉱されていて、のちにヨルバの炉と名付けられた建物を訪れる。最後に王は宮殿に入る。接見の時には、かの伝統的場所に、王が彼の代わりに残してきた幾人かの大臣たちがあらわれる。

王の出席のもとに、最初の会議が開かれる。オヨおよびイル＝イフェの君主には、特別の使者によって新しい王の即位の言葉がおくられた。

こうしてダホメの東方の湿地のイル＝イフェ王朝は、ケツとサヴェのふたつの小王国のカタクレについた。東北の方面からダホメに対して絶えず脅威となっていたオヨ軍の司令官たちは、エデ王の時代に類似した慣習を要求することができた」

今や私たちが目を向けるのは、ダホメ固有のアラドクソヌ王家がヨルバ王朝の他の系統、つまりもっと西のアジャ族に属していたということである。イル＝イフェから出たこの芽は、数世紀の間、イッチャ＝イクパチャンよりずっと西の地方を広く放浪し、北部トーゴの中心地タドを築いた。

歴史をとおしてきわ立っている中心的都市は、東のイル＝イフェとオヨの二王朝と、さらに西のタドとアラダの二王朝の中心都市であった。後者の二王朝は、もちろんアジャのアラドクソヌ家と密接に同盟していた。その軍事的影響はダホメに及び、その南西部地方にまで伝わっていた。勢力関係では、遠くはなれたオヨが飛び抜けていた。その地方には、ずっとオヨを恐れており、もしもオヨがその方面に関心をもつようになれば、防戦をせねばならないアラダがあった。北部のアジャの首都タドは、地理的に分離しており、友好的、中立的であったが、その南に近接するアラダは、ダホメを海岸地方から隔離し、カヌーの編隊をもつラグーンや浅瀬の部族に支持された問題の多い緩衝国であった。

アラドクソヌ一族の勃興物語は、それが興ったダホメの西の辺境からはじまり、中央高原へ移り、ついにはダホメの歴史のほとんどが展開された東部へと続く。クラン伝説の初期の部分は、征服の名前に値するようなことはほとんどなかった。それは空隙地に器用に移り住んだといった性格のものであった。それはあたかもケツ王朝が人口稀薄なフォン地方に、エデ王のもとで東方に静かな侵入を企てたのと同様であった。ただ後者の場合、それがアボメを確立したとき、ダホメの領域になるはずであった地方の保有をめざす王朝の進出の中にあって、連続的な残忍な局地戦を伴なう侵入となった。ゲデやウェメヌやチや他の〈内部の敵〉となる諸族に対する本格的な戦闘が続発していた。

アジャはヨルバ族のうちで初期に西方へ移住していった一群の最大のもののひとつであ

った。そしてそれは共通の発祥地であるニジェール川の巨大なデルタの右岸からもっとも遠くへ移動していったものであったようだ。今日、アジャ族は約一五万人を数え、以前のフランス領トーゴと西部ダホメの一部に居住している。アジャの影響力の中心はタド王国であり、それはアジャの移住をおしすすめた王族が居を定めたモノ川の浅瀬の対岸にある。ヨルバ移住の連続的波は増大しつつ、ほとんど一八世紀の終りまで続いた。移住は、いわばカエル飛びのスローモーションのようであり、一世代か二世代の間隔をおいたのち、次の集団が先住集団が到着した地点へ進むのである。

ひとつの王族クランが南方のアルドラ王国に向かって移動したのは、タドからであった。この王国は、そのころ、アセメ湖の西のラグーンに興っていた。クッフォ川沿いのアラダにおけるタド族の居住地は、こうしてタドの聖なる都市イル＝イフェに当たるものへと成長した。

伝説では、一三世紀のころに、タドの王のひとりの娘が森の中で雄豹と出会い、それがアガッス王子の誕生となったという。また、ひとりのアジャの王子が競争のうちに殺害され、アガッスのクランとその従者すなわちアガッスビはその地を離れねばならなかった。彼らは彼の神となった祖先の頭蓋骨とあごの骨を、クランのカタクレと同じように運んでいった。彼らはアセメ湖の付近に移り住んだが、タドの人びとはついにそこからも彼らを追い払った。彼らは北東の地方、そこにはアブラヤシが繁り、彼らがアガッスの埋葬地アラダを築いたところへ移動することを選んだ。後に、アジャ系タドの一族は、彼ら自らをアラダ・タドヌと呼びはじめた。歴史的には、アラダは、海岸のサヴィ（ザヴィエ）やジェキン（ジャキン）とならんで、アルドラ王国として、初期の地図に見えるものと同一である。

伝えられるところによれば、一七世紀のはじめ、アラダの故アガッスビ王の三人の息子が、相続権を争った。もっとも年長のコクポンがそれを獲得した。彼の弟のテ＝アバン＝リはヨルバ族の基礎づけたポルト・ノヴォの玉座を得た。いっぽう、三人のうちでもっとも若いド＝アクリンはより良い地位を求めてアラダをはなれ、北へ向かった。(30) 彼の孫息子がダホメ王国の最初の支配者となったのである。彼の旅の最後の場面は、勇気と裏切りと殺人の物語であり、ついに獲得された玉座は、そこにしっかりと座ることのできる者の手に握られる賞になるのである。

こうしてダホメ王国が位置づけられ、基礎が築かれたのである。

2章　奴隷貿易の挑戦——王国の展開

ダホメ人社会に大きな軋轢をもってのしかかってくる歴史的事件が、外部から到来し、その経済領域の中に出現した。サトウキビの海外プランテーションから生じた奴隷貿易の爆発が、ダホメのすぐ近くのギニア海岸地方を、無類の衝撃をもっておそったのだ。結局、ベニン分離帯という地理的現実は、内陸国として組織しようというダホメ王国史における固有の意思を挫折させた。というのは、海岸における突然の巨大な発展は、ダホメ社会をいくつかの海岸の小国から隔てていた沼地によるせまい分離地帯を打ち破り、ダホメ人の南方への移動を余儀なくしたからである。奴隷貿易の突進によってひきおこされた事情の激変は、ついに新しい国家の危機を深刻化し、早くも君主制が特別な役割を果たすことになった。

ほぼ一三〇年のちに起こったジェームズ・ワットによる蒸気機関の発明にも比すべき、特別な画期的事件が、アンティル諸島に起こった。すなわち一六四〇年、サトウキビがバルバドス島に導入されたのである。二〇年たつかたたないうちに、それは〈「タバコに追いついてしまい、ロンドンへの植民地プランテーションからの輸入品のほぼ半分に達した」(24)〉

大西洋貿易のドラマチックな変貌が準備されていたのであった。二五年間のうちに、旧植民体制と呼ばれるようになる機構の全体ができあがった。

一六六四年につくられたフランス貿易会社は、政府出資によるもので、コルベールみずからによって管理された。アフロ＝アメリカ型通商の新しい型が、ただ新大陸発見の時代という航跡のあとをたどってきたのだと広く信じられていたことが、間違っていたことになる。事実、サトウキビのプランテーションの起こるまでの一世紀半のあいだに、目につくものは何もなかった。ただ一六八三年までは、のちのポルトガルの海外植民地の首都バヒアでアフリカ黒人が見出されたにすぎない。そのうちの三千人は、新大陸植民地で使用するためにアフリカで獲得されていた。ギニア海岸地方それ自体では、まだはっきりした重大な変化は起こっていなかった。シモーヌ・ベルベイン夫人によれば、ギニア貿易は、一六六四年までは「胡椒・金・象牙に限られていた」(8)

イギリスにおいて、「ロンドン・アフリカ貿易会社」という会社が設立されたのは、ほぼ同時期の一六六〇年のことであった。「その基本的目的は、金の探索であった」(24)

そのわずか一二年後に、王立アフリカ会社が起こされた。歴史家は、その会社について、

「新会社は、イギリスの植民地で要求が増大しつつある黒人を、おもに取り扱うのであった」と解説している。[24] 近代奴隷貿易は一六七二年にスタートしたと見なされうるのである。

プランテーション農業は非常な利益をあげていた。西インドは王室や貴族のうちでも高い身分のものの個人的な所有となった。奴隷の獲得は、いまや〈絶対に必要なもの〉として認められた。[24] 入植民者の利権は法律によって強化された。密貿易者は、奴隷労働力を獲得することを引きうけるという条件のもとで、プランテーションの利益にあずかることが認められていた。なぜなら、豊富な収穫は、まさにその労働力にかかっていたからである。ルイ一四世治下のフランスでは、アメリカへ輸出されたアフリカ人奴隷のすべてに、政府の報償金が支払われていた。

国際経済における変化が、大西洋を越えるひとつの潮汐を引きおこし、それは西アフリカ海岸の二〇マイルほどの地帯に打ち寄せていった。これは、本質的に、それに従事する人を富ませる商品の交換といった、ありふれたたぐいのものではなかった。

一世紀たらずの間に、数百万のアフリカ人を、彼らの村から海外奴隷制度の中へと掃きつくすことになったこの貿易は、特別な種類のものであった。それは平和的な物々交換というより、黒死病にも比しうる類似性をあらわにした。強力な白人帝国の支配層は、大富豪たちの見込みによって催眠術をかけられていた。つまりそれは、急速に拡大しつつあるサトウキビのプランテーションに、熱帯地方から労働力を供給できるという前提に立っていたのであった。そして近代奴隷貿易はその結果だったのである。その新しい変化は、ずっと昔にあったものとはほんとうに違っているのかどうかという疑問が起こるかもしれない。すなわち奴隷制度は古代の制度であり、したがって奴隷貿易もそうであったにちがいないと。だがこれは、一八世紀の産業革命が、ただ機械がずっと前に発明され、生産に使用されていたからといって、その重要性が問われないのと同じことである。

すべてが語られたとき、一八世紀のアフロ゠アメリカ奴隷貿易は、社会史の中でまったく異色なできごとであったことが明らかになるであろう。ジョン・ホーキンズ（大奴隷商人）は、まったくはなやかとしかいいようのないエピソードを作り出したのだ。

一六二〇年代の終り、ガンビア川の上流にいたひとりのイギリスの探検家が、アフリカ人商人から奴隷を差し出された。彼はそれにこたえていった。「私たちはそのような品を扱ったことのない人間であるし、また他の人間あるいは自分たちの姿をしたものをも売買したりはしないのだ」[42][24]

西欧諸国によって与えられた、奴隷貿易に対する確固とした目的をもった支援が、まもなくギニア海岸での通商の新しい形態を生みだすことになった。一六七〇年代までには、セネガンビアから黄金海岸にかけての沿岸地帯は、貿易商の訪れるところとなっていた。さらには、彼らはベニン地方、カラバール地方、アンゴラ地方まで訪問していた。のちに奴隷海岸となった地方は無視されていた。アルドラとカラバール地方との間では、金は発見されなかった。そして奴隷はまだ要求されていなかった。初期のイギリス人船長の、ベニン地方からの帰路航海のときの船荷証券は、商品の中に奴隷を示していなかった。(30)

一六七〇年以後、貿易の用語の中で〈ギニア〉という言葉が、改まった意味で使われた。以前は、それはセネガルからアルドラそしてヴォルタ川まで拡がっていたが、今やギニアの範囲は、そこからはじまるのであった。それと同時期に、ギニアではその政治的・社会的性格が変わりつつあった。貿易商たちは、一六世紀の中葉以来ギニア海岸地方の北部を訪れていたが、まだ本来の奴隷貿易は発達していなかった。たまの奴隷購入の機会とは、悪事を働いて逃亡したり、仲間はずれになったりして、同じ村の人間とか血族者とかの債務から捕えられた黒人が、アフリカ人の仲介者をとおさず、また海岸での探索もされずに、他のことで普通の貿易に従事している船長に引き渡されるという場合である。

けれども海岸での二、三人の奴隷の獲得などは、まさしく水のしたたりがにじみ出たようなものであった。あるいはまた海岸のすぐ近くで起こった部族間の戦争が意外なさずかり物をとどけたかもしれないもののようであった。というのは、非常に少ない大悪事に対する刑罰として行われるのを除いては、仲間を奴隷に売り渡すようなアフリカ人社会は、ひとつもないからである。

すなわち一八世紀初頭の驚くべき侵略として語られる奴隷貿易は、海岸をはなれた村々へひそかに侵入していった白人商人たちによって準備されたのであった。アフリカ人は、眠りについている間に、抵抗するまもなくとらわれの身となり、同時に年寄りと病弱なものは虐殺された。[75]そうした悪魔のような掠奪が、象牙海岸からわずか数時間の距離のところでおこった。

これは戦闘でもなければ取引きでもなかった。むしろそれは、冒険好きな船長やその乗組員たちのスポーツであり仕事であった。そのような人狩りは、すべての地方へ苦しみと惨害を増加させていった。もしも川やキャラバン道が捕囚の販売を促進するような輸送の手段となるならば、海岸の近くの地方だけではなく、遠く奥地へさえもそれは拡がっていった。

奴隷狩りがとくに集中した、叢林や森林の防御のない地域では、人口減少が避けられない状態であった。にもかかわらず、規則的な供給量を求める海外からの要望もないままに、奴隷貿易という暴威は狭い範囲の中に制限されていた。それでこそ、近代奴隷貿易――トインビーの用語に従えば、〈極悪犯罪〉だが――がはじまるまで、組織された内陸国家はまったく安全であったのである。

セネガンビアの海岸は、伝統的にアフリカ人の手にあった。外国商人と土着の政治的支配者との間で、永久的な関係が要求されたことはなかった。整然とした取引きのために、海岸にいかなる特別な施設の設置も、また土地の首長と白人商人との間で用意された条約といったものさえ必要ではなかった。金・胡椒・象牙は通常の貿易対象品であったけれども、その他に特別な奴隷貿易は発展しなかった。

重商主義的な考えによってヨーロッパ諸国の政府が、海岸にいく人かの専門職員を置くことに同意したときでさえ、白人はまだ借地権のみを主張して、所有権を主張していなかった。内陸の黒人王国は、用心深く彼らの領土に侵入することがないかを見守っていた。彼らは決して土地を割譲しなかった。だから、イギリスに永久的にウィダを譲り渡すという、ダホメ社会が続いて行なった提案は、真実、その政治的性格が難局へ向かっていく絶望的な第一歩だったのである。

王の収入源・奴隷貿易

西インド諸島でのサトウキビ出現にともなって、黒人奴隷の殺到が起こった。アルドラは上ギニア海岸で、最初の、もっとも重要な奴隷貿易国であった。一六六〇年代の終りから、アルドラとその服属国、すなわちポポス、ジェキン、ランペ、オフラ、グレフエ（のちのウィダ）、アジャシェ（ポルト・ノヴォ）は、内陸の奴隷が定期的に売買された場所であり、それらの奴隷のほとんどはアルドラの領域を通過してきたのであった。

すぐ近隣に拠点をもっていたフランス人は、一七世紀のころまでには、ウィダ（のちにはウエダと名づけられたが）の海岸地帯に永久的居住地を築き、そこの部族の手を通して奴隷貿易に参加しはじめた。すでに近くのオフラに目をつけていた王立アフリカ会社もまた、そこへその主要な居住地を移動したが、「いっぽう、ポルトガル人も非常にしばしば訪問するようになった」のである。[24]

一七〇五年、カポ・コルソのイギリス総代理店はロンドン本店に次のように書き送っている。もしも新しいフランスの居住に対して、なんらかの抑止がなければ、ウィダ貿易は失われるであろうというのである。翌年、王立アフリカ会社のイギリス人代理人は、ロンドンへ向けて、「フランス人と（年）契約関係に入る」という意図を知らせ、その二年後には、「オランダ人がすでにそういう関係に入ったので」これらの条項を更新したと報告している[24]（契約 アグリーメントという言葉はまだ知られていない）。

K・G・デイヴィースは、さらに「一八世紀の初頭までに、全部で四つの奴隷貿易にたずさわった主導的国家が、奴隷市場としてのウィダの利点を認めていた」とつけ加えている。[24] そして「この会社の貿易についての北の端から南の端にいたる」価格調査において、彼はそれが「ウィダにおいて他のどこよりも安価である」ことを、正しく断言しているのである。[24]

一八世紀のはじめの一〇年間で、ウィダは世界貿易のこの分野で、もっとも卓越した中心として登場した。そのとき、ダホメの歴史はまさに決定的な曲り角に立った。これは、その地理的位置の潜在的矛盾を危険にさらす、きわめて身近なところで起こった挑戦であった。ダホメ王国はいまや、地理的にも戦略的にも海岸に依存せざるをえなかった。奴隷貿易の予期しなかった地域集中と海上の奴隷船隊の経済的圧迫が、ダホメ王国の内陸的位置をおびやかしていた。以前には、けっして奴隷貿易が西アフリカの内陸国家に、その国家の存在全体を支配する関心事となってせまってくることはなかった。内部的にも、外部的にも、奴隷を供給する立場というものは、それに巻きこまれた人びとについても、その結果として起こる社会的破壊についても、先例のない珍奇なものであった。毎年、一回に多くて数十人の奴隷しか輸出できないスラッティー〔市場で売りに出されたつながれた奴隷集団〕ではなく、数千人の奴隷が、数百の組織されたコフィラ〔奴隷部隊あるいは鎖でつながれた一群〕として噴出するという形で、流出していった。これには、土地の略奪者に対して建てられた要塞で固めた拠点なくしては不可能であっただろう。そうした居住地が、たとえアフリカ人支配者の協力的行動に守られていても、そうであったのだ(24)。

他にこの貿易が必要としたのは、輸送の手段と取り扱い、保管、奴隷収容、給食、おおぜいの中から大人に焼印を押すことなどであった。大きなアフリカ人国家の権威者との暫定協定が作られねばならなかったし、時おりおこるこの地域の複雑な政治への干渉も避けられなかった(24)。ベニン、オヨ、アシャンティの諸国は、それらの間に位置した小さな緩衝国や海岸線へ出るために通らねばならない密度濃く繁った森林などによって、軍事的には海岸地方から独立したままでいることができた。だが南へ向かうほど狭くなるベニン分離地帯は、ダホメからそのような分離帯を奪っていた。

ダホメ政治の原理は、まことにきびしいものであった。その軍事的に不安定な位置では、防衛と奴隷貿易とは分離できないものであった。明らかに奴隷貿易は、王の非常に重要な収入源であった。しかしながら、軍隊および官僚歳費の支出全体を含み、かつ毎年の戦役のための大量の出費を除くことができないため、王室の私的な利得の余裕はほとんどなかった。

ダホメは軍事的に基盤のととのった諸国家に囲まれていた。より弱小の近隣部族に対する激しい略奪によって奴隷をうることは、実行不可能であった。大規模な奴隷戦争と勢力の勝っている近隣部族に対する防備行動とが並行していた。アルドラとは別に、ダホメがその地方で単独に行なった国家的な奴隷貿易は、絶え間ない戦争のうずに発達していった。それは熱心な土着的信仰を、すべての通常の基準をこえた戦士生活へと高めた。

これに加えて、ヨーロッパ人奴隷商人の功利的意図は、重商主義者の奨励と官僚的誘因によって固められた。奴隷の需要が目立ち、要塞や居住地が彼らの船とともに拡大し、それらを給するよう、海岸の首長を激励し、買収し、圧迫を加えた。いくつかの点で相違はあったけれども、ダホメすなわち奴隷販売国と白人奴隷商人は、お互いに取引き相手であった。

ダホメ人の戦争の悪循環に話をもどすと、その戦役は三つの型に区分することができる。毎年の戦争は国家的慣習のように行なわれた。まず第一に、国外との貿易を求めるためのもの。次にわずかなものだが、王の菜園の新しい補充地を求めるためのもの。最後に、しかし最小ではないが、戦役に徴発する男の人口の半分を定期的に維持するためのもの。フォーブスはすべての兵士を商人と呼んでいる。というのは、王が彼らから敵の隊長かまたは少なくともひとりの捕虜という生きている人間を買っているからである[33]。火薬が配給されている兵士はすべて、この要求に従って行動するか、あるいは刑罰を受けるか決められているのである。祖先たちの墓に水をふり掛けるために、何百人という捕虜が死に追いやられた。貢祖大祭での犠牲とは別に、捕虜の殺戮は規則なのであった。これは祖先崇拝からきているのであり、国民的宗教であった。それは、機能的には、〈ブッシュ〉地帯に王に対する畏れを拡め、恐怖をとおして紀律を維持するのを助長していた。

戦争はとるにたらない口実によって、あるいは理由もなしに開始された。動員の儀式が事件を予告していたが、実際の攻撃はまったくの秘密のうちにはじめられた。迅速な伝達の手段が欠けていたのに、良い戦略だけでなく巧妙な戦術さえも行なわれたのには、驚くに充分であった。強い勢力を持つ永続的な集団が、この国の続いていた二世紀半の間ずっとダホメ人の戦争と戦争の脅威の基礎にあった。それは一八世紀には相当なものだったが、一七世紀および一九世紀には、それほどではなかった。主要地点は、最強であった北東部のオヨ、中規模の国であった南部および南西に拡がっていたアルドラ、領域的には小さかったが南に海港をもっていたウィダであった。不満ながらオヨに隷属していたダホメは、背後ではオヨ、側面からはオヨと同盟していたアルドラとともに、ウィダの問題に直面していた。

勢力関係は、一七二四年のアルドラの首邑アラダに対するダホメの征服以後でさえ、まったく戦略行為を中断するほどにはならなかった。というのは、アルドラの海岸沿いの服属国、たとえばポポスや他の同盟部族は、まだ非常に実力をもっていたからである。ウィダに対する戦役はこの敵対する勢力を計算に入れねばならなかった。ウィダが征服されたのちでさえも、彼らの寄せる波のようなカヌーの幻影が、ダホメの不安定な港の占拠の目の前にちらついていた。

その上、白人の要塞や商館がつねに、打ち負かされていたウエダやポポス族を、ダホメに対抗させるよう協力する準備を整えていた。ダホメ、この北部の内陸国では、力の政治による極端な財政困難による奴隷供給のために、多大の時間を消耗していた。オランダ人、フランス人、そしてイギリス人の指揮官さえも、しばしば海岸住民たちにダホメ人の足かせを投げすてて、共に立ちあがるよう扇動していた。

もちろん、国家的な敵対者はオヨであった。これは一七〇八年には、確固とした事実となっていた。その時から二三年にわたる努力ののちダホメ王国はウェメヌ族を壊滅することに成功した。これはおもにヨルバ系の人びとで、ダホメ側の境界のウエメ川の河岸に集中して居住していた。急速に成長してきたダホメとオヨの勢力とを隔てていた、この長く伸びた緩衝国の消滅は、勢力争いを現実のものにした。その時より前に、オヨはすでに防衛的移動を行なって、アボメを粉砕していた。オヨの無敵の騎兵は、アガジャ王の首都からの逃亡を余儀なくさせ、一七一二年にはダホメをみじめな従属の状態におき、オヨの命令によって近隣部族に対していつでもその軍隊を送るよう義務づけた。またダホメは毎年の重い朝貢を負わせられた。提供されるべき一品目は重大なものであった。すなわちそれぞれが四一丁からなる四一セットの銃器であった(30)。オヨは北方から砲架をえていたが、火器がなかった。それはまさしく南方の港を通してしか入ってこないものであった。

私たちの知るかぎりでは、ダホメは奴隷以外にヨーロッパ商人に銃器と交換を申し出る商品を何ももたなかった。それで彼らは、高価な戦争で近隣部族を捕虜にしなければならなかった。ただ一八一八年には、そのときオヨは衰退期にあったのだが、ゲゾ王が重税や恐ろしい親方に対するきびしい屈従からアボメを解放することに成功している。一世紀間以上にもわたって、オヨはダホメに対してウィダを経て流入する武器を監視しつづけていた。アルドラは、がいしてオヨにとっては友好的な緩衝国として、財産であったといえる。ダホメは、銃と火薬と引きかえに奴隷を渡すために、海岸地方への安全な接近を必要とした。確実な事例では、ウィダの港の当局は、外国製火器の巨大な委託貨物を、警戒して最初に引き金から火打ち石をはずしてからアボメへ送っていた。[30]

ダホメの兵士は誰もが、戦闘では受け皿の火薬を点火する導火線をもった者と組んでいなければならなかった。たとえ国家歳入にアルドラの通行税と関税で莫大な切り取りがなされても、何にもまして港への接近がダホメ王国の急所であった。やがてアルドラという障害が除かれたので、王の臣下たちを海岸地方の蛇信仰の感化やあるいは白人との新しい親交にふれさすことなく、ダホメの監督下にあるウィダの港を通じての貿易の手段を案出することができた。

ウィダをめぐる挑戦と応戦

ダホメは、海岸地方に武力によってそれ自身の立場を築くことや、あるいは自らウィダの支配者になることに強い抵抗感を抱いていた。私たちの知るところでは、ダホメの王は、ポルト・ノヴォで黄金のカタクレを占有した従弟たちとはちがって、彼の就任の儀式の重要な要素である海のタブーからみずからを解放しようとはしなかった。本書第2部では、その嫌悪の制度的証拠が追求されている。つまりダホメが征服したウエダ王国を統合することができないのも、そこに根源があるからであった。

ウィダとアルドラの両方を知っていたボスマン[14]とバーボット[4]は、このふたつの政治的に

3図　ダホメ、オヨ、アシャンティの政治的範囲〔17〜19世紀〕(P. メルシエ：1954による)

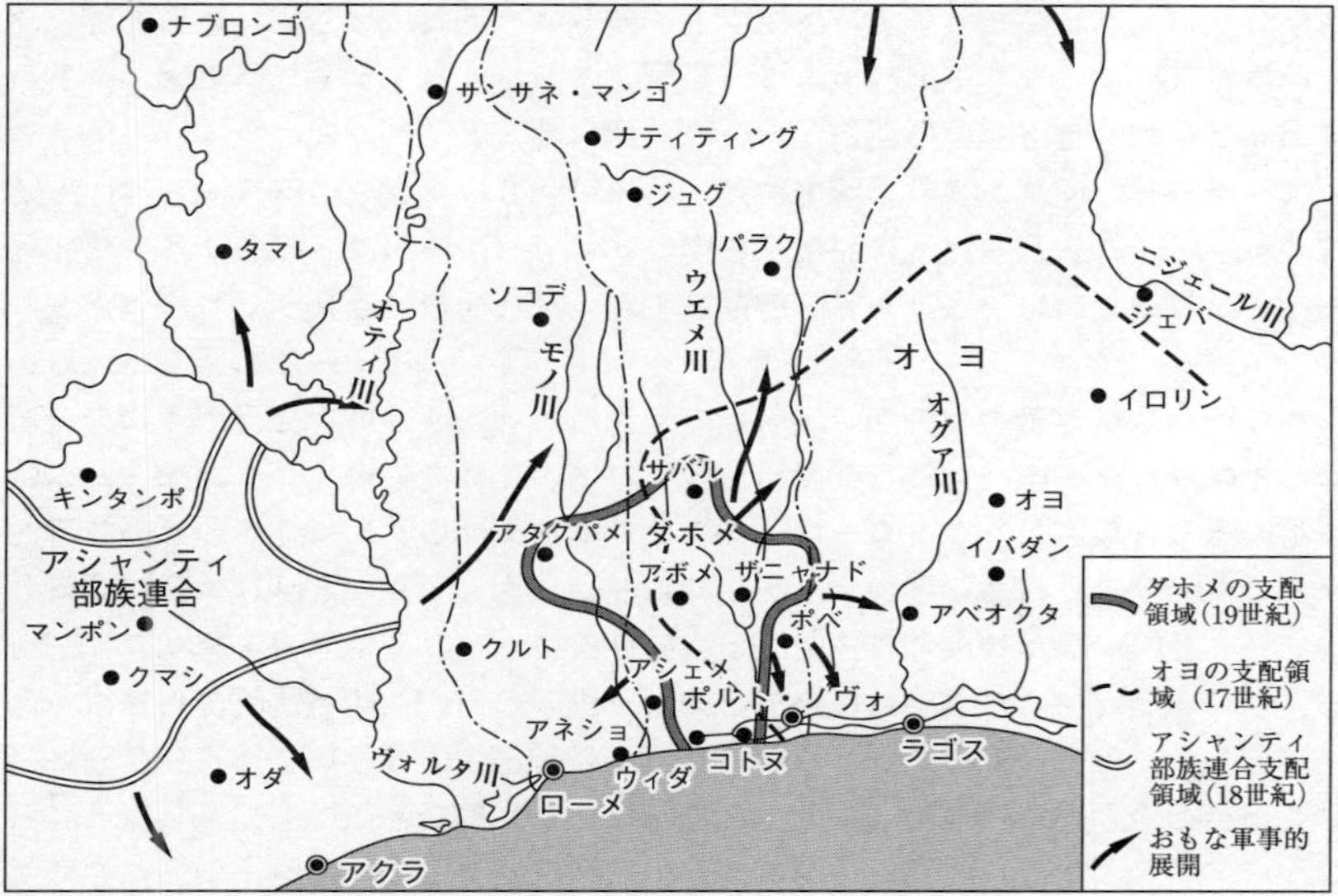

対立している王国の、言語や文化における近親性を主張している。ダホメとその支配集団すなわちフォン族との場合は、まったく反対である。けれどもこれらの地方における国家建設がいかにそうした障害と関係なく進められているかを見るとき、この場合、政治的統合に対する絶対的障壁としての言語や宗教の相違をどう解すべきであろうか。こうしたパターンは、融合を許さないような生活様式の内在化に反映している。

攻撃は徐々に進展した。一七二四年には、アルドラの攻略につづいて、ウエダ王国の政治的首都であるサヴィへの進軍が行なわれた。(75) ヨーロッパ人の仲買人が中立的立場にとどまるよう勧告され、要求されたのちに、経済的首都のウィダ征服がなされた。計画の放棄、あるいは一時的退却さえも、オヨに対する屈辱的な屈服から解放されるという希望を捨てることを意味したようだ。

実際ヨーロッパ人商人にとって、海岸の緩衝国でえた突然の富がもたらしたこの侮辱は耐えがたいものだった。王立アフリカ会社の代理店は、二年間ポルト・ノヴォに抑留され、彼の会社は王に借りがあるという口実で、奴隷労働を強いられた。(76) ポルト・ノヴォは、アルドラやウィダとともに、白人貿易商とダホメとの間の強制的仲介者という特権を享受していた。関税はポルト・ノヴォでも、同様にウィダでも法外につり上げられた。彼らはまた、輸入品の〈最初の先買権〉を主張し、独断的にダホメを除いて、ヨーロッパの名声ある品々を要求した。

ダホメの成就した行為を生じさせたのは困難な状況であり、挑戦と応戦という明白な論理の象徴でもあった。もっとも、一七二七年二月のウィダ征服は、その論理の終結にほど遠いものであった。ウエダのウフォン王は、彼の軍隊の一部とともにアセメおよび大ポポスの沼沢地へ逃げこんだ。そこは、ダホメ人が追跡することのできない境界地となっていた。彼の臣下のアスは勇敢に戦って、ウィダの背後まで後退させ、フランスとイギリスの居住地、つまりサン＝ルイとフォート・ウィリアムズとの間に宿営地を設けた。しかしそれも、ダホメの反撃によって追い払われた。[76] ウエダ人はオヨに参ったと言わせることに成功した。

オヨ騎兵隊は、すでにアガジャ王を避難させ、叢林のなかに送り出していたアボメを急襲した。ヨーロッパの仲買人がその変化を残念がるほど、貿易はひどい打撃をうけた。不運であったイギリス行政官テステフォルは、ウエダ族にポポス族と合流し、ウィダを取り返すよう説得した。ダホメは守備隊をサヴィからひかせたが、ウィダへ送った奴隷の護送隊が、彼らが沼沢地に散らばっていると信じ込んでいた一万五千人のウエダ軍の手中に、そのウィダ港があるのを知ったと聞いて驚いた。

この苦境にあって、アガジャ王は彼がその父から受け継いだ女性の象狩り人の一団を武装させる決心をした。それらはいままでは単に護衛兵として役立っていたのであるが、いまや後衛部隊をなし、少なくとも見た目には兵力を増大させる一連隊を形づくることになった。

結局その大胆不敵な試みは、かの名高い「アマゾン」の制度となった。乙女の義勇軍からなるこの大きな精鋭戦力は、宮廷のまわりに配置され、そのうちで老練な者は恩給を受ける資格が与えられた。アラドクソヌ王朝のこの発明は、新しい国家がむずかしい状況のもとで生きのびてゆく戦いをすすめるために、価値ある宝物であった。しかしながら成功の隠れた源泉は、ダホメ社会における国家的要因と非国家的要因とを結びつけた精神的な凝集力であった。

一般的にみて、もしもダホメ王国の歴史がベニン分離帯の挑戦に対する多種多様の反応とみなされるようならば、それは疑いもなくダホメ治下のウィダの経済についてもあてはまる。非商業的な一内陸国が、この港をとてつもない規模と複雑さをもった商業に適応させた。

多くのヨーロッパ諸国や多数の内陸諸族の仲買人との、奴隷貿易という友好的な仕事をする上での特殊な専門的方法をふやしたりする必要はない。外国商品の流入は、技術的にも財政的にも管理されねばならなかった。すなわち重量と尺度は協定され、文化接触は制限された。というのは、国内商業を望ましくない外部からの影響、とくに外国通貨の効果的浸透を伴う影響のすべての経路から隔防するために、私たちはこの貿易組織をもつ港が、これらのあきらかに対立する諸要求に、いかにみごとにこたえたかを知るだろう。

たとえば通貨の状況を考えてみよう。

ウィダは、隣国としてダホメと北西にいくらかへだったアシャンティというふたつの後背地域を持つ小さな王国であった。ダホメとアシャンティは、その政治的手腕からすれば、それぞれの国の政治的・文化的安全のために、個別の明白な通貨システムを維持することの重要性に気づいていたと推測される。文化的にいつも近い距離にあったダホメに政治的な従属をした後でさえ、海岸のウィダは〈独立体〉でありつづけた。

ヨーロッパの会社の職員と、さまざまな血筋のアフリカ商人とが自由に交流した。アフリカ商人の多くは、アフロ＝アメリカ的背景をもっていたり、ポルトガル混血であったり、また本国へかえされた奴隷たちであった。ウィダは多数の通貨の入りまじった場であったが、ダホメとアシャンティは、近代人にはほとんど克服不能の障害であるように映るにちがいない事態に直面しながらも、彼らの貨幣機構を別個のままにしておくことに成功した。

ダホメは子安貝だけを精巧な不変の尺度で用い、三万二千個の子安貝と金一オンスという不変の交換比率を保った。これは驚くべき手ぎわであった。アシャンティでは、金塊は王に独占されていたので、砂金が通貨として用いられていた。ここでは、ダホメで砂金がそうであったように、子安貝は使用を禁じられていた。ダホメ支配下のウィダでは、両方とも通用した。ヨーロッパ諸国の国内通貨であった銀は、ウィダでは鋳貨が通用しなかったので低い価値しかなかった。それは通常は、溶かされてしまって装飾品に使われた。

外国との関係で、奴隷貿易の奔流がふたたびアラドクソヌ王朝に、先例のない便宜をはかることを要求した。西アフリカの内陸諸国家は、その領域をヨーロッパ人勢力に譲渡しようとはしなかった。これは統治権を用心深く守る以上のものがあった。ダホメの宗教によれば、国土は神がみにささげられたものであり、国王も国土のどの部分をも譲渡する権利を否定されていた。もっともこの政策は、アラドクソヌ王朝の支配者によって王に有利に変えられたが、しかし強固に守られていた。

ダホメの伝統的態度はどんな犠牲をはらってもウィダ保有に固執することであったが、結果としてオヨに屈服する運命にあった。ところが、ダホメが必要としていたのは、火器の自由な輸入の確保ということだけだったのである。その解決法は、最強の艦隊を持つ大勢力と緊密な協力関係になることを求めることであった。

アガジャ王が、ウィダ攻撃に先だって、イギリス人と手を結ぶ努力をしたという記録が残っている。アボメを訪れた最初の白人ブルフィンチ・ラムによって日付けがたしかめられる王との接触は、文書から再現できる(たとえば文献(75)にみられるブルフィンチ・ラムの手紙〈文献(47)〉)。ウイリアム・スネルグレイブ船長は、略奪されてほんの二、三週間後の荒れ果てたウィダに着き、すぐに相談のためアラダにおもむくようにというアガジャ王の招待状を持った使者と、隣り町のジェキンで会っている。

つまるところ、ダホメの政策は武器の供給が保証されさえすれば、ウィダの支配権をイギリスに譲ることを申し出るという、大きな決定をするところまで煮つまっていた。ブルフィンチ・ラムは、アガジャ王の宮殿に二年間とどまることを強制された後、植民地のイギリス人全員とともにもどることを約束して、土産を積んでその地を去ることを許された。ウィダを引き受けるようにロンドン政府を説得するという無益な努力が、王の後継者たちによって続けられた（たとえば文献(19)にみえるウィルモット提督）。実際、この忍耐は当時のような状況下では不当とは見えなかったが、植民省ではダホメ王の申し出を考慮することさえ拒否したのであった。

一九世紀の前半までには、オヨは衰微していた。フルベの騎兵は、ヨルバ王国の境界線を押しもどした。離反したエバ族はアベオクタに要塞を作った。ダホメのゲゾ王は、オヨによるいまわしい朝貢の重荷や軍事支配権からその国を自由にした。

いまやダホメは国境内で安息を感じることができ、奴隷貿易の退潮とともに、その経済をヤシ油の輸出に転換させることができた。結局アボメは、なおも戦士的価値をすべて有していたアマゾン軍団によって防衛されていたにもかかわらず、フランス砲兵の前に降伏した。他に例を見ない制度的レベルで天才を発揮したひとつの国家に、技術の優位が勝利したのであった。

第2部

経済の諸形態——社会における経済的要素の原理

1章　再配分——経済の国家的領域

地方的な宗教生活や村落的生活の要素が強いが、高度に中央集権化している王国としてポール・メルシエは、ダホメを描いている。経済の分野では、私たちは国家独自の中央集権的領分の存在と、それに併行するはっきり国家から独立している社会組織を識別することができる。経済の国家的レベルの分析は1章で、非国家的レベルの分析は2章から4章で行なわれる。

国家的レベルにおいては、再配分が主要な形態であった。すなわち、実態だったのか、ちょっとした傾向にすぎなかったかを問わず、国家の中心点へ向かい、ふたたび外へ出るという財の運動であった。

非国家的なレベルでは、家族的、地方的生活圏、すなわち互酬性と家族経済が支配的形態であった。市場システムがないために、交換は、労働、土地にはおよばず、副次的なものにすぎなかったし、商品市場さえ孤立していて、ひとつのシステムにはならなかったのである。

経済の国家的レベルの中心的制度は、君主制であった。君主制は神聖な起源を持つものとされていた。王は、民衆と神聖な祖先とをつなぐものであり、民衆の生活の保護者でもあった。王はそうして、ダホメ経済の中心的役割を果たしていた。毎年、経済の状態を総括し、将来の計画を作成し、人びとに食料を買う最小限の子安貝を分配し、一定の代価を設定し、贈り物を授受し、通行税や租税、年貢をとりたてるのが王であった。

貢租大祭

ダホメ人の生活の中で、君主の占める位置は、貢租大祭（アニュアル・カスタムズ）の大再配分儀式に集中していた。このとき、王は主権者としてのさまざまの義務を果たすために全ダホメ人の集会に姿を現わす。この貢租大祭こそが、経済サイクルの中心行事であった。総国民生産と外国貿易、そして国民の分け前の観点からすると、ユニークな比率を持った経済制度であった。王みずから、全貴族、支配者、役所の長たちの集会の中心人物であった。その集会には、文字通りすべての家族が少なくとも一度は一人を代表に送っていた。終日つづく集会で、王は贈り物や支払いや貢ぎ物を受けついでその富の一部を群衆に贈り物として分配するのである。

この過程を経済的な観点から見れば、中心に集まりふたたびそこから出ていく財と貨幣の流れである。これがすなわち再配分である。貢租大祭こそは、王の政治の財政建設、子安貝と他の輸入商品を民衆に分配する主要な機会であった。ブランデー、タバコ、絹、衣服、絨緞、その他の奢侈品などの高価な報酬が渡される全高級官吏の俸給がそこで支給された。

外国貿易商や商人が王の歳入に相当な額の貢献をしたいっぽう、割の良い地位にあるダホメ人の支配階級がその収入の分け前を王に手渡した。これらの支払いはつねに公に行なわれたわけではなかったが、王からのお返しの贈り物は最大の効果があるようにもくろまれていた。

毎年、ダホメ軍が戦争から帰国したときに開かれるので、貢租大祭はアラドクソヌ王家治下のダホメ民衆の宗教的、政治的な象徴であった。それは、民衆が先祖に敬意を表し、戦いの勝利に感謝する機会でもあった。王が生者と死者の仲介者であった。犠牲者の血をもって祖先の「墓に水を供え」、国民を再び先祖の精神に戻らせるために、王は大量の捕虜を殺戮するのであった。この慣習はダホメ王の死後の服喪期間と継承者の即位にさいして行なわれる特別貢租大祭の、より巨大な規模のときも繰り返された。

だから貢租は、ダホメ人の生活の価値の核心だった。ハースコビッツは次のように書いている。

「すべてのダホメ人の生活の中で、祖先が彼と神がみとの間に存在している。……そこで祖先への尊敬と崇拝が、ダホメ人にとっては生活へ意味と論理を与える大きな団結力のひとつだと考えられているだろう[38]」

商人にとっては当然の観点から、ウイリアム・スネルグレイブは、あるダホメの軍隊士官に、良い条件で売れる捕虜をどうしてそんなにたくさん殺さねばならないのかと質問した。士官の答えはこうであった。

「どの征服の後でも、神に一定の人数の捕虜を捧げるのが民族の習慣である[76]」

バートンは言う。

「ダホメでは、殺人が純粋に宗教的理由で行なわれる。それは、嘆かわしいほど誤っているが、王の子孫としてのまったく真剣な忠誠の驚くべき一例なのである。ダホメの王は……王室の別邸のある黄泉の国に、幽霊の廷臣に伴われて行かねばならない……これが、われわれが〈特別貢租大祭〉（グランド・カスタムズ）と呼んだものの目的である[19]」

そして、バートンは軍事的遠征のひとつひとつにふれたあと、こう続ける。

「礼法によって、戦いの最初の戦果たる人間とすべての罪人が、王の黄泉の国へのお伴をふやすものとして送りこまれることが必要とされる」

王の参加した全行事は、たとえ白人の訪問であるとか別の宮殿への移転だとかであっても、男か女の使者をもって地下の祖先たちに報告されねばならなかった。奴隷販売で余分の利益が期待されない場合は、王が必要数から犠牲一人を予備にとっておくことになる。

貢租大祭は、大規模な財の集中、配分の機会であった。役所を任されているものも含めて、すべてのダホメの知名の士は、本人みずから式典に出席し、王に贈り物を持ってくる。ウィダのヨーロッパ人も、アフリカ諸王の使者と同様、やはり贈り物をたずさえて王の前に現われることが要請された。アボメで一週間つづく祭宴の間中、王みずから国民に施しをした。三万から四万の人びとが現われた。王と廷臣のために作られた台の上には、子安貝、ラム酒、布その他の立派な品々が積み上げられて、儀式のつづいている毎日毎日に、王や宮廷の高官たちによって群衆にばらまかれたのである。(22)

なかでも変わったものは、隣国からの上等の綿布のような手工業製品に加えて、遠くヨーロッパやインドから献納された品々であった。王へ献納してくる範囲は非常に多様であった。海岸の商人たちは、気前の良い贈り物をあてにし、またみずから差し出した。(33)その中の一人が、王への贈り物として彼の一年分の利益にあたるものを持ってきてしまったとぶつぶつ言っていたほどであった。

戦争の捕虜がこの時王に捧げられ、王は代わりに名をあげた兵士や士官に奴隷を贈り物として与えて公に表彰をしてやった。これらの公の贈り物の交換がダホメの富と力を賞め讃え、王と民衆の間の相互関係と相互義務を再確認したのである。

軍隊と戦闘

戦争に必要な人員と物資は王によって集められ、分配された。毎年、収穫の後には、王は随員を入れて五万人にのぼると推定される軍を率いて戦場に出る。これは、少なくとも全人口の四分の一にあたる。すでに見たように、常備軍は立派な体格と戦闘時の激しさを持つ女性によってすべて構成されていた。この派遣軍が、年一度地方動員された男性によって補われていた。「若い頃から苦難のなかで鍛えられるべき」少年が、従者として戦場の各兵士に預けられるので、最低限の軍事訓練が青年男子に確保されていた。[76][38]

軍隊組織は中央集権化していなかった。全体の指揮が王直属の士官によってとられた一方、大きな町や地方の重臣や長官は自己の軍隊を戦場に率いてきた。重臣は、遠征に対する軍の意図どおりに部下を配置することが要請された。また、ウィダにいる王の直属の交易者たちなどは、数千の奴隷を持ち、例年の奴隷狩りの全連隊を供給したほどだった。

バートンによると、オーワンガンの階級、すなわち戦闘隊長は、「一〇人から百人の自由民か奴隷を戦場に連れてこられる全士官である」。兵士は各個の主人から給養されていたが、ある種の食物、たとえば蜂蜜などは、王室の役人によって全軍隊のために集められ貯蔵されていた。代官たちは、部下がとってきた戦利品をとる資格を持っていた。「配下[19]

の兵士が奴隷を捕えた代官は、いつでも捕虜の奴隷の所有者となると認められている」と王がダンカンに語ったのである。(29) かのアマゾン軍は王の近衛兵となっていて、その戦利品は王に属した。

市民軍と常備軍の分離は、ダホメにはたくさんある制度分割の一例である。軍隊は、戦場における場合を除くと市民の指揮下にあった。しかし、ミンガン族とミュー族は、それぞれ右翼と左翼を指揮していて、王国の民間士官の最高位にあった。ミンガン族では、司令官ガウがおり、彼に対して左翼にポスがいた。ガウは戦場で各軍隊の指揮を引き受け、それは王に対してさえ優先されていた。市民生活においては、王がつねにいちばん背の高い椅子を占めていたが、前線では彼は低い椅子にすわって、ガウが王より高い椅子にすわっていた。

戦闘で捕えられた捕虜には、神経質な配置がなされた。祖先のための犠牲に充分な部分を残した後、戦場で死んだダホメ人と正確に同じ数の捕虜がとりのけられる。彼らは結局死者に代わって王のプランテーションに配置されるのであった。捕虜たちは三つの部分に分割される。第一の部分は、王と王家に送られ、第二の部分は、王によって奴隷として売られ、第三の部分は、武勇の報酬として兵士や隊長に分配されることになるのである。

いったん王の菜園に連れていかれたら、奴隷たちはけっして売り物には転換されなかった。スネルグレイブが、王から余分の奴隷を買うのに失敗して文句を言っている。

「後になって私は、王がたくさんの黒人捕虜を持って、彼の土地を耕やさせたり別の仕事をさせたりしているのに、売るための奴隷を持っていないことを理解した。というのは、奴隷たちは一度その仕事に組みこまれると、大変な大罪を犯さない限り、王は彼らを売らないらしいのである」(76)

経済管理

国土を荒廃させるような飢饉が、北方のニジェール地方ではしばしば起きているのだが、ダホメには歴史を通じてほとんど飢饉の記録は残っていない。それゆえ、ダホメの農業政策が成功していたと判断してもよいだろう。この事実は、例年の戦争に費される死傷者数と資源によって、また努力がゆるめられるやいなや耕作地を侵食する荒地が耕作者にとって常なる脅威であったことによって、とくに顕著なものとなっている。(29)「ダホメ王は全領地の耕作を強制している」とダンカンは記している。(29) また、王自身もダンカンに対して、「(ウィダの)町の中や周辺の全予備地を流行性疾病の機会を減らす見地から耕作を行なえと、かなり昔に命令をした」と語っている。(29)

王と全廷臣の前で就任式にさいして告げられる、新任の村役人の命令書の中に、農村経済に関する王の政策が明瞭に述べられている。

「ダホメの首長は、だれもが耕作のできる場所をしっかり持っているかに気をつけねばならない、とダホメ王は命じている。……

ダホメは、広大な国である。しかしだれもが彼の住む土地だけを耕作せねばならない。草が残っているうちに仕事をやめることが、大地を耕すすべての若者にとって禁じられているからである、とダホメの王は命じている。……

国土は……その〈民衆〉によって愛されねばならない。なぜなら浮浪の民はけっして土地に深い愛情を抱かないので、王は国民に国のひとつの場所から別の場所へ移ることを禁じたからである、とダホメの王は命じている」(38)

農業問題の不断の管理権は〈農業大臣〉トクポの手中にあった。彼の下に、〈大農民〉すなわちグレタヌの長であるクセニと彼の助手がいた。重要な役人はみな菜園の所有者であって、グレタヌのメンバーであった。作物の釣り合いのとれた収穫を保証し、資源を需要に対して調整するのが、村役人の義務であった。主要な穀物は、王国のさまざまな地方で栽培されていた。たとえば、アボメからさして遠くない地域では、雑穀しか育たなかったし、他の地域ではヤムイモやトウモロコシだけであった。

ウィダとアラダにはさまった地方では、トウモロコシとマニオク〔キャッサバ。根からタピオカ澱粉をとる〕が主作物であった。なにかの穀物に過剰生産か不足がある場合、その農民にはある作物を他の作物に変えることが命令された。ポール・メルシエが言うように、「経済的な問題では、輸出製品――ヤシ油だけでなく、輸出穀物もまたきびしく管理された」のである。[58]穀物の供給が不足すると、輸出が禁じられた。肉の主要な供給源である豚もそこに入っており、ストック補充のため命令によって一定期間殺したり売ったりすることが禁止されていた。*

王による自然保護政策が、古い時代からずっと行なわれていた。ヤシ酒を作ると栽培中の若い木が駄目になるので、荒地にはえている野生のヤシ以外からはヤシ酒を作ってはいけないという王の命令で、ヤシ油の産出量が保護されていた。[19]作物が成長する季節中は、すべての家畜をつないで新しい作物を踏みつけないようにせよという王の布告が出された。他の生産物も同じく行政的管理が行なわれていた。

ウィダでは町の二区画が製塩労働者に与えられ、彼らの生産物はウィダ総督と宮廷の「塩役人」によって監督されていた。伝統によって、王は生活必需品であるという理由で塩からは収入を望まなかった。したがって、塩の現物税は他の産物にくらべると少なかった。その上、塩はだれにでも、わずか一個の子安貝分しか買えなくても、必要であれば売られねばならなかったのである。

蜂蜜は全生産が軍隊の使用のために保存されていて、私的生産も私的販売も禁じられていた。ショウガは医療品と見なされていた。そこで、蜂蜜の場合と同じに、私的生産と販売が禁じられて、分配は王室の役人によって医療の目的だけになされていた。民間人は、自分自身が使うためのラフィア〔ラフィアヤシ繊維の布〕一袋の胡椒を産するだけの胡椒の木がある割り当て地で、胡椒を栽培することを許されていた。一定の地域が市場むけ胡椒生産のためにとっておかれていたが、そこから運び出される胡椒には子安貝の税金が課せられた。

落花生も育ったが、わずかに個人需要を満たす程度しかできなかった。バートン(19)によればコーヒー、サトウキビ、米、タバコの栽培は、ウィダの近くでは禁止されていた。理由はわからないが、たぶんそれらが好ましくない奢侈品と見なされていたからであろう。

王国の食料供給に対する王の責任は、地方市場に対する王権との関係で明らかにされていた。市場は人柱によって清められる必要があった。王以外のだれも人の命を奪うことはできなかったので、市場は直接王によって開かれねばならなかったのである。全市場は、王の認可によって設立された。そして役人が、秩序と規制の遵守を保つために市場にいたのである。注目したように、市場では子安貝なしには食物を買えなかった。貢租大祭期間中に王の手による子安貝の分配が、一般国民に食物を購入する通貨を分け与える手段であった。同様に、宮廷の全訪問者は王のもてなしで出されたもの以外の食物を市場で買いたいと思ったときは王から子安貝の贈り物を受ける。そして、出発のときは許可のしるしとして、訪問者には格言の言うように、往路復路に食物を買えるように子安貝をわたして「通過させ」たのである。

*農業行政についての資料の主な出所は、ハースコビッツである。

行政的発明センサス

宮廷経済の再配分システムは、計画と管理に関する幅の広い組織と結びついていた。* 貢租大祭の議題にのぼる経済問題の多くが、その年一年の王室管理についてであった。民衆の生活が君主の責任だったのである。実際、王の責任は経済の全局面にわたり、その結果貢租大祭を確保する準備過程では、多くの行政が遂行された。

大雨期が終るとすぐ、その頃収穫は完了しているので、王は恒例の軍事遠征の準備をはじめる。そのため、この時期は、召集と徴税の資料となるセンサスを作る時期となる。センサスは、人口、農業および手工業生産、家畜その他王国のほとんどの生産物と資源をカバーしていた。

人的資源には特別の注意が払われた。人口と各職業的範疇における労働者数について集計が行なわれた。すなわち、耕作者、織工、陶工、猟師、製塩労働者、商品の運搬夫、鍛冶工、そしてまた奴隷である。耕作者の一覧表をみてみると、穀倉にある農産物、王国中のヤシの木、牛馬と羊と家畜の数、さまざまな技術的製品について計算がされている。こうした資料が集められた後に、租税が王国の生産品全体の上に割り当てられた。すなわち、穀物、ヤシ油、塩、手工業製品などであるが、それらからきたるべき遠征の必要物が確保されたのである。各首長が王に自分の村の人口数を報告したものが、軍隊の各部門へ人員をわりふる基礎となった。センサスにのせるということは、機能的には書かれた記録の代わりとなる巧妙な行政的発明であった。

しかし、全国にわたるセンサスが、そんなに細かく行政的に困難なところまで含んでいる主要な理由は、喜んで法にしたがい、命令に自発的にこたえる国民の参加があったことだった。センサスのデータは、物品および子安貝の徴税の基礎となった。その徴税こそが、再配分形態下における商品とサービスの国家への流れの実体であった。

センサスの期間中に集められた人口の資料は国家的秘密であって、王のみが知っていた。そして、自分のところの数字をばらした村落や郡の首長は絞首刑に処せられたのである。

人口調査は、次のようにして行なわれた[38]。宮殿には、女性の役人の監督下に、それぞれが男性用と女性用のふたつに分かれている一三の箱があった。村落や地方の首長が王に赤児の誕生を報告するたびに、一つの小石が子供の性別にしたがって正しい場所に入れられた。各年末に、それらの小石全部がひとつの箱に移しかえられて、最初の箱は空にされる。そして、その中には来年の誕生記録が再開されることになっていたのである。第一三番目の箱の中身は、投げ捨てられる。なぜなら一四歳になった子供たちは大人と考えられて、毎年の成人の計算に加えられたからである。

宮殿の別室には、死亡を記録する箱がおかれて、計算が同じやり方で行なわれていた。各地方の死亡報告が宮殿に連絡されたし、二人の軍隊長官が戦闘に倒れた人数を報告する仕事の責任を負っていた。奴隷と捕虜の勘定は、別の二人の役人に委ねられていた。役人らに作成された報告をまとめて、全体の計算ができあがったのである。

各村のセンサス合計を入れた袋は、四つの大きな袋に入れられた。男性、女性、少年、少女が一袋ずつで、それぞれにふさわしいシンボルが縫いつけられていた。すなわち、男性には短いトランクス、女性にはビーズ、少年には男性器、少女には女性器が書いてある小さな人物袋であった。以上に加えて、他に三つの袋があった。ひとつは戦闘に倒れた人間を表わす黒い袋、ひとつは病気で死んだ人間を表わす赤い袋、もうひとつは捕虜を示す白い袋である。

ダホメの成人の勘定をするときは、最初に男性が計算された。軍隊動員をする一〇日か一二日ほど前に、各家族の主人はグループ内の一四歳以上の成人の数を報告せねばならなかった。村の長官は、彼に報告された成人の数の小石を袋に入れてその計算を記録しておくのであった。袋の上には、やはりその村を意味するところの、そこから由来するシンボルが縫いとられていた。

たとえば、籠を作っている村なら、籠をしるしとしていた。これらの袋は、村の長自身か、あるいは各村の長から袋を渡されたその地方の首長によってアボメまで持ってこられた。各首長が王に拝謁するとき、彼の村から出る人間が配属される軍団を告げられるのであった。

軍隊が集合したあとで、女性の計算がはじめられる。各軍団の指揮官は、彼の部下一人一人に対し家族の女性の数を尋ねることを指示されていた。これもやはり、各村ごとに、小石で記録されて宮殿に送られた。その年には男が戦争に行かなかった家族に属する女性は、あとで戦争の長官の代理人がその遠征に出てこなかった男の数についての報告を各村落から受けたときになって計算されるのだった。どの程度充分に、各村が戦争召集に従っているかの点検がされるのもこのときであった。軍事的割り当てが各村に指定されていたわけではないのである。

しかしながら、戦争が終り、軍隊司令官が各村落から何人の男が召集にこたえたかを報告した後、この数が各村落の全男子人口を記録する小石に対してチェックされるのであった。兵士の数が、その村の全成人男子人口の半分以下だったとき、村の長は絞め殺された。

家畜に関する経済的センサスと課税の手続き(38)は、以下のとおりであった。王は、例年豚の統計調査を、三人の屠畜人の世襲的首長を呼んで、彼らが豚を買った村落の名前を報告させることをもってはじめたのである。その後ただちに、名前をあげられた村に伝言が伝えられ、村長と市販用の豚を有する全員が、王が豚の新価格を設定しようとしているという理由で召し出される。

各村落の豚の頭数計算が、村長が宮廷に出頭する前に彼によって行なわれた。そしてこれが、村人各人によって豚の頭数についてなされた報告の正確度についての点検となった。それから、複雑なる管理システムが動きはじめる。まず最初に、つづく六カ月間雌豚の屠畜を禁じる命令が村人に与えられる。これは、その流通段階での雌豚の数を保つことを意図していて、その結果この数字がその後につづく合計数字の計算では不変のものとして考えられるのであった。

第二には、王国中の関門に対し、どの豚も門を通過して運ばせてはならないという命令が布告された。そして最後に、市場の役人はすべて、次の六カ月間に市場で売られた豚の首を宮殿まで持ってくるように令ぜられたのである。この六カ月の終りには、村の長官はその村の雄豚の数を報告した。そしてこの勘定は、期間中に宮殿へ運ばれた首の数に足してみると、少なくとも期間のはじめに報告された合計数と同じであるべきことになっていた。もしも、あまりにも多くの豚が屠畜されたり売られたりしたことが発見されると、豚肉の販売が一年間停止されるよう命令された。そうして集められた資料の基礎の上に、家畜税が決められた。屠畜人は、彼らの扱った頭数によって課税された。それに加えて、豚を飼う者はすべて毎年一頭の基礎税を納めさせられたのである。

他の家畜(牛、羊、山羊)については、管理はそれほど体系的ではなかった。これらの動物についてのセンサスは、三年目ごとだけに行なわれた。切迫した「大地変」が市場の布告吏によって知らされたときは、おそらく牛の間に広まった流行病や干ばつあるいは別の災害がそのために引き起こされていたのである。牛の持ち主は全員、神の怒りを静めるお供えとして家畜一頭につき一個の子安貝を持ってくるように指示された。これらの貝殻が、全王国から集められたのである。

宮殿の女役人が、家畜の種類別に山を分けて、子安貝一個に小石ひとつをとりわける。そして各組の小石を子安貝が寺院に送られる前に別々の袋に入れるのである。その中に数えられている家畜の種類を表わすシンボルが袋に縫いつけられた。すなわち、牛には角、山羊にはひげ、羊には草と舌であり、もし豚がセンサスに入れられていると、豚の袋の上には屠畜人の包丁が縫いつけられた。この計算に基づいて、各村から一定の割合で家畜を宮殿に持っていく家畜税すなわち山羊の場合には一二・五パーセントほどの家畜税が決められた。その勘定は、四〇頭から五頭をとるか、八頭目ごとに一頭ぬきだすかによって行なわれた。

＊この部分と次の部分の税についての主要な出典は、ハースコビッツである。センサスについての参照はル・エリゼ。

徴税制度

宮殿と王の菜園以外の王室収入は、徴税、賦課、臨時税の幅広い制度を源泉としていた。ダホメでは徴税はごく一般的なことであり、集品、計算、管理の効果的なシステムと結びついていた。納税のがれに対してはしばしば二重点検の間接的技術が用いられた。[38] 王国の全生産物は、国内商業と同様に課税され、徴税システムは次に述べられるような経済計画と管理のさまざまな手段と結びついていた。[48][32]

肉は、猟師のたくさんのグループによって宮殿へ供給された。全体として、狩猟が国民への肉の重要な源泉だった。野生動物の肉の消費は、おそらく家畜肉よりも多かったし、恒例の狩りはいまだにダホメ人の生活の特徴のひとつである。

宮廷には、二人の狩りと漁の長官がいて、一人は猟師を一人は漁夫を司った。また、各村には、狩猟の長、デガがいた。アボメに近い狩りの神の社で毎年行なわれる観閲式の期間に、猟師の計算が行なわれた。この計算に基づいて、デガは一三の組に分けられ、各ダホメ暦月に対し四人のデガとなる。そして、一三の組おのおのはひと月中宮殿へ肉を持っていくのである。加えて、殺された動物の首が宮殿の入口を飾るために送られた。漁夫の税は、干魚で支払われた。おそらくは、猟師と同じ方法で収納されたと思われる。

すでに見てきたように、家畜については、豚を所有するものにはすべて年に一頭の税割り当てがあった。屠畜人は、殺した頭数によって課税される。牛、羊、山羊は三年目ごとに課税されて、たとえば山羊八頭につき一頭のような一定の動物に対する割合で取り立てられた。馬だけは、ある身分の高い人びとにだけ所有されていた。馬一頭につき年四千個の子安貝が徴収されていた。

蜂蜜、胡椒、ショウガはこれらの産物に特化しているアボメ近郊の二地方から献納された。これらは軍事的貯えと見なされ、生産はきびしく監督されていたのである。

塩の課税もまた、生産に対するきびしい監督に基づいて行なわれた。塩は海水乾燥で作られたので、生産は海岸都市ウィダに限られていた。製塩労働者は、ウィダの町の二区画に住んでいて、蒸発工程が行なわれる塩田を掘ることが要求され、掘削の許可は王の代理人から貰わねばならなかった。各製塩労働者から王は毎年塩一〇袋(ほぼ八キログラム)を要求した。これらの袋は、ウィダ総督に預けられた。彼は、受け取った袋ごとに小石をとりわけて、この「塩小石」をアボメへ定められた時期に送りこむ。アボメでは、小石が一〇個一組にして数えられ製塩労働者の数が決定された。

総督が正直かどうかの点検は、宮廷から別の役人がウィダの製塩労働者の町へ派遣され、作られた塩田の数を数えることによって行なわれた。彼の計算が総督の提出した数字と一致せねばならず、もしも食い違いがあると重大な犯罪であって、総督は一年間役所の収入を奪われるという処罰を受ける。この税の収入から王はその家庭に塩を供給し、おそらくはまた軍隊にも供給した。

鉄に関しては、鉄工所が、計算や課税やその他の管理手段の単位であった。一二カ所の鉄工所が、鍬を作るために選定されていた。鍬の製造はそこに限定されており、おのおのの鉄工所は、生産監督の責任を持つ役人のきびしい見張りのもとにあった。鍬は鉄工所から直接に売ることができないので、すべての販売が市場役人の監督下で市場で行なわれる以外にはなかった。市場の長または代理は、鍬の作られた鉄工所の紋章をつけた箱に小石を入れて販売を記録しながら、鍬の販売をすべて見ていなくてはならなかった。鉄工所はすべて自分の紋章を持っていた。それは鉄工所の製品の上に刻印され、すべての紋章の複製が宮殿に登録され、市場役人全員に配られていた。市場の長が持つ箱は、ひとつの鉄工所あたりひとつ、つまり一二個あって、いっぱいになるごとにアボメに送られ、代わりの箱が都から届けられた。

さらに補充の生産計算が、それぞれの鉄工所でいくつ鍬が作られたかを決めるために鍛冶工を宮殿に招喚することによって行なわれた。報告された合計から、市場で売られた鍬の数を引き、手元にある鍬の数を出した。この計算が徴税の土台であって、各鍛冶工は王からしるしの鉄棒を与えられ、多少にかかわらず数的には鉄工所に売られずに残っている鍬の数に応じたある一定の数の包を持って帰ってくることを指示された。

鍬製造にたずさわっていないその他の鍛冶工場は、鉄の神グーにつかえる神官によって数えられていた。鉄工所はみなグー神の祠を持っていた。そして、一定の時期に神官たちは、神への例祭に必要なオンドリを王の手から受けとるために、呼び集められた。そこで、王国内の鉄工所の数が、神官へ配給する前に宮殿にあった総数から、神官に与えたオンドリの数を引くことによって算出された。それに加えて、神官にその鉄工所で働く人数を質問することによって、鍛冶工の数を決定したのである。

織工と木こりも、同様な方法でその生産物の一定比率を税として割り当てられた。

国内商業もまた課税された。関門を通過して商品を運ぶ人夫の計算をするためと、そうした取引きに税を課するために「旅券」制度が用いられていた。各町の入口、ラグーンの上の一定の場所、ヨーロッパ貿易機関の玄関口には税をとる関門が設けられていた。貢租大祭の期間中には、

「運搬人夫は全員、役人に申告をしなくてはいけないと伝えるために、布告吏が市場に派遣された。……彼らが報告するときは、各人が名前を言い、こっそりと、彼の旅券となるある種のしるしを差し出す。こうして、あるものはそれで環を数える小さな鎖を使用して、彼の通過せねばならぬ税関ひとつにつきひとつをもらうのだが、別の鎖の環が門を守る人に分配されているのである。もうひとつは、小さなラフィア布である……それは、関門の全役人に配布されている布の複製である。運搬人夫が……関門につくと、〈旅券〉を要求

され、布を合わせることが求められた。警備役人にすでに与えられている布と比較され、もしこのふたつに小さな違いでもあれば、彼は捕らえられ牢に送られねばならなかった」[38]

税をとりたてる方法は、次のようであった。

「小石一個が、運搬人夫のとおるたびに各税関でとっておかれ、年末には彼について数えられた総数が、行なった旅行数の土台とされた」[38]

その他の税は、運搬強制によって容易に行なわれた。たとえば、限られた量以外の胡椒は、市場から少し離れたある一定の地域だけで生産された。このため、子安貝の税金を通過にさいして商品にかけることができた。

地方市場における物品税は、市場で売られた全製品の〈見本〉という形態で行なわれた[38]。しかし、フォーブスが言うのによると、「全市場に駐在している収税吏は……販売のため運んでこられた商品の価値に応じて、子安貝を受けとった」ということである[33]。

ダホメの全住民にかけられる人頭税については、ダンカンが語っている[29]。ある人びとにとっては、これはたいへん高いものだったらしい。たとえば、ウィダ総督の二人の奴隷は、子安貝貨で、千五百ドルと二千五百ドルの年間個人税を支払ったと報告されている。

役人が死ぬとつぎのようにして相続税がかけられた。まず最初に、故人の財産がアボメの王の宮殿へ運ばれる。それから、王は故人の息子が父の地位を引き受けるか、戦いに手柄のあった兵士のような、だれか他のものへの栄誉として授与すべきかを決定する。息子が再任された場合に限って、彼は父の財産を相続した。王がダホメ中の富と土地への権利を持っていたので、彼の父の財産が戻ってくるのは贈り物だということになっていた。同時に、遺産の一部分が王によって収納された。[38]

全農産物にかけられる税が、基本的な税であった。毎年収穫が終ると、〈農業大臣〉トクポとその補佐官たちが、作物が貯えられている王国の穀物倉を数えて、トウモロコシ、キビ、ピーナッツ、豆、ヤムイモを別々に記録した。センサスで定められた農業労働者数に対して、全員がちゃんと数えられていたかどうかを見るために穀物倉の点検が行なわれた。全報告が入ると、王は農業生産物の税を定め、各村落を一単位として総量に対する税の比率を課するのであった。

行なわれた埋葬の数によって、墓掘り人夫にも税が課せられた。死者の家族から宮殿への献納もまた行なわれた。王族、長官、そして外国人捕虜であって自然死をし、国内に家族のない者の埋葬のための支払いは、一年後に別に行なわれた。奴隷の自然死を認証する代金は、三千個の子安貝であった。[19] 時おり、囚人に要求された身代金が入り、財産を没収する罰金や罰則からある程度の歳入があることもあった。また、服属した都市に課せられた税や貢租、外国貿易からの収入がそれ以外の国家歳入の源泉となった。

王が定める諸等価

王の義務の中には、彼の統治中通用すべき等価のいくつかを宣言する義務が含まれていた。ダホメ人の生活には、たくさんの慣習的性格の等価があった。たとえば、結婚のさいの花嫁の両親になされるべき支払い、儀式などの機会にも神官や村の種々の役人になされる儀礼的支払い、葬式のときの血縁間のはっきり計算されている贈り物交換その他であった。それらは慣習的等価であったし、政府が交代したときに変るようなものではないのである。

輸入商品の諸価格は、王によって宣言された。ダルゼルは、アダオンズが「商人はだれでもどの市場においても、男子奴隷一人あたり三二カベス、女奴隷一人あたり二六カベスの子安貝以上には支払ってはならないという布告を発し」、王みずから奴隷をこの値段で、「宮殿の玄関で、ひもにとおした子安貝を使い、彼自身が決めた価格を支払って」購入した、と報告している。[22] また王は、ウィルモット提督に対し、王の決めた奴隷一人の値段が「四ドルずつの関税と八〇ドル」であると語った。[19] 入港税は、「各代ごとに変わった」のである。[19]

市場価格に関しては、状況はちょっと異なっている。3章で検討されるように、市場の価格は通常地方的団体によって決められるのだが、統治中行なわれるべき全体の水準を決定し、かつまた貯蔵の不足や豊富さに対応して必要とされるような価格の変更は国王の責任であった。結局、ゲレレ王治下にはっきり見られたような困難な時期には、すべての物価が上昇したのだった。実際のところ、ゲレレは一種の一〇カ年計画を制定していたようである。

バートンによれば、「ゲレレは、部下の数を一〇年間減ずる決心をしたと言われる。そのうちすでに六年がたったが、すっかりその時期がすぎると、彼らは正当な職に補充され、食物が大変安くなって一日子安貝一枚で生活できるようになるだろう」ということだった。[19] そこまでの六年間に、諸価格は四倍に上昇した。「価格は過去六年に四倍になっている」とバートンは言い、さらに、「カンキイの塊（ダホメの四ポンドのパンの塊）は、旧王の下では子安貝三個で売られていたが――いまは一二個する」と述べている。[19]

ダホメでは等価は貨幣表示されていた。すなわち、子安貝で表現されていたのである。しかしながら、布告された等価としての性格はきわめて厳格なものであった。公に管理されていただけでなく、あまり動かず、慣習的な性格をも受け持っていた。たとえば、フォーブスその他によって報告されているその時と場所の通常の各商品価格が与えられている市場価格のリストでは、そのことが明確である。

通貨単位の名前さえもが「ガリンハ」と呼ばれている五連の子安貝の著名な例のように

「家禽一羽の価格」で表現されるように慣習的な性格を反映している。[19]

組織的な労働市場的なものは、まったく存在しなかった。「マンゴ・パークが前世紀に述べたように」とバートンが観察するところによると、「支払いを受けるサービスは、黒人には未知のものである。実際、アフリカの言語には、そういう言葉はない」のである。フォーブスの訪れた時代には、ウィダには、ほとんどがその沿岸の他のところからやってきているカヌー漕ぎと運搬屋がいて、指揮者によって組を作って「賃貸しされ」ていた。「担夫とハンモックかつぎにとって……最低生活賃金は……男が……子安貝三連であり……女が一日二連である[33]」。子安貝で計算されていても、支払いは少なくとも部分的には商品――布、タバコ、ラム酒――で行なわれることがあった。運搬人の「荷物量」も同じく定められていた[33]。ダンカンの雇った運搬人がアボメからウィダへの旅行中遅れてしまったとき、伝令が首都の総理大臣に送られた。総理大臣は、「彼いわく、彼らの荷物をすべてみずから調べ、すべてが運搬に対して定められた重量よりかなり下であることを見つけたとき、ぐずぐずした悪人を罰する命令をたずさえた新しい男をただちに送った[29]」

資料が示す限り、支払い、たとえば税の場合、ある商品の代わりに別の商品を渡すような代替的等価物は存在しなかった。農産物の諸税は、現物で集められたが、代替物の規定はまったく報告されていない。公共事業もまた王の業務であった。「王は、役人を召して、仕事を彼らに分割し、彼らの部下にその労に対して支払いを行なう」とダルゼルは言っている。われわれがすでに注目したように、道路の状態が貢租大祭のとき再調査された。[22] ダルゼルはまた、王が部下に道路の広さを示すひとつの紐を与えて、アボメからウィダへの道を建設することを指示したことについても語っている。[22]

王は〈公娼〉を指定して家族への関心を表わした。バートンは言う。

ダホメには、「宮殿から指定された、組織的な王立制度である公娼がいる。……現在の王は、楽しみのための新しい女性たちの一団を指名しているが、いまのところ彼女たちは実行の許可をもらっていない」[19]

この例でもまた、その名が等価からとられている。

「最初、報酬は子安貝二〇個だった。それゆえ、コシ、すなわち、勘定妻という共通名称ができた。……大臣たちの主張で、花代は子安貝二連に、すなわち四倍にふやされた」[19]

王は、「個人の諸家族の平穏を守るために」、王国中いたるところにこれらの女性の居を定めさせるよう命令した。[22] そうした予防措置がされたのは、高貴の人びとが女性の大部分を独占し、また姦通の罪が重かったからである、とノリスが説明している。その上、ダホメの男は、妻がお産をしたあと三年間は彼女との性交を禁じられていた。さもないと次の子供たちが病弱になるだろうと考えられていたのである。[38]

宮廷経済と宮殿

ダホメ経済の国家的領域は、王室の経費や宮廷経済と密接に結びついていた。そこには明確な境界が存在してはおらず、一方は宮殿に他方は国家に帰属する収入や機能の間に境界線を導き入れることも、事実上不可能である。それらの役割は、密接に結びついていた。こうした理由で、われわれは宮廷経済の項目のもとにそれを一緒にしているのである。

たとえば、ある推計によると、王の妻妾は約二千人を数えた。彼女らの多くは、国家の行政に重要な役割を果たした。その他の者も、さまざまな職種にあった。全員がアボメ宮殿か、アクピュオの宮殿の住人であった。また、ダホメの常備軍で五千人にのぼると推定されているアマゾン軍の多くもまたアボメ宮殿に住んでいた[38]。宮殿に住む他の女性たちの中には、後宮の奉仕をする大量の奴隷と、家事を行ない、死んだ諸王の墓を守る比較的年をとった婦人たちがいた。だが、いくつかの推定の中のひとつは、アボメ宮殿自体の全女性数は、アマゾン軍を入れて、三千から四千人であるとしている[30]。

王の子供たちの何人かは、特別の使者として働き、また王の仕事の上で他の義務を遂行した。バートンは、王の子孫が二千人を数えると推定した。ル・エリゼは、もっと大きな数字、すなわち一万二千人を示している[48]。

ダホメには、閣僚、行政官、会計監査官、収税吏、警察その他の幅広い国家官僚機構が存在していた。アボメのおもな役人たちは、自分の家に住んでいるのだが、王の宮殿で食物を供給されていた。(29)

宮殿自体は、壮麗な建築であった。一人ひとりの王が、壁に割れ目を作って自然木の扉をつけて、自分専用の入口を作った。この入口の前には、幅約二〇フィート、高さ六〇フィートの傾斜したかやぶきの屋根を持つ細長い小屋が、壁に沿って建てられていた。ここで、まわりにうずくまった廷臣とともに、王は敷物に横たわって裁きを行ない、その他の王の義務を果たした。王の所有する菜園は、王室収入の源泉のひとつであった。そこでヤシ油や他の産物ができたのである。アクピュオ宮殿からくる油とヤシの実はウィダで輸出された。この王の菜園は、特別の身分を持ち、売られることのできない家内奴隷によって世話されていた。

アクピュオの宮殿にはまた、布やパイプを作るなどの、種々の同業者組合が存在していた。王や王室の人びとのための織物がここで織られた。細長い倉庫小屋には、トウモロコシや他の生産物が貯えられていた。アクピュオにはまた染色小屋や陶器工場もあったし、どれも王の妻たちが参加していた。アマゾン軍による象狩りも、小さな歳入源であった。象狩りによって、宴会用の食料だけでなく祈禱小屋のための骨や頭蓋骨、そしてウィダからの輸出用の牙や歯がとれたのであった。

行政とその双分性

ダホメの行政の、正直で精確で責任ある方法は傑出していた。ゴーティエはこれをアフリカ諸国の中でも最高のものだと評価していた[35]。点検と統制にはほとんど自動的な手段が用いられていた。行政的なこまかい問題を処理するのに役立っている記憶技術的・算術的容易さをもたらす運営上の工夫が用いられていた。

これから見ていくように、非能率を制度的に点検することも実施されていたのである。性別の問題についても独自の方法ができていた。すなわち、男性は実際に動く役人として、女性は統制者として働くという各段階で対になった官僚構成である。バートンも言うように、「ダホメの役人は、男女、貴賤を問わずつねにペアになっている[19]」のであった。この主導権は大なり小なり国家的レベルのものであった。

もうひとつのより深くより広い主導権が、非国家的レベルから発生し、自動作用に対する自然発生的な防御として作用していた。各住居に神だなを持ち、祠に人がむらがり、そしてもっとたくさんの人が一族の屋敷の中の祈禱堂に集まるといった祖先崇拝が、反官僚的な力を及ぼす信仰的雰囲気を醸成していた。法律支配の心情的基礎はかくのごとく内面化されて、政府による大衆抑圧機関を不要のものとしていたのであった。

性の双分性に依拠した、このおどろくべき発明は、徹底的に遂行された。王室の行政制度では、すべてが男女一対になって、ときには何対にもなって行なわれた。なによりも、王国の各役人は王の屋敷に住む女性の相手か〈母〉を持っていた。そして、宮殿においても、王は王国中を司る行政機関すべてに完全な組み合わせを持っていた。これらの女性役人は、ナイエと呼ばれていた。それぞれの女性にとって、相手の男性がしている全行政事務を詳しく知り、その処理を絶えず点検しておくことが義務であった。それがどのようにして行なわれたかについては、ハースコビッツの描写がある。

「たとえば、ナイエの一人は、海岸地方の塩の全市場を責任を持って統制していたヨボガの過去の報告を記憶することをまかされていたと思われる。ヨボガの報告を受けるナイエは、ヨボガノすなわち〈ヨボガの母〉として語られていた。そして宮廷の会議に塩の問題が出されるときはいつでも出席していた。

彼女はすでに塩業を調査するために王に派遣された独立の役人の報告をする任務を手中にしていたし、ヨボガが会計をしたとき彼の運営の説明がこの独立報告とあっているかどうかを調べるのも彼女の仕事であった。……その〈母〉にあたるナイエに最初に聞かないうちには、いかなる役人の報告も聞かないというのが、公然たる王の政策であった」(38)

クポシすなわち〈豹の妻〉という別の一群の女性たちが、ナイエの指揮にあたっていた。クポシにもふたつのグループがあって、ひとつは八人の女性からなって、つねに王が諮問者を伴って接見をするときには同席した。もうひとつは、同様に八人で、大臣や神官が報告をするとき出席して上席にいた。重要な官吏の発言の立会いには、このようにして――彼の〈母〉、いつも出席する八人のクポシ、特別の大臣が報告をするとき呼ばれる別の八人の専門家――の三つのやり方があった。

双分組織は軍隊にもまたあまねく存在した。軍隊は、左右両翼に分かれ、それぞれが男女の役割を分割していた。最高位の役人から一兵卒に至るまで、男性は宮殿での相手の女性を相手方として持っていた。右翼はミンガンすなわちダホメの総理大臣によって指揮されたが、彼の相手は〈女ミンガン〉で、宮殿にいながら、彼の上位を占めるのである(19)。

軍隊については、フォーブスがこういっている。

「軍隊として考えると、ふたつの旅団に分かれていて、ミーガン軍（ミンガン）とマヨ軍が右翼と左翼になる。……右翼には、二軍団のミーガンとやはり二軍団のアガウス、つまり男性軍とアマゾン軍がいる。対応する同じ階級が、各旅団の男女の個人にまでいきわたっている。軍隊の階級におけるこうした関係は、父と母と呼ばれて……男性の兵士はもしとがめられると、彼の〈母〉に弁護してくれるよう頼むのである(33)」

アボメの宮廷を訪れた者はすべて、滞在中面倒をみてくれ、王の客に許可された接見にはすべて立会う〈母〉に身柄を預けられた。

継承して新しく王位についた新王は、彼の父に仕えた大臣たちを留任させるが、彼自身の代理として高貴な身分のもっと若い男を指名した。この目的は、若い人間の仕事の訓練と同時に年長の政治家たちを点検することであった。

ダホメに合併された郡は、もし自発的に服従したのなら自治を保つことを許されたが、〈王の妻〉と呼ばれる宮廷から派遣された男が、その地方の役人とともに駐在し、王の代わりに業務を監視した。

「各大臣の家には、王の娘一人と役人二人が住んでいる。彼らの報告にしたがってそれから貢租を払う大臣の交易を監視している。王の利益があやうくなるような係争が起きると、役人たちは直接報告をする。もしも問題が重大であると、大臣は逮捕されるか罰金を課せられる」(33)

公務員の数を二倍にも四倍にもするこの双分性の形を見れば、官僚主義的な傾向が少ないことを語るのはもちろん逆説になろう。しかし、好意的であるなしにかかわらずすべての責任ある観察者が、ダホメが市民的・軍事的問題で顕著な効率性を持っていたことを認める点で一致している事実は否定できない。

ある社会学的要素すなわち女性的特徴が働いていた可能性は無視できない。われわれは、そこに機能していたはずの物質的要素と文化的要素との連関比重を考えてみようとしなかった。これについては、女性たちは国体機能に決定的な分野では、それほど大きな役割を、国家的レベルの共同体では果たさなかったのは事実である。細事をよくし、常識の根ざす日常的事実の情報を記憶することにかけての女性の天賦は、ためされ、そして欠点がないことが認められた。

すでに理解された行政的優秀性と、女性によって果たされたところの顕著な役割をみたとしても、それはダホメの女性が公的生活に引き出され、ついには最高の水準に達したということの証明となるものではないだろう。このことは、双分性の発明自体の背後に、実際的効率の思考を超越する精神的態度から発したある動機が働いていたことを示唆している。

双分性は、真にダホメ文化の普遍的特徴であった。官僚制の組織は、ヒエラルキーとして垂直にのびていただけでなく同じ水準で水平にも拡がっていた。

両性の均衡は、野戦軍組織から国家機関の最小単位に至るまでのすべてに見られたが、文化の本性的特質に根ざすものでなければ存在できないものだったのである。ふたつ一組を好む傾向は、血縁の意味論、宮殿内の組織として日々の予言的命令などの上に刻印を残している。二重性の概念の追求は、ダホメ共同体の大宇宙から小宇宙にまで拡がり、王その人でさえそれを妨げることはできなかった。それどころか王権そのものが「双分性」であった。王は、叢林の王と都市の王の二重の役割を持っていたのである。バートンが、この事実を記している。

「ダホメ君主制の特徴のひとつは、彼が二重人であること……一人で二人であることである。たとえば、ゲレレは都市の王であり、〈叢林〉の王アッデ・クポンである。すなわち、都市と対立している農業民族と地方の王でもある」[19]

叢林の王は、都市の王とまったく同じ条件を持っていた。たとえば、彼のために都市の王と同じ組織の役人を持つ宮殿が、アボメからわずか六マイル南西のところにとってあった。軍隊組織では、叢林の王も男性と女性の隊長を持っていた。都市の王の行なう貢租大祭は、叢林の王の模倣によってあとを続けられたし、叢林の王にも都市の王と同じ〈母〉がいた。スカーチリィが言うには「王（ゲレレ）のために公に行なわれることはなんでも、あと三回反復された。最初のアマゾン軍のために、二度目はアッデ・クポンのために、三度目はアッデ・クポンのアマゾン軍のためにである」[74]ということだった。

実際、双分性貫徹への真正の執念が、形而上的秩序に関する古くからの神話的観念のレベルから家庭内での双子の誕生を好むことにまで拡がっていた。豊富な子孫への希望がこの傾向を生んだのかもしれない。統計的に双子が多いことは、双子の前後、または一家に複数生まれた双子の間などの、双子に近似して生まれた子供も双子とみなす伝統的な傾向があることを説明するであろう。

ダホメ神殿の玉座には、二重の神性、マウ＝リサがあった。「聖なる世界におけるそれぞれの理想型は、男女の双子一組であり、あるいはもっと稀な同性の双子である」[58]とメルシエが言っている。彼は、双子崇拝におけるアンドロギュノス（両性一致）的文化解釈をすることを避けて、「双分性がきわめて明らかである」[58]政治組織の分野へと目を向けてしまっている。明らかに、彼は心の中に叢林の王という制度を考えていた。

そして、その経済的重要性については、彼が最初の理解者であった。「二重の君主制は」と彼は言う。「ダホメの繁栄の鍵がそれの復活にあることがゲゾ王に理解されるまでは、永続的なものではなかった。こうして、ゲゾは、ガプケとゲレレを任命した。すなわちアッデ・クポンおよびいっぽうになされたことはすべて他方にもまたなされねばならないのである」。かくして、一九世紀になって、アカバ王と「双子は常に同じに扱われねばならないという原則に従って、共に統治した」彼の双子の妹ザアグバの古い物語が再生したのである。[58]

カナに玉座を持つ奥地の王の経済的機能の問題に戻ろう。ダルゼルの時代には、カナは大きな町であって、アボメから約八マイルのところにあり人口一万五千人ほどを数えていた。ノリスを引用して彼はこう書いた。「王がしばしばここに住んでいる。そして付属の建物ともどもほぼセント・ジェームズ公園〔ロンドンの公園〕と同じ面積を占める広大な屋敷を持っている。それは高い土の塀で囲まれ、ほぼ正方形をなしている」[22]

ノリスは塀の一辺を計測して、千七百歩幅であることを発見した（これは約一英マイルであるとノリスの編者が脚注に記している）。「王室が元来の無名から身を起こす以前に王家の住居であり、小さな領域の首都であったダウイと呼ばれる別邸が、カナとアボメの中間あたりにある」[22]。カルミナ（カナの旧名）の近郊は大変肥沃であって、その作物は近隣の町を支えていたのである。

カナには王室の御陵とこの国の最古、最大の市場のひとつがあった。カナは、王室お気に入りの土地と墓地から発展し、黄泉の政府と廷臣の居所となり、別個の経済的首都となった。ダホメの再配分経済は現物を取り扱ったので、叢林の王の宮殿は独自の重要な機能を有していた。租税として集められた大量の作物を収納し手工業製品とともにそれらをさばくような、貯蔵と産業の中心なのであった。生産と分配の経済活動をアボメの宮廷から分離してカナに集中させたことは、便利な処置であり、行政的、軍事的、技術的な角度からも必要であった。

アボメとカナの中間のダウイの宮殿に行くには、王は政治的首都と経済的首都両方から、美しく完璧に建設された道路をとおってたった一時間で行けたのである。財宝はアボメにあるシンボニー宮殿すなわち「大邸宅」で護られ世話をされていた。そこには、子安貝、棒鉄、衣類、武器、弾薬そしていくつかのヨーロッパの家具が含まれていた。王室の多数の家族を養う食料もここに保存されていた。高ければ子安貝二万個の額にもなる頑健な若者の妻となる女たちが、政治的首都アボメの財宝所の入口で引き渡された。武器や道具を作る鍛冶工の原料、さまざまな手工業者への現物支給、砦、門、城壁、橋そして軍略的高速道路用の建築資材もここで分配された。

ダホメにとって絶えざる危険は、オヨの存在にあった。一七一二年以来のアグバンという厳しい貢租が、騎兵の蹂躪的侵略の脅威の下に突然の通知で何度も増額されて、ダホメにとっては悩みの種であった。アグバンは毎年カナにおいて、オヨの派遣軍に引き渡された。首都の近郊でさえもそこに住む諸部族に信用がおけなかったというい くつかの証拠である。王陵と市場の安穏を守るために、王はなんどかその地域を鎮定せねばならなかった。古代からヨルバ人の居住地がカナにあって、ダホメ人がオヨに手ひどく打ち負かされた後は、ダホメと征服者オヨの間の貢租交渉の仲介人として活動した。それぞれ四一挺の銃の入った四一個の箱が、アグバンの一部を形成していた。それでも弾薬だけはしっかり別にしまわれていたことは、よく理解できることだった。

2章　互　酬――相互扶助と協同

ダホメ王国の国家的レベルで行なわれる経済の再配分的形態には、私たちがみてきたように、たくさんの枝葉がある。しかし、日々の生活は、隣人とか、親族とか、信仰といった、地方的な、国家とはかかわらない慣習の中に埋め込まれている。

社会的生産手段は、家族やシブ組織の外部から定期的に求められねばならなかった。主人が病気のときその畑地を造成したり、土壁を作ったり、屋根をふいたり、犠牲のための子牛や儀礼用の食物や結婚、葬式、喪に服する儀式のための肉類を供する必要があった。これらのことは、しばしば非常にはっきりと、個々の世帯主の能力を超えていた。賃労働者を得るプールがないとき、これらの必要を満たす労働は、どのように相互に結ばれているのであろうか。非国家的レベルでは、これは地方のおもな制度のひとつ、ドックプウェあるいは労働集団をとおして行なわれる。道路を建設したり、宮殿の壁を修復したりするような公的な仕事でさえ、ときにはドックプウェ組織によって行なわれた。もっともこれらの場合は、再配分システムをもつ国家的レベルの権限で行なわれるのである。その場合、王は彼の重臣あるいはドックプウェの長であるドックプウェガに、緊急に人員を召集するよう命じた。どの主人役でもそうだが、王には仕事の宴会でのごちそうを用意したり、代表には贈り物を与えることが期待されていた。

ドックプウェ組織は、それが中心であったとはいうものの、単なるどこにでもある援助を供給する共同体ではなかった。互酬性すなわちそれらの実施を基礎づけている原則は、国家的領域の経済における再配分のように、非国家領域での経済生活における中核的なものであった。家族経済とともに、互酬性は非国家レベルにおける主要な経済形態であった。しばしば相互の好意的態度が互酬性を伴う。しかし協同であろうと競争であろうと、態度そのものが経済を組織することはありえない。

たとえば市場というような、それらの態度を支える供給者と過程とを結びつける制度がより重要となる。これはいくつかのよく知られた未開社会の互酬行為をみれば、もっとはっきりしている。トロブリアンド島民の自給的組織では、家族集団の対称的部分のあいだに相互依存が行なわれている。[51] あるいはニューギニアのバナロ族の間での複数結婚[78]においてや、西アフリカのティブ族の単純な交換結婚においても同様である。[12][13]

社会構造に対称性のあらわれたところでは、相互依存的行動は容易に生じる。相互依存性の別の原因が、アリストテレスによって立証されている。すなわち、どんな社会にも固有の、それなしには社会が成り立たない善意というものがあり、それは負担を分割する用意を整えた状態の中に現われる。どちらの場合でも、支柱となる構造的要素がある。つまり前者では対称性であり、後者では限定された社会の構成員の間の活動的特質である。しかし、アリストテレスの〈コイノニア〉〔親密な精神的共同体を意味する〕は、対称性によって構造化された集団のあいだでの対応によって暗示されるものより、もっと広い範囲の相互依存性を意味している。〈コイノニア〉は小集団の中でえられるかもしれないし、あるいは全体主義社会に広くはびこっているかも知れない。小さかろうと大きかろうと、相互依存性のある社会は、〈順番に〉労働負担を分担している成員の間で、物資の再配分をも併有しているかもしれない。その基礎となる原理を、アリストテレスは互酬性（アンティペポントス）と呼んだ。

ダホメにおける労働力を分配する主要な制度はドックプウェであった。互酬的労働集団の形態に組織されていたので、ドックプウェは他の諸制度の中では、〈ソ〉〔職能組合〕や〈グベ〉〔相互扶助集団〕を含む強力な援助体制の一部を成していた。最後のグベは物資の相互扶助を結ぶ制度であり、先のソの制度は、おもに労役に関するものであった。

作業集団ドックプウェ

「ダホメ人の男はだれでも、次の三つのことを充分に知っていなくてはならない。すなわち畑を伐採、開墾する方法、壁をつくる方法、そして家に屋根をふく方法である(38)」。このよく知られたことわざは、この三つの仕事が互酬性によって、すべてのダホメ人に参加を求めるかもしれないものであるということを反映している。

そのような労働は、実際どのようにして移動していたのであろうか。あるいは労働市場を持たないダホメにあって、どのように分配されていたのであろうか。たとえばそこでは賃金労働は知られていたのであろうか。ドックプウェあるいは労働集団は、ダホメでは普遍的制度*であった。それは西欧社会の労働市場と、その対象なり作用においてまったく対照的であり、社会の必要とする仕事を実現することにささげられていた。たとえば畑の耕作を保証したり、結婚のときの物質的義務や親たちへの義務を遂行するのを助けるというように。このように労働は強制的相互扶助かあるいは互酬性という形態で組織された。

ダホメの一人まえの村びとは、すべてドックプウェに属した。その制度の社会的レベルでの性格は、次のようなダホメのひとりの首長の説明の中に表現されている。

「それはみんなのためのものだ。お前さんが首長であれ、普通の農民であれ、ドックプウェはお前さんを助ける。もしもお前さんが家を必要とするなら、ドックプウェはそれを建てるだろう。もしもお前さんが畑を耕したいのなら、それはお前さんの土地を開墾してくれるだろう。お前さんが病気のとき、それはお前さんを助けるだろうし、お前さんが死ねば、やはりお前さんを埋葬してくれるだろう。だれもがドックプウェの頭に尊敬を示さねばならない。彼がここにやってくる時は、わたしは彼に対して自分の首長としての被り物をとるのだ」(38)

貧しい者と首長と両方からドックプウェの援助を必要としているときは、援助は厳密に要求がなされた順番に与えられると言われている。

ドックプウェガ、つまりドックプウェの頭は、村では首長とその補佐役につぐ、第三番目の役職である。大きな村落では、各地区にそれぞれ頭をもったドックプウェがあるかもしれない。また小さな村ではひとつで充分村全体を満足させることだろう。ドックプウェガは、彼の義務を遂行するにあたって、彼を助ける三人の補佐をもつ。あらゆる非政治的な生活面で、ドックプウェガからの命令は疑いのないものであって、それはきびしい制裁で補強されている。

「重大な理由なくしては、だれもドックプウェガの命令に従うことを否定しない。もしも許可なくそうすれば、彼は村仲間から追放されるだろうし、妻たちは彼のもとを去るだろう。彼の家族は、彼の犯行がもとで罰せられ貧乏になってしまうだろう。彼も彼の親類縁者も埋葬をしてもらうことができないのだ……[38]」

伝承によれば、王でさえもドックプウェの命令に従っていた。ゲレレ王の在位の頃のできごとなのだが、「この権勢のある王が、太鼓手やハンモックかつぎや数多くの従者を連れて、作業中のドックプウェのそばを、ドックプウェガに挨拶をするために止まらずに通り過ぎたのだった。すぐにドックプウェガは、手にした杖で行列を停止させ、ゲレレ王になぜ彼がドックプウェの規則を破ったかを質し、彼に畑で働くよう命令した。そこでゲレレ王は謝罪し、彼がドックプウェに気付かなかったと説明し、罪ほろぼしとして五〇人の奴隷を仕事につかせることを申し出たという。しかしながらドックプウェガは満足せず、その夜ゲレレ王にたくさんのラム酒入りケースと衣布を課税した[38]」

このなかば伝説的なできごとは、ダホメ人の心の中におけるこの制度の位置と性格を反映している。ハースコビッツは、さらに多くの王とドックプウェとの関係を示す事例を出している。王によって命ぜられた道路の建設にあたって、王宮のある地区のドックプウェガは王に彼が属するドックプウェの一員として仕事に従事するよう要求する。王がこの命令を受けとったとき、彼は人びとに食べ物と飲み物を送り、彼の軍隊を召集して道路建設を完成させるのに充分な人力を供するだろう。

ドックプウェは、すべてのダホメ人がある個人的義務を満たし、特殊な状況で危急に出会うとき、その援助をした。ドックプウェが活動する五つの異なった場合がある。ドックプゥェは、農民が不可能な場合、村びとの畑地が耕作されることを保証している。もしも農民が病気であったり、年をとりすぎていて、植え付けのために畑を開墾するというはげしい労働ができなかったり、彼を助ける者がいなかったならば、ドックプゥェは彼を助けに来る。もしもだれかが貧しかったならば、彼は働き手に食事を出す義務はないし、ドックプゥェガへの謝礼を払う必要もない。彼が若いときに他人のために援助をしたか、あるいは現に青年であった場合に援助をすれば、将来にふたたび彼自身のために援助が提供され、互酬性の義務を満たすことだろう。これが第一のタイプである。

第二のタイプの援助は、保有する畑地があまりに不経済で、農民自身の労働や彼の自由になる労働によっては耕作することができない者に与えられる。その場合には、その者は頭に規定の支払い（現在では、蒸溜酒のビンと四ヤードの衣布と二フラン五〇サンチーム）をさし出し、彼の余裕のある範囲で作業者たちにごちそうを供することでドックプゥェを召集した。

ドックプゥェはまた、男が彼の妻の親に対する伝統的な義務アシトグレを果たすのを助けるために召集される。この慣習では、義理の息子はその義理の父のために、毎年、一部の重要な労働を完了しなければならず、彼の義理の母の家を充分手入れした状態で保たねばならなかった。ダホメ人は、「娘をたくさんもつ男は金持ちである」と考えている。(38)義理の息子がこの義務をおこたれば、彼の妻は結局は彼のところを去り、両親のもとに帰ることになるだろう。もしも男が多くの妻をもてば、義務は不可能でないとしてもわずらわしいものとなる。そこでドックプウェが援助のために呼ばれる。報告されているひとつの例では、ドックプウェは義理の息子の村から四五キロを旅して、アボメの義理の父のために屋敷の外壁を建てに行ったのである。

同様にドックプウェは、その父がなすべき奉仕をする人を助けるために召集されることもある。二〇歳か二五歳までは、息子は自分自身の畑地を保有した場合でも、自分の世帯を確立するまで彼の父の畑での仕事をする義務があり、礼儀としてさらに後までも父を援助することを続けた。また、もしも息子が充分な資力をもつならば、彼は慣例の謝礼を支払うであろう。もしそうでないならば、彼の仲間の村びとは代価なしで彼のために働くが、また彼は次にドックプウェをとおして彼らを助けるよう召集されたときには、彼の義務に従うだけなのである。

最後に、ドックプウェは、どのダホメ人が死んだ場合でも、死体を埋葬布に包み、こみ入った葬送儀礼を世話するためにも、召集される。

労働の集いはお祭りの機会であった。仕事の歌が歌われ、仕事が完了したときにはごちそうがあった。屋根をふくというようないくつかの仕事では、男たちは二人ずつ組んで仕事をした。もしもひとつだけのドックプウェが召集されたならば、それは二組に分けられ、一方が他方と競争するのである。

ドックプウェガの職務は信頼をあつめたものであり、ドックプウェガ自身も高い地位の人物である。その地位は世襲で、各ドックプウェガは、王室の流れをくむ王あるいは首長の面前で、彼のあと継ぎとなる息子を指名する。新しいドックプウェガの就任儀式は、宮廷の人びとや新しいドックプウェガの家族の出席のもとで、宮殿の王の面前でとり行なわれた。

*この制度の経済的重要性を認めたのはハースコビッツだった。彼の提起を本章は追っている。

職能組合ソ

手工業者の組合もまた、仕事の配備における互酬性の多くの実例を示してくれる。鍛冶屋や機織職の間での、またしばしば土器師の間での通常の作業は、〈順番に〉行なわれる仕事である。鉄・衣布・土器などの職人は、ソガとよばれる頭の指導のもとで、ソとよばれる協同組合に組織されている(鍛冶屋と機織職人は家族集団に属している)。作業そのものは、ソのすべての構成員が順番にそれぞれの原材料に手を加えること、鍛冶屋が鍬や斧を造ったり、機織職が衣布を織ったりすることであり、それは原材料を提供した構成員個人によって販売される。土器は協同で焼いて作られる。もしだれかが集団に対する義務を守らなかったならば、彼は構成員による懲戒に従わねばならなかったのである。

その構成員の畑を耕作するときに助力を与える協同作業組合もまた、ソとして知られている。この組合はドックプウェと矛盾しない。というのは男のどんな集団も、五人あるいはそれ以上の一緒に仕事をする男たちがドックプウェガの許可をもっているかぎりは、そうした目的のためにともに束縛されるかもしれないからである。しかしながらソとドックプウェとの間の違いは次のようなものである。

「ソのメンバーが、彼の畑を耕すのにメンバーのひとりに助けてもらいたいとき、彼らはドックプウェガに仕事を統轄するよう求める。しかしたとえ彼がこの仕事を命令しても、それはドックプウェではなくて、遂行しているのはソであることが理解されている」(38)

ソとグベ(次にのべる)は、必要なときにその構成員に援助を与える。もしメンバーのひとりが病気になれば、後の仲間は彼のために仕事を行なう。構成員は当然の代価を支払い、血縁者が死亡したときには規定された量が与えられる。ソはメンバーの葬式に参加し、困窮の場合には、賦課金が構成員から徴収されて死者の家族に提供される。

市場で食料品を売る女は、ソドゥドと呼ばれるよく似た組合に属している。これは仕事の組織を支配していないという点で職能組合とは異なるが、しかしソやグベに類似した相互扶助の機能は持っているのである。

家族的扶助

ダホメ社会でもっとも広くみられる制度のひとつが、グベと呼ばれる相互扶助組織である。この名称はまた拡大家族に対しても与えられるものである。それは、構成メンバーが血のつながった兄弟関係で結ばれ、お互いにいくつかの義務を遂行するうえで助けあい、同様に種々の社会的場面で合流する任意的な集まりである。各構成員が呼び出される義務と寄贈すべき額は、その組織が成立する前に定められる。構成員のひとりが病気になったり、重大な金銭上の損害をこうむったり、あるいはいくつかの儀礼のときに贈り物による大きな経費を義務づけられた場合、たとえば義理の両親の葬式のときなどに、援助が与えられる。ハースコビッツはそうした儀礼的場面のひとつを記述している。

「朝、死体を実際に埋葬したあと、死者の娘と結婚していたり、婚約している男は、おのおの儀式に必要な贈り物をするために彼のグベに助力を願い出る(38)

お金とともに〈絹あるいはビロード製の〉黒い衣布が妻あるいは将来の妻に与えられる。「男がこれらのふたつの衣布を提供したあと、彼の背後に集められた彼の組織のメンバーに向かい、〈いま、私は途中にとどまっている。私を押してくれ!〉という。このとき彼の組織仲間は認められた額を与えなければならない。そしてこのときまさに、組織が成立したのである」[38]

儀礼的贈り物の交換は競争的であった。グベをもたない男は、豊富な贈り物の開陳にともなう信望を得ることができない。彼の妻あるいは婚約者もまたグベをもっている。こんどは、死者の義理の息子と娘たちがそれぞれ男の組と女の組との間の贈り物交換に加わるという形で、競争が高められていく。召集されたとき、贈り物のできない構成員は、組織の共通の財産から必要な資金を立て替えてもらった。そうしなければならない立場におかれたときは、彼はのちにその金額を返却することになっていた。

構成員が死んだとき、グベはその葬式の手助けをし、各メンバーから与えられた布でともに縫ったきょうかたびらを提供する。グベは、四つの役職と公に知らせるための太鼓と旗をもって成り立っている。女の組の方が、しばしば男の方より経済的に豊かであることが多い。

友人関係

〈最良の友〉は、必然的に信頼を伴うだけでなく、最良の友が人生を通して遂行する義務をも伴う関係である。ある男にとって最良の友とは、彼の意思を尊重し、彼の財産に関して指定遺言執行人のようにふるまう人である。その関係は、ある男がその結婚にさいして最良の友に助力を求めるような場合に示される。

つまり娘の家族の方が、「その娘の婚約者、あるいは、のちの、義理の息子の助力を求めたとき、彼はその友だちのところへ行き、必要なものはなんでも与えられる。娘がその夫の屋敷に連れてこられたときは、夫の友だちは彼女に薪を提供し、もしも彼が畑からきたのであれば、トウモロコシや雑穀を与える。もしも彼女が病気になれば、彼女の世話をするのは夫ではなくこの男なのである(38)」

最良の友の家族さえ必然的にそこに巻き込まれてくる。もしも将来結婚することになる娘が生まれると、娘は最良の友の妻として約束される。もしも何かの理由でこの義務が果たされなければ、自分の家族から妻となる女を出すことがその家族の息子にかかってきて、その父の最良の友の息子に妻を与えねばならないのである。

また未来の花嫁が結婚が完了する前に他の者と駆け落ちして、危機が続くならば、その義務はやはり余儀なく次の世代にかかってくる。そのとき娘を約束されていた男は、彼のシブの長のところへ行く。そこでその長は、駆け落ちした娘が属していたシブ組織の男と結婚している自分のシブ組織出身のすべての女との間の全部の離婚を宣言する。その同じ夜、これらの女は、彼女らがどこに住んでいようと、探索に送り出される。

この行動は、そのシブ組織をもつ拡大家族がダホメの他の異なる土地にも居住しているので、その地方全体に反響を呼びおこす。妻がそのような立場におかれた男は、その娘の捜索を開始し、そのシブ組織の長の前に、娘の両親とともに娘を連れてくる。娘が彼女の誘惑者の名をつげるよう強制されたとき、シブ組織の長は、罪を犯した男の属するシブ組織の男と結婚しているすべての女の間でふたたびその離婚を宣言する。そのような事件に巻き込まれたシブ組織の間での折衝は、何カ月もかかり、王みずからが争いを仲裁するために呼ばれることもある。

しかしながらたとえ争いがおさまっても、娘はもともと約束されていた男には与えられない。代わりに、あきらかに平穏を維持するために、彼女はその事件に巻き込まれたいかなるシブ組織とも無関係な男に与えられる。しかしながら被害者となった男は、娘のシブの中でもっとも適当な若い少女を妻として受けとることになる。そしてその少女についてすでになされていたかもしれない約束は無視される。なぜならこの義務の結着の方が、第一義的重要性を負うているからである。この結着がついたあと、シブ組織の長たちが関係したシブの全構成員の大規模な離婚命令を取消すのである。

抵　当

これらの相互扶助の関係は、ダホメ人が他者への従属的状態におちいることを救っている。しかしながら、これらの手続きが不充分となるときが出てくると、互酬性のもうひとつのタイプが必要とされる。すなわち抵当物の提出である。もしもある男が不運にみまわれたならば、たとえばどうしても支払うことができないような重い罰金を受けたような場合に、彼は他の人から必要な資金をうる代わりに、抵当として彼の子供のひとりを与えるのである。この関係の持つ、名誉を失うことのない性格は、奴隷は抵当物としては差し出さないという事実によって暗に示される。

気にかけすぎると思えるほどの危険防止がこの制度をとりまいている。金の総額が引き渡され、その返却の日時が定められるときは、村の首長の面前でその契約が処理されるのである。利子はけっして請求されない。すなわち抵当物がその期間中貸し手のために働くのである。幼なすぎて働くことができない子供は受けつけられない。定められた期間の最後に、双方がふたたび首長の前に出て、その時抵当とお金がもどされるのである。

もしも、負債者が定められた日時に抵当を受け戻すことができなかったならば、その延期が認められる。もしも延期があまりに長びき、抵当が少女であった場合は、彼女は貸し手によって妻としてめとられる。その場合そのお金は、ある種の結婚における未来の義理の息子によって果たされねばならない、通常の金銭的義務と同額のものだったと見なされる。貸し手は抵当とともに、彼自身と負債者の村の首長の前に現われる。彼らはそこでその結婚を認証する。

しかしながらもしも抵当が息子であったならば、三つの採るべき手段がある。第一の方法は、負債者が返却の新しい日時を定めて、合計金額を二倍にし、貸し手のもとに二番目の息子を置くことに同意することである。あるいはもうひとつの方法では、やはり二番目の息子は与えられるが、貸し手は負債を弁済するようなある特別な仕事、たとえば彼の畑でのめんどうな大仕事につかせる。この場合、負債者は彼を助けて負債の代わりの仕事を完遂するためにドックプウェを召集するかもしれない。

第三のやり方として、関係したふたつの村の首長が、負債を弁済するために抵当が完遂しなければならない仕事の量とその仕事に要する期間を決定するであろう。この期間が経過したとき、実際に抵当が従事した仕事の量にかかわらず、負債は弁済されたものと考えられる。

抵当を悪用した者に対しては、人びとの意見が世論となってかえってくる。というのはこれはすべての人がときにはたよることになるかもしれない制度だからである。抵当が受け戻される前に債権者か負債者のどちらかが死んだ場合には、別の手続きがとられることになる。

3章　家族経済――土地と宗教

大農園と小農地

非農業社会の経済的基盤は、特殊な生態学的均衡に見出されるであろう。農業が導入されると、土地は社会の中心的位置を占めるようになる。生活と社会組織とは、それが部族的であれ家族的であれ、農業的場面に結びついている。そのような社会の経済形態は家族経済であるといえる。物品の移動は世帯主によってさしずされる。彼は世帯内の労働力を配分するとともに、消費される食物の分配をもとりしきる。

したがって耨耕《じょくこう》の行なわれている地方では、たとえばギリシア語で〈家〉を意味するオイコスが、永久的で固定した社会制度となっている。アリストテレスはオイコスは家族と奴隷とから構成されていると言っている。それよりさらに五世紀ほど古い詩人ヘシオドスは、それと同じようなふうに描き、もしも冬に食物の貯えがなくなれば、家族は飢餓に直面するだろうとつけ加えている。

ダホメの土地所有形態のうちで、第一に位置づけられるのは王の地所である。そこでは戦争による捕囚が使役につき、さらに王子によって所有された土地も含まれていることもある。これらの大農園（グレタヌの一種）は、市場の女たちによって小売りされている主食物の大規模生産に従事している。別の極端なものでは、従属して臣に服した原住者によって保有されている、村びとの農地がある。すなわち以前は奴隷であって、いまだに王の命令に従って、その労働日の半分は公的義務として地方行政の仕事に奉仕するよう束縛されている人たちの農地がある。

シブ組織とコンパウンド

アボメの伝統的土地所有形態は、拡大家族（グベ）によって占められている小屋や建物の凝集した屋敷地（コンパウンド）を中心としている。その拡大家族はそれ自身、共通の資格によって父系のリネジやシブ組織（クセヌ）の中の共通血縁者である男系集団に基礎をおいている。この章のデータを提供しているメルヴィル・ハースコビッツは、この居住形態がシブとそして特にその宗教的組織と強く結び合わされているありかたに注意を喚起している。

土地は五〇を数えるシブ組織の構成員によって保有され、それぞれが多くの屋敷地や仲間の畑に細分されていた。畑地の規模は大はグレタヌから小さいのは村びとの農地までさまざまであった。その意味では、〈シブ組織からなる家族〉は、〈平均的〉土地保有とみなされうるかもしれない。しかし、他方ではこの関係が、継承や相続を条件としている土地に当てはまることはほとんどなかった。

ふたつから五つぐらいの屋敷からなる集合は、単なる個人の集まりをなすものでもなければ、親族関係や宗教という永続的結合によって結ばれた共同体的保有を示すものでもない。

ダホメ社会では、そのような居住の集団化は、三、四世代にわたって緊密に住み、宗教的にも埋葬や継承についての聖なる規則に従う、先祖代々のシブ組織の祖先の家という要素である。完全な居住様式では、シブ組織の出自集団の分枝と関係した家族が住むことになる。その構成員たちは、創始者の住居が彼らの祖先の聖所として葬られている特殊な屋敷の世話をする。そうした村落が発展するための外的要件は、つぎつぎに加わる屋敷が拡大していくことが可能な土地の広さである。その内的要件は、男の子孫によって世話されていない創始者の墓所を離れないよう、シブ組織のメンバーを結びつけている宗教的命令の受諾である。

責任ある者が死ぬと、彼の家族は、あとを継ぐ者に場所をあけるため、ふたたび祖先の屋敷を離れねばならない。シブ組織の継承は本来的には兄弟相続である。つまり長兄の長子からはじまるという長子相続法によってつぎの世代に引き継がれる前に、兄弟が年齢の順に相続権をもつのである。これには、さらに多くの屋敷の建造や彼自身の家族の屋敷における各創始者の継承者すべての再埋葬とまつりを供するという規則が補足されている。

屋敷というものをアフリカ世界の構造の中に置いてみると、私たちはそれが居住形態として西およびスーダン・アフリカの地域における卓越的景観であることを理解しなければならない。しかしシブ組織の祖先の家やその精巧な宗教行事の場面と同じように、屋敷がダホメ以上の密度で存在しているところは、おそらくアフリカのどこにもない。

それゆえここでは、三つの特色が融合されている。自然的、外観的に、屋敷は、強い耐久性をもった壁やくいによって囲まれた、家屋あるいは小屋の集団である。耕された焼畑やアブラヤシの植え込みとともに、屋敷はダホメの農村の特色的景観である。第二に、屋敷には拡大家族（グベ）が住む。通常、そこでは父方の祖父あるいは曾祖父をとおして、親密な関係にある男の構成員が中心である。これらの同じ男の構成員は、ひとつのシブ組織と関係しており、五〇人ほどが記録されている場合もある。シブ組織は地域的に片寄っていないが、しかしすべてのシブ組織は、それらの先祖代々の屋敷をいだく元来からの集団性の上にすべてを立脚させている。

第三に、そして根底的なことだが、以上のように拡大家族や世帯は基本的にはシブ組織に結びつけられているが、非常に卓越した裕福さや強さをもった内的な宗教的力によって生み出され、維持されている。それは、居住単位あるいは屋敷集団と親族単位とを毀《こぼ》ちがたい社会的実体へ結合する、ひとつの祖先崇拝の形態である。

経済史学者ならば、荘園あるいは領地と称された、他の非アフリカ型の農村的構造のことを思い浮かべずにはいられない。実際、西アフリカと西ヨーロッパの構造は、つぎのような諸点、堅固な壁に囲まれた住居、家族の世襲的な階級、伝統的宗教観が結びあわせられている点で共通している。これはばくぜんと〈封建制〉と述べられる政治・経済的形態である。これはしばしば部族文化と騎士文明との間の文化的へだたりをつなぐのに用いられる語である。

農民の家政と荘園経済は、おもに規模の点で異なっていた。しかしながらアフリカの屋敷地は要塞化されていないし、いかなる軍事的性格をも持っていない。すなわちその壁はプライヴァシィを守るためであり、防衛のためではないのである。

シブ組織は、エリートを意味する特別な有閑階層をもたず、また騎兵や二輪戦車や他の騎士用の武器に類似したものは何ひとつもたないし、またコンパウンドは、社会・経済的支配層に、従属する労働力に対する自由な処分を意味する特権を与えもしなかった。このようにそれらの共通した特色にもかかわらず、ヨーロッパの荘園的封建体制とアフリカ的シブ組織をもったコンパウンドの体系との間には、はっきりした対照が認められる。

シブ組織をもったコンパウンドと同系ではあるが、かなり大きな違いがあるもうひとつの制度がダホメの君主制である。ダホメ社会の君主制は、国家的領域の頂点である。それは国家体制の外側に存在する地方的制度の組織とは矛盾なく分離している。シブ組織やそのコンパウンドは、後者の中にある。

私たちは、地方の穏当な規模の、根ぶかいシブ組織が君主制それ自身と共通するいくつかの特色を持つことに言及せずにはいられない。それにしても、人間の価値体系における、なんと底しれない対照であることか。シブ組織はまた熱烈に祖先の信仰を行なう血縁的集団であり、それは国民的な宗教行事の紀律においてなおざりにされた死者の精霊や幽霊を世話することから生じるのである。君主制はこれらとまったく同じ価値を持っている。しかしながら、シブ組織のもつ家内的、人間的雰囲気は、厳格に遵守されている祖先崇拝の戒律と結ばれた国家的理由で正当化された、君主の怖るべき規模での残酷な拷問にみせる放縦さとは、まったく異なったものである。

シブ組織をもったコンパウンドに躍動している徳行と価値は、国家的領域では倫理的疎外を受けている。支配している王朝はまた、シブ組織として、実際のところ超シブ組織として、先祖伝来の都市として王室の床几が置かれているアラダの所有者だと公言する地位を強調する。しかしシブ組織には一般の村びとに対するそうした組織的特権が与えられておらず、いっぽう君主は出自による無制限の社会的、政治的権威を得ている。

継承と相続

コンパウンドは、精巧な、そして明白な制度に見えるにちがいない。継承についてのいくつかの単純な規則で運用されるとき、確固とした永続性を持つひとつの構造が展開する。いちど基礎をつくる行為——ひとりの個人的行為——が行なわれると、その影響は深く根ざした敵対勢力を克服し、習慣づけられた居住を守ることをすすめ、その個人の好みや習慣を普及させる。

無益な怒り狂った行動がいくらあったところで、制度を維持するためには守られねばならない道徳的慣習を打ち破れないだろう。伝統的に認められた継承が、全般的な成熟度をもって機能している。

通常新しい屋敷の創始者は、彼の祖先の屋敷から放浪に出た若者である。彼は一区画の土地を耕し、いくらかのアブラヤシを植え、彼自身の家および彼の妻、あるいは妻たちの家を建てる。やがて、彼は息子たちの家を一軒建てる。ひょっとしたら、それは二軒かもしれない。娘たちは、その母の家に住みとどまるから家は要らないのである。ついには約一二フィートの高さの壁が、この家の群れの囲りにたてられる。いまや創始者の屋敷は、充分発達した状態に達した。彼が生きているかぎりは、この諸般の事情は変化せずに続いていく。彼が死ぬといつでも、祖先のコンパウンドの長が死んだときに再び定められた移動が始まる。というのは、創始者の家は、つねに、その家のそばにまつられている創始者の墓を世話するあと継ぎの男によって居住されねばならないからである。創始者が死んだあと、彼の最年長の息子が彼の家族と一緒にそこへ移る。また彼が死ぬと、そのあと継ぎが彼の家族とともに創始者の家に移転する。死者の妻や子供は祖先の屋敷を去り、新しいか、まだ存在しない第二の屋敷に移らねばならない。その屋敷を建てる義務は、その家族の新しい長にかかってくるのである。ここで屋敷の前の長の肉体はふたたび埋葬され、彼の息子のひとりによって世話されることになる。継承は長子相続制に変わっているわけだ。いまや同じく年長の息子の長子は新しい屋敷――第二のものである――を建てることを義務づけられる。もしも創始者にたった二人だけの息子がいたならば、このようなことは繰り返されなくてもよい。なぜならいまやどのあと継ぎも、彼が死ぬと、彼自身の屋敷の中の彼の父の墓の近くに埋葬されるからである。祖先の屋敷が大きく発達していなくても、第二、第三の屋敷が成長し、さらには増殖することがある。この点で継承は根本的変化を受け、集団の最年長の者があとを継ぐのである。

このように、継承は親族構造の支配的単位、つまりコンパウンドをめぐって展開する。相続を無視すれば――いずれにしてもコンパウンドでは重要ではない――シブ組織の土地所有権の特異性が明白となってくる。それは、すでに述べたような個人的財産や共同体的所有権とは異なっている。土地は自由に譲渡されないし、その利用が集団の決定に従うのでもない。シブ組織の構成員の間での、継承の結果としておこる財産権の争いは、分離したコンパウンドの存在によって充分解決される。

シブ組織内の死によってもたらされる、所有権移転に関するふたつの原理の結び目のまわりには、まだたくさんの困難がある。その所有権移転は、シブ内の死すなわち継承と相続によってひきおこされる。継承は地位と職務にかかわるものであり、少し重要性の落ちる相続は財産の所有権にかかわるものである。相続は、相続される所有物がゆだねられる目的のために、継承に従属するのである。そのような所有物は、儀礼小屋に対するシブ組織の寄進や最後にはシブ組織のためにその地位を勤めるための他の出費を支弁するために使われる。

シブ組織をもったコンパウンドにおける継承と相続とをふつうに分離する線は、両方をオーバールールする諸原理によって不明瞭になる。これらの諸原理の中には、創始者の名前への一致が維持されねばならないこと、家族は所有地を保持しなければならないこと、年長者は年下の者から相続しないこと、女は男親から相続しないことなどがある。すでに述べられている他の確実な原理は、分枝制と長子相続であり、後者は前者に従属する。すなわちシブ組織のためのアブラヤシに対する受託人権、死者自身の息子が彼の父の側で安らぎにくるための計画的再埋葬、集団のすべての構成員に属する儀礼小屋を建てることとなどが含まれる。

財産が屋敷内で再分配されたり、蓄積されたりする規則は、財産の分裂も収奪も起こらないことを保証する。むしろ、家族所有地の印象的なほどの永久性は、地位の極度の固定化とともに結果として生じる。というのは、財産の方ではなくむしろ地位の水準が、継承と相続との規則の相互作用をとおして支持されているからである。これを解く鍵が、コンパウンドの集まりで行なわれる受託権や譲渡不能性が必然的に伴う効果の中にある。

土地に関しては、相続は単に利用権の譲渡であって所有権の移譲ではなかった。この原則は、土地に対してであれ人に対してであれ、ダホメ社会で百パーセントの財産権をもつのは、ただひとり王のみであるという原理の延長上にあるものである。だから、土地の〈保有者〉はそれを売却する権利を与えられていないし、奴隷の〈保有者〉も王の許可なくしてそれを売り払う権利を与えられていなかった。

このどこにも見られる譲渡不能性に伴なって、限られた家族的目的のために土地の収穫を保証する受託権という、普遍的な制度があった。これらは、コンパウンドの長の威信の表現だったり、シブ組織のための緊急の出費、たとえば支払わねばならない罰金、身受け金、持参金あるいは他の災難の金額などのようにほとんどその地位に伴う必要条件であった。

祖先崇拝を支える儀礼小屋

「祖先崇拝の儀礼が、ダホメの社会組織の焦点だとみなされるべきである。シブ組織とそれを構成する要素が存在し、永続させられるためには、祖先への信仰が完全にとり行なわれなければならない」(38)。生活居住単位としてのシブ組織を持ったコンパウンドと、国民的宗教の具体的表現としてのそれとの間の関係は、ハースコビッツのこの言葉以上にうまく表現することができない。

問題の核心に入ってゆくために、祖先崇拝儀礼におけるふたつの機能的特色が思いおこされねばならない。それは、父の墓の自然的位置の選定に夢中になることと、死後それほど年月を経ないうちに死んだ血族を神として祀ることである。ダホメのシブ組織は、生者と死者とをふたつの方法を通じて結びつけている。すなわち生者の間で死者の体をそっくり保存することと、そして毎日の生活の中で彼らを神として護ることである。

新しい畑の伐採労働がはじめられるまえに(ふたたびハースコビッツによると)、農民はどんな精霊が新しい土地を見守っているかを見届けねばならない。「彼の祈禱師へ土地の土くれを手わたす。祈禱師は最初の儀式として、新しい土地が耕作されるかどうかを神にたずねるために、ヤシの実の核を投げる。もしもその答えが好ましいものであるならば、そこで土地の神への犠牲が行なわれる。その中で嘆願した農民は、計画された畑地から土を取り出し、それで目に子安貝をつけた人間の頭を作り、この頭を地面に置いて、それにヤシ油、ニワトリの血そして最後に粉と水とでまぜたトウモロコシを供える。この儀礼は彼がひとりで畑にいる間に遂行され、人間の頭はこわれるままにそこに放置する。祈禱師は別にいろいろな神がみを呼び出し、それらのひとつがその畑の保護精霊として天の神によって明示されるまで祈禱する(38)」

この事例では、精霊は、「巨木に棲んでいると信じられている、祖先信仰の力強い神である。その畑で仕事をする男は、その土地で巨木を見つけると祈禱師を呼ぶ。祈禱師は、保護神の社となる精霊を宿している木を見つけることにとりかかる(38)」

保有者は神酒として木の幹にヤシ油を注ぎ、この供犠を四日目ごとに繰り返す。そのたびごとに彼はニワトリを加える。彼はいまや、「彼の畑の準備を行ない、そのあと耕作をはじめるだろう。しかしこの期間中、また作物が収穫されたあとも、彼はヤシ油の神酒を毎週注ぎつづけ、畑の精霊が善意をもったものかどうかを示すしるしを待つのである(38)」

もしもこれらの供犠にもかかわらず、家族に不幸があったり、あるいはもっと重要なことだが、収穫量が乏しかったならば、「彼はその中に、精霊が敵意をもっているという表示を見、彼の祈禱師に相談したのちその畑は放棄されるであろう。五、六年間にわたって、畑が充分な作物を生産し、保有者が裕福であるときは、その畑を守護している精霊をつかさどる司祭を訪問し、彼からこの精霊を恵み深い〈公の〉神として〈確立する〉ために必要な儀礼のタイプをたしかめることが、彼の義務とされる[38]」

保有者は、いまその精霊のために木の幹のまわりに小さな祠を建て、このときからもしも彼がこの特別な精霊の司祭でなければ、「彼はみずからそれに犠牲をささげないかも知れないが、その儀礼の司祭を呼び出して、彼に犠牲をささげなければならない。木それ自体は、共同財産となり、何者でもその根元に建てられた祠を崇拝することを許される[38]」

コンパウンドの持つ耕された畑の中の一本の木が、公の祠に成長していく過程の分析は、シブ組織とダホメの組織された信仰との非常に重要な融合を描き出している。ついにはシブ組織は、信仰の場である儀礼小屋を建て、その構成員のひとりを世襲の司祭に指名し、訓練し、習練中の多くの者を長い間養育するのである。神はシブ組織を保護し、その集団の中に神性をもった精霊を浸透させるのである。

ダホメの宗教は、広い神話的背景をもった偉大な神の、三つの神殿から発している。儀礼小屋に住んでいるヒエラルキーを成している司祭階級は、その神がみのひとつである神をまつる儀礼小屋に住んでいる。公認の司祭階級のほかにも、多勢の祈禱師が予言を行ない、よく知られた占いの体系であるファによって、信者たちを天の神の啓示に触れさせていた。祈禱師は、助言のもっともふつうの方法として、毎日予言のため魔術を用いていた。

ファとは、宗教行為での家庭薬のようなものである。それは人間を天の神、すなわちふつうの人間にはまったく近づくことのできない一種の運命神に近づけておくことになるのである。そこで俗人はファについていくらかの知識を得ることができ、自分自身で天の神を探る。より固定した帰依者の群れが司祭に儀礼に入会させるよう訴え、何カ月もの鍛練、たとえば形どおりの踊りの教授、習練者に共通する秘密の知識とともにひとつふたつの儀礼用語の獲得などが行なわれる。

全聖職者は、儀礼小屋を設立し、創始者としての司祭を指名したシブ組織に所属させられている。シブ組織の祖先の屋敷に接して置かれている儀礼小屋は、屋敷からの永久的な支持を受けるのである。

多くの新加入者もまた、保護者のシブ組織によって世話される。加入の場面はこみいった儀式によって特色づけられている。すなわち何カ月もの間の隔離のあとの儀礼小屋からの忘我の〈脱出〉、象徴的な〈死〉、内的浄化の期間や新しい名前の授受、傷の治癒、全身硬直の状態に進行する肉体的緊張からの〈復活〉、巧妙な踊りの演じられる期間中に続けられた儀式などである。

それから習練者は彼らの家にもどり、そこでは彼らはもっと高い地位に上げられる。変化に富む経験を経た男や女は、食事の摂生や節制の期間に耐える。この中心になる帰依者の周囲では、数千の信者が動物の犠牲、食物、お金を伴う紀律ある生活を受け、公式に認められた司祭が個人的に属している多くの神がみのひとつの集団に対して、聖職秩序の定めるところにより礼拝を続けた。

宗教の経済的バランス

ダホメ社会の研究者にとって、経済的視点からの損益勘定が、ここで示される。ダホメの農村経済に対してシブ＝コンパウンド組織や祖先崇拝のそれぞれの持つ社会、経済的貢献をいかに評価するかが問題である。

私たちは、偉大な神がみの信仰に国民的な規模で——司祭、祈禱師、習練者のように——従事させられている人口について、ただあいまいな像しかつかめていない。バートンは、女性人口の四分の一は彼女らの屋敷から引き離され、信仰活動によって養われていると考えた。他の資料によると、制度化された信仰に引っ張り出されない人口は、全体の半分以下であることを推計している。

確立された儀礼小屋はシブ集団のすべての構成員と関係づけられており、控え目の祠がどの屋敷内にもある。儀礼小屋の人びとの扶養のためにシブ組織に投げかけられる物質的義務は莫大であるが、それさえも、犠牲、報酬、贈り物として一週間になんどもシブ組織によって神に供えられる料理された食事などの負担にくらべれば小さかった。ダホメ人の生活の記録は、このように人的消耗からそらされたものが、莫大な総量に達するものと見積られることを示している。ハースコビッツは、シブ組織によって示されるこのような〈顕著な消費〉が、彼がダホメの中間階層によってとり行なわれている富の獲得行動や利益のある仕事とみなしたものの背後にある主要な動機だと思っていることを強調した。

私たちは、どれぐらいの量の毎年の作物が、そしてさらに重要なのだが、相続されたアブラヤシからえられる収入のうちどれだけが宗教的出費にささげられるかを見積る気にさせられる。事実、もしも限定相続をとおして、消費されてしまうことから守られた受託権のある財産の累積がなければ、コンパウンドは儀礼の費用によって崩壊してしまったかもしれない。富の投資については明白な証拠がないし、征服される前のシブ組織が実業に従事していたかどうかは疑わしいようである。

二〇世紀は、宗教的出費から商業的投資へというひとつの変化をもたらしたようだ。しかしながら、一八、一九世紀の間は、有力な証拠は経済に宗教が与えた痛烈な影響があったことを語っており、そんなところでは、宗教は商業的企業にほとんど利潤を与えなかったであろう。高い地位の役人の所有地も、それが農園として利用されておらず、卸売市場にも収穫を卸していなければ、それだけでは儀礼の奉仕への際限のない傾倒を生じさせるようなかなりの自由収入があった証拠と考えることはできない。

革命前のメキシコ、ハンガリーあるいはチベットは、これに匹敵するほどの、信仰のはびこりすぎた制度や家族的習慣に苦しめられた経済をもっていたようである。しかしそのとき彼らの教会は、富裕者から財産を寄付され、広く各地に所有地を保有していたのである。同じくダホメのシブ＝コンパウンド組織では、永久的な宗教的流出によって、資本蓄積されなかった。

4章 交　換――孤立していた諸市場

これまでの諸章で示されてきたことは、いかに経済過程がダホメ社会の主要諸制度の中に埋めこまれていたかということである。それはシブ組織や非国家的レベルでの祖先崇拝と同様、宮殿や国家的レベルでの貢租大祭、任意の作業集団や相互扶助組織の中にさぐっていくことができる。

非価格形成市場

ダホメの市場は価格形成市場としては機能しなかった。(大部分は調理ずみの)小売り食物が定価格で売られ、ある程度は手工業品も売られていた。市場はきびしく貨幣化されて、その使用は強制的だった。物々交換は許されなかった。商品は貨幣に対して売られ、貨幣は購買に用いられた。購買は現金である。信用も卸売りもなかったが、売り手には定価格で合理的に安定した報酬が保証されていた。ときおり固定率を変える生産者組織が、これをさまざまな方法でとりおこなっていた。

地方市場間の価格差があっても、市場間の財の流動はひきおこされなかった。そうして、他の市場に持ちこされる信用や債務は生じなかったし、市場間の投機によって利潤がえられることもなかった。だから、市場システム的なものは何もなかったのである。

事実、調理した食物分配にみられる市場の重大な機能は、市場が家族経済、ことに小農社会の経済統合の古代的形態に近似していることを示している。市場と家族経済は、食物分配の組織化の環境が許すどちらかが用いられる二者択一のみちと考えられる。首都での王の客は、役所から役所へ料理を運ぶ王家の女性たちによって毎日饗応された。征服前のウィダ王国にも同様の習慣があって、ウィダの王は毎日四千人ほどの家臣を食べさせたし、(19)居住しているヨーロッパ人領事の事務所にもそうしていた。

アボメやその奥地へ行き来するダホメ君主の客は、〈王の家々〉——駐在官吏や王家の女性がおかれている町の特別の施設——でご馳走になったり、また王の命令により地方の首長の客となった。そうした便宜のはかれないところでは、代わりとして旅人は道端や村落の市場から食物をえた。アボメへの単なる訪問者でさえ、都から出発するとき、この目的のために旅行中の彼らの費用を支払うための子安貝を〈給付〉された。(22)(19)王家の貯蔵庫からの供給は、このようにせまい地理的範囲であった。ある種の半官的な人びとは、部分的には配給、部分的には市場で支えられていた。ノリスやバートンやその他の人びとが書いているアボメの〈公娼〉は、サービスの代価に加えて、王室職員として給付されていたようである。またいっぽう、王国中の村落に駐在している人びとは、給与に加えて市場で売るための食料、ビールなどを配給されていた。

国内交通も市場によってかなり助けられていた。国内では商人や旅行者は道端の市場に頼っていたし、町の市場――おそらく国内ではなくてもウィダや海岸の町の市場――には、雇われ労働者のための日々の糧食が存在した。多くは住民の家庭と関係のないよそものの担夫、ハンモックかつぎ、カヌー漕ぎらが〈生計費《サブシステンス》〉と呼ばれる賃金を子安貝で受け取って、市場で食物を買っていた。バートンは、「たくさんの〈労働者〉が横町《アリィ》で朝食や夕食をしている」と述べている。この〈横町〉とは彼の用語でウィダのゾベム市場のことである。

いつものことながら、ダンカンの記述[29]は詳細でリアルである。旅行者が休息に立ち寄る道路ぎわの市場は、主としてカンキィのようなトウモロコシとヤシ油で作られた現地産のパンや、ロースト・ビーフ、象肉などの主として旅に必要な食料や商品が、ゆでた豚肉や山羊の肉とともに売られていた。即席調理ヤムイモ、マニオク〔タピオカ〕、ときにはサツマイモも売られた。原産飲料ペトとともに水も高価で売られていた。王国の生んだ傑作、カナ市とアボメ間の有名な道路の途中にもスカーチリィが述べているように、旅人が休息に立ち寄れる道端の市場があった。これらの市場は、当然存在する〈奥地市場〉(ブッシュ・マーケット)がそうだったように、地方食料市場として役立っていた。

奥地市場は、近隣の婦人の小売商人の仲介によって村落や町に供給をした。これらの小売市場では、需給関係が変化しても価格は固定され変動しない制度があった。いつも価格の競争という問題をかかえる市場の騒ぎになれているヨーロッパ人観察者にとっては、定価格市場は逆説的な特徴をさししめすものだろう。バートンの意見を引用してみよう。

「わざわざキセルをとって話をするほどのことにはほとんどならないので、売り手が子安貝ふたつ分の価格だとものうげに話す平静さと無感情と、買いこんで需要を満たさねばならないことを知っている買い手たちの騒々しい興奮とは、奇妙な対照である」[19]

スカーチリィが述べるように、値段のかけひきは買い手には無益のものであった。「買い手間の騒々しい興奮にもかかわらず、商品価格はめったに子安貝一個もまけられなかった」のである。この疑問の答えは、興奮した買い物交渉は値段が目的でなくて、取引きに伴ういくつかの問題についてだったということにある。第一に、商品が設定価格にふさわしいかどうか。第二に、小売商人の使っているはかりが公正かどうか。第三に、支払われるべき別種の通貨との割合が正しいかどうか、などである。また、小売商人が権利を守るため立ち上がらねばならないと思うと、様相は一変する。ハースコビッツが、市場の女性たちがいかにして、「市場にやってきて、商品を取り、標準価格を支払うことをこばむ連中に、そのグループの女性全員が参加して立ち上がり、反則者を手ひどくひっぱたくことによって自らを守る[38]」かについて述べて記録している。

貨幣の強制的使用

定価格制は、ダホメ市場の他の特徴、すなわち売買の強制的貨幣化と切り離しがたく結びついている。早くも一六九四年には、フィリップス船長が、「これらの貝がなくては、彼らは何も買えない[47]」と、ウィダの貨幣、子安貝について報告している。海岸地帯から中央ニジェールに至るまで、市場のこの顕著な特徴が普及していた。驚くべきことである。なぜなら、だいたいこのあたりの経済は、政治的中心自体でのすぐれた基本物質財政を含めて〈現物〉経済だったからである。バンジェーは、一九世紀後半の西スーダンについて次のように記録している。

「このあたりの国ぐにでは、一般に、直接交換は存在しない。購買を行なう前に、あなたは商品をその国の通貨に換えねばならない[9]」

あるいは、バスデンは、イボの同時期の市場について次のように語る。

「全商品が地方的通貨単位で売られている。交換にさいして他の商品との物々交換は存在しない」[73]

カナとアボメ間のお祭り道路に隣接する上述のスナック・バーについて記しているスカーチリィは、この特徴がいかに強くしみこんでいるかというはっきりした証拠を提出している。その奥地市場は〈現金のみ〉という面白い警句を名前につけている。その市場は、次のようにも呼ばれる。

「アクェ・ジャナハン。アクェは子安貝であり、ジャナハンは、多分それにあたる語はないが〈ここが市場である。しかし、もしも子安貝を持っていなければ、なんの役にも立たない〉という意味である」[74]

孤立していた諸市場に貨幣が不足していたならば、食物の定価格制は実施されなかったにちがいない。のちに見るように、ダホメ政治のもっとも顕著な成果は、子安貝と金の交換における安定的レートであり、それは小宇宙である地方市場における食物の定価格制に依拠していた。

信用の欠如と現金だけの取引き

もうひとつの地方的な特徴は、ある市場から〈環〉の中の別の市場に取引き効果を移動させる信用の発展が妨げられたことであった。フィリップスは現金支払いによる子安貝の市場での一般的使用法をあきらかにした。また、ラバは、砂金も子安貝も通用することに注目しながら、ウィダにおいては「この国に信用は知られていない。……人は商品を受け取る前に支払いを済ませる[46]」ことは、一七二七年に確認している。私たちの見る時代には、バスデンがイボについて、市場では、「各取引きが完全に独立した明確なできごとである[7]」ことを強調している。分析すれば、以上が市場システムの欠如を結論的に証明するものであろう。

小売商人の報酬・二重勘定

これら孤立した市場において、ダホメの女性は限度はあったが安定した収入をみずからの努力でかせぐことをあてにできた。これによって彼女は、市場がある地方での行動を調整し規制するヒエラルキー組織内の地位をえる。一日の大部分は、ときには一日二度にもおよぶが、生産物を買い市場へ運ぶプランテーションへの移動に費される。男子労働人口の要求をまかなうスナックや食事になるカンキィ・パンや、ペトや、調理した肉や、ねり粉菓子の準備のために、彼女たちはいつもひどく忙しかった。そのため、それを見たすべての外国人観察者を非常に感嘆させたのである。女性全部の生産的活動の場となる孤立した食料市場において、それらがすべて制度内化された。

売り手の報酬となるマージンは、非常に違う性格の考えられうるいくつかの起源を持つ小売商人用値引きが財政的源であった。ハースコビッツが言及しているのは、町の市場で小売商品が実際いくらで売られたかをまずたしかめたうえで、卸業者が製品価格を設定するさい、小売業者には二〇パーセントの割引をするということである。

「グレタヌの間では価格は協定によって固定されていないが、むしろ各個々人によって小売市場でなされる注意深い監視によって定められている。卸売りの代理人が自由市場で穀物を買いにアボメにひそかに出かけると、たとえば、もしある代理人が一フラン分のひきわりを買う場合には、その市場の女性への価格は八〇サンチームにされる」(38)

簡単にいえば、諸条件に適合する方法として、市場の女性労働に対し実際上二〇パーセントのきまった代価があるということである。西スーダンの各地の多数の資料によると、子安貝の二重勘定が、小売人に同じ利潤を自動的に確保するよう実施されていた。

メイジは、一八六八年に次のように書いている。

「子安貝は、まったく特殊な記数法を持っている。一〇個ずつまとめて数えるのである。それはまずは、十進法の体系のように見える。しかし、10×8が百と数えられ、100×10は千、1000×10が一万となるが、10,000×8が一〇万となる。実際には、一〇万は六万四千ではなく、また一万は八千ではなく、千は八百ではなく、百は八〇ではないのは事実である」(50)

また、同様の説明を一八九九年にベロウがしている。「バンバラ族の方法では、子安貝は次のように数えられる。そこでは、第三番目のケタが八〇からはじまる。それゆえ、五フランで五千個の子安貝にあたるとすれば、それは80×50と理解しなければならない。つまり私たちの記数法では、四千になるのだが、子安貝に関するかぎり、いつでもこのバンバラの方法に従うように私たちも義務づけられていた。あらかじめ告げられていたので、それほど大きな障害ではなかった[2]」

ベロウはさらに説明を加えている。「人びとは、こうした相場の違いが商品取引きを優遇していることを知っている」。すなわち、たとえば一万個の子安貝分の大量の高価商品を買った小売人は、実際には八千個を支払うだろう[49]。だが、この二重勘定が維持されない少量の小売りの場合、小売商人は一万個の全額支払いを受ける。かくのごとく、貨幣計算によって二〇パーセントの利潤をえるのである。

ダホメ自身には、この子安貝の二重勘定についての直接の証拠は残っていないが、現代までも利潤を二〇パーセントに規制することが続いていたことを見ると、過去において通貨によって制度的利潤規制を行なっていたことが推測される。

価格の設定法

すでに知っているとおり、ダホメの市場は価格を形成しない。つまり、価格が需給によって変動しないのである。しかし、実際にはいかにして価格が設定されるのだろうか。それは市場で食料を売る女性の団体を含む生産者組織の機能の一部である。手工業製品については、組合の組織がその技術の作業条件を定め、製品の標準を設け、訓練を行ない、市場での販売と小売り手続き上の製品の価格を設定したのである。

まず第一に、市場において問題なくもっとも重要なのは食物価格であった。アボメの市場では、市場に最初についた女性が価格を設定し、それは終日守られるのである。ウィダの海岸沿いの諸都市とポルト・ノヴォでは、同じ商品の売り手は食料の販売価格を決定するソドゥドという団体に加盟していた。「価格は」とハースコビッツがいうには、「団体によって定められ、各人はそれをみている」(38)のである。彼が値引きについて尋ねたとき、その女性は聞かれたことに驚いた。値引きは利潤を減じるだけだし、一般に商品はどのみち一日の終りまでには売られるのであった。

ソドゥドはまたその成員を密接に結びつける相互扶助と擬似家族的機能を持っていた。成員の病気は、全員が訪れ贈り物をする機会でもあった。成員が死ぬと同じ商品の売り手全員が、葬式の儀式の間、八日間市場を休むのである。

大きな市場の婦人食料売りは、特別の農場から供給商品を入手していた。ダホメの高官はみなたくさんの菜園を持っており、後になるとグレタヌ、すなわち卸売人の資格をえた。(38)

彼らの農場のいくつかは、長さ一五キロから二五キロまたは三〇キロ、幅が数キロにもおよんでいた。農場は、キビ、トウモロコシ、ヤムイモなどの主食作物の栽培に特化していた。

小規模市場についての情報はもっと不完全だが、女性たちは彼女や夫の村落での耕地、共同地の畑からの余剰をあてにしているように思われる。穀物の小売価格の設定法におけるねばりは、現代においてさえ、大変なものである。ハースコビッツが調査をしたとき、ヤシ油の小売価格が女性小売商によって設定された。油は通常の容器に入れられ、ヤシの実の核の国際市場にしたがった王室決定によって順次きめられるヤシの実一カゴの値段によって価格が変動していた。ヤシの核の価格には、油を用意して売却した専門家の費した手間への代価が付加された。

第二に、手工業製品に価格がつけられた。技術への価格の設定は、個々の非標準的製品として、食物とは違いがあった。同業者組合の影響またはそのたぐいが、これらの製品の生産販売を通じて顕著であった。

織工は同業者組合を作り上げているいくつかの家族の成員であって、順番に仲買人となった。織機は彼らの住んでいる屋敷の近くの個別の家の中にあった。* 織工の主要団体の長が、全織工の差配を行なった。共同作業は命令であり、織工は厳格な紀律に服した。ある織工が新しい型を創ったときには、彼は見本を仲間の技術者に送った。型はそれぞれ名がつけられ、デザインによって価格が決められた。これらのことはよく知られていて、市場での値段交渉などはなかった。

織工は、土地でつむがれた木綿の価格を土台として値をきめた。以前、まだ棉花が栽培される前は、土地もののラフィア〔ラフィアヤシ繊維の布〕がこの計画に用いられていた、とハースコビッツが言っている。木綿の値段に加えて、それが梳かれた四二番の長さの布が一〇サンチームであったら、女性用の布地には一五フラン、紳士用には三〇フランを織工が加算した。こうして、もし原料価格が一定だったとしても、製品を作るのに用いられた原料の量に応じてだけ変動する、標準的値上げが価格に現われるのである。(38) 組合の成員はだれでも、彼販売競争は、型の使用制限によってさらに限定されていた。組合の成員はだれでも、彼の布を売ったり、彼自身の創作ではないデザインで再生産するときには、組合の許可を受けねばならなかったし、そうしたデザインの使用料を支払わねばならなかった。(38) 団体の成員は、個人が順番すでに見たように、生産はローテーション制で行なわれた。団体の成員は、個人が順番に原料を供給して作業をした。その結果、織工は順番に布の在庫品の所有者となった。織工組合のメンバーの一人が、やはり順番で全員のために布の販売を委任された。市場が終ると彼は、それぞれの布の持ち手に清算をしなくてはならなかった。もし不履行があったりすると、制裁が科せられた。ハースコビッツが、次のように言っている。

「同僚の一人に糸を与え、この同僚が布を売り、利益をあげたのに、返礼のときになっても彼があてにしていたものをくれない場合には、ソが行なわれた。分捕りと、販売可能な家畜全部を含む反則者の財産がとりあげられる。もし犯罪者がなにも持っていなければ、彼はその団体の会員権をとりあげられたうえに、厳然として告訴が提出される。昔は、王のところまで持ち込まれるべき問題であった[38]」

鍛冶工も同じく決められた家族の成員で、順番制で働き、鉄工所のまわりの個別の住居に住んでいた。鉄工所のメンバーは、いっしょに働き、順番で彼と彼の仲間が使う原料を供給した。製品は原料を供給した人間に所属した。鉄製品には固定価格がなく、各人が勝手な値段で売るので、高い安いは売り手の現金の必要度によっていた。鉄製品価格は各商品ごとばらばらに決められたとスカーチリィも言っている[74]〔ハースコビッツによる引用〕。真鍮や銀を使う〈飾り職〉や、布地に縫い付け作業をしている職人たちも、固定価格を持たなかった。彼らは手工業者としてよりも芸術家とみなされて、人数も比較的少なかったのである。木彫りの場合は、買い手がその後の購買においても、似たような大きさのものには、最初のものに払ったのと同じ価格を彫り師につづけて支払うことが望まれていた。男子が鉄や織物に従事した一方、第三の技術、陶器は女子の手になった。

女性のグループは共同でかまを使用し、自分一人または二、三人の手伝いといっしょに陶器を作ったが、火も共同で使用した。陶器の売り手は、ある一定の型の陶器が全部市場に出揃うまでは、その日の価格を設定するのを待ったのである。つぼの製造者についてハースコビッツは次のように書いている。「団体と協調しなかった女性は、とくに値引きをするなどしたら、仲間によって彼女の陶器の在庫をこわされるだけでなく、組合の全特権をふたたび許されるまで、無報酬でしばらく働かされることによって罰せられる」[38]

＊ハースコビッツの知るところによると、織工の団体はわずか三つで、みんなアボメに住んでいたと言う。[38]

設定価格の変更

設定価格は、どのようにして変更されただろうか。一般的にいって、最初設定されたときと同じ方法で変更されたが、その制度はそれ自体の可変性を持たなかった。価格が変更されても〈供給〉が対応的に変化することはなかった。季節的な原因の高物価でさえ、売り手間の競争を誘発しなかった。また、すでに見たように、国家がトクポとその役人を使って農業の全体的監督をしていた。毎年収穫の検査が行なわれて、種々の作物生産の可処分量の変更を認めた。〈供給〉の変化は、原則として地方的価格変更からは生ぜず、行政的決定によった。

「ある作物の過剰生産と別の作物の生産不足が起きた場合、その地方全体の収穫が〈トクポ〉の指令で変更された」とハースコビッツが記している。

貢租大祭期間中の会議で国王と大臣が農業の状態について議論をしたことをフォーブスが記述しているが、それは中央権力が食料供給の規制にみずからを限定し、価格問題を、伝統的食料価格に干渉するのをもっとも渋る地方団体にまかせていることを推量させる。これに広い地域にわたる価格異動が一般に存在しなかったことを加えてみれば、市場機能に根ざした交易がなかった理由も理解できよう。この事実については、のちにまた見ることにしよう。

安価な食料

こうした静かな市場制度がかなり効果的な方法で機能していた。結果として生じた生活手段の一般的安価さは、すべてのヨーロッパ人観察者に強く印象を与えたのである。いまだアルドラに属していたときであろうと、もはや独立していようと、ついにダホメ治下になろうと、この事実はウィダにおいてもまったくあてはまる。それは、ウィダのすぐ西の荒涼たる地帯のラグーンに住むポポス人、すなわち湖とラグーンからの漁獲でなんとか半飢餓状態をしのいでいる地域の隣人たちとは生態学的な対照をなしていた。

もちろん、ダホメには、細長い庭園のような土地であるウィダほどの自然の恵みがなかった。にもかかわらず、ダホメを訪れてその経済状態に触れている著者たちが生活のきびしさや食料の不足などについて語ったことはほとんどない。貧民もこじきも見られなかった。生きた積荷に食物を供することが、帰国してくる船長たちにとってのつねの関心事であったのである。土地の首長たちはしばしば商業航路を圧迫しようとして、内陸市場への船長の接近を妨げたが、食物価格への不満は生じなかった。首長の戦術はただ船長に壊滅的損失の脅威を与えて遅延を目的としていたにすぎないが。窮迫を呼ぶような食料供給価格はどんなときも見られなかった。

ダホメと同様に文字のない海岸地域には、自国の文献記録が存在していないために、一八世紀の経済史家にとっては生活費の非常な安価さについての実体的主張の資料が乏しいのである。しかし、バーボットやボスマンからダンカン、フォーブス、バートン、スカーチリィに至る一五〇年以上の期間が、食物の点ではまったく苦労がない単純な物質文化の事実をよく証明する姿を提出する。

通貨が安定していたことについては、充分な証拠がある。その期間を通じてつねに正確だったところの、英貨四ポンドにあたる一オンスの金に対し三万二千個の子安貝が交換されるという率を見れば充分である。独仏英の著名な学者の研究によって明らかになったこの事実こそは、ただ私たちをして、その広大な地域における生活費の安定ぶりに異口同音に驚きの声をあげさせる。その地域は、南北にはリビアからギニア海岸に至り、東西の線は、大西洋の近くからチャド湖に至るものである。学者たちは、生活必需品が子安貝の持つ金属貨幣とのはっきりした交換価値に支えられて、ごく少数の子安貝で購入しうることを主張している。

ナハティガルは、子安貝の大衆的影響についてくわしい議論を展開した。子安貝一個は、一ターラーの四千分の一にあたる。……貧しいものはそれによって最少限の商品や原料を買うことができる[59]、と彼は述べた。また、子安貝が出現するまえに中央スーダンに派遣されたハインリッヒ・バルスが、次のように記している。

「人びとが市場で一週間分の必需品を買うときの苦労は、売買の標準貨幣がないため一層ひどいものである[6]」

彼ははじめ、子安貝を導入するという公の政策を「住民の自然な要求というよりも支配階級のおもわくによって」と疑っていて懐疑的であった。ガバガス貨つまり一四ヤードの木綿は無用のものになった。新通貨の交換価値は、綿布一枚あたり最低で八個の子安貝だと定められた。バルスも結局は、「この貝殻が小さな商品を買うのにたいへん有用であるし、綿布よりはるかに便利である」ことを認めたのである。

ナハティガルは、子安貝が至るところで使用されているのを充分に認め、その価格を約一〇分の一ペニーだと計算した。イギリスの全価格との比較では、ほぼ正確に八分の一ファージング〔一ファージング＝四分の一ペニー〕であった。フランスの権威、シモーヌ・ベルベインは子安貝一個の価値をフランスの単位で五分の一リア、つまり一〇分の一ファージングであるとしている。ただし子安貝通貨に短いインフレ期があったので、少額貨幣単位の利点が少しぼかされたようである。バートンとスカーチリィは、ウィダにおいて価格上昇があったといっている。カンキィ・パンが子安貝三個から一二個に高騰したときである。だが、スカーチリィは、物価上昇のリストをあげながらも、それでも「どの店にも子安貝二個分程度の商品がたくさん見られる」という注釈をつけ加えている。

露店には、縫針の並の一対、ひとつまみの塩、腕の長さほどの白い木綿糸、一筒の清涼飲料、よく焼かれて味付けもされたひとほおばりの羊肉や山羊肉などがならべられていたのである。ほぼ二世紀前（一六九四年ごろ）にロンドンからきたハンニバル号の司令官トマス・フィリップスがウィダ王の別邸を訪れたときに見た、小さな市場がある森蔭についてわざわざ語っている。

「市場には他のこともあったが、私はある儀式に注目した。その奇妙さを述べようと思う。私はもっとも大きな木のひとつの根元に立ちどまった。その主人はそれから、地面においてあった一ヤードほどの直径の平たい木皿で食事の準備をした。肉は牛肉と、雌牛の生皮で包んでくれた犬の肉で、それが片方におかれ、反対側にはパンとして出されるべきカンキィの煮たのを入れた土のつぼがおかれた」

つづいてつぎのようなやり方で臨時の食事が行なわれた。
「だれかが食べにやってきたとき、その男はテーブルの横で膝をつき、そこに八個か九個の子安貝をおいた。そうすると、彼が投げ出した価格分の小片の料理がたいへん器用に切られて彼にわたされ、カンキィ・パンと塩が与えられる。もし、それで満腹にならないと、男は貝殻をもっとおく。そして、肉をもっと食べるのである」

子安貝は実行させる力を持っていた。

「私はすぐに七、八人の男が主人のテーブルのまわりにくるのを見た。主人は全員に給仕してやり、たいへん器用に貨幣を受け取り、なんの混乱もなかった。だが、釣銭を出す必要がなかったのが、彼にとって非常に楽だったのである」(63)

市場から分離された対外貿易

遠隔地の市場で食物の価格上昇があったため、そこへの供給がしぶられたことはすでにふれた。原始的であれ古代的であれ、初期社会では、現代社会で馴れているような対外交易と地方市場の密接な関係は見られないことを、古代経済の研究者なら思い出すであろう。この点からみれば、ダホメの至るところにある市場は、価格差の存する市場的諸システムだけが交易の過程を支配するという単純な理由により、近代的流儀では働かないのである。

ダホメ経済がはっきり市場システムという精巧な交換形式を欠いているので、私たちは、軍隊や外国貿易を行なう中央から操作される政府管理形式の交易以外には、ほとんどのものが欠けていると思うであろう。民間の商人は存在しない。わずかに、独立の担夫の群れ、軍事的護衛を頼まれた名高い役人と商業的外交官が典型的な隊商を形づくっている。

交易をも行なうイスラムの法律学者のような中流階級の交易者の姿は、ダホメでは現われてもすぐいなくなった。地方に中間距離の商業がないからである。新しく占領されたのだが、ダホメに併合されていないために、まだ民間の隊商が商売をする余地のある国境の町に近づけば、町の内外に市場が存在して、特徴ある交易と市場を誇示してはいた。しかし、ダホメに近づく交易者は、町の中では妻に小売りをさせてもうけて、また一部は近隣の村の小屋に住む青年を使って行商させる特権を持っている代官に会って、町の外ですっかり財を買われてしまう。

ダンカンのなまなましい描写は、次のように述べられている。

「バフォの町のおもな市場開催日だったので、この老人〔バフォの代官〕はひどく忙しそうであった。しかし、彼はマヒイ地方が占領される以前からの慣習である、当地の全商業の独占権をいまなお許されていた。その結果、彼はまったく忙しそうに、店を持っている彼の若い妻たちを監視し、市場で妻たちの商品を呼び売りにするのに没頭していた。私が信ずるには、彼女らの多くはだんなの別個の収入には個人的関心がないようであったが、盗難を防ぐため彼は若い妻たちを市場のもっとも目立つ場所におき、自身は全部を見わたせる場所を占めていた。

中では年をとり信頼できる妻たちは、町のあちこちを商品を持って売り歩くときには裁量をまかされていた。おもなお気に入りの妻たちは、各人に割り当てられた商品の一部をもらっていたが、とくに旅行者が買い手のとき、それがしばしば所有者に思いがけない高価格で売られてしまうことがある。そんなときは、余分の金はもちろん売り手各人がとるのである」

第2部は、一七二七年以降にはギニア海岸の貿易港ウィダを統治した内陸王国ダホメの経済を取り扱った。一九世紀の中葉まで、アボメは繁栄する古代的王国の都であった。だいたいにおいて、四つの形式——再配分、互酬、家族経済、そして市場交換——の合体がその経済の機能を説明したであろう。統計的資料がないので、私たちも経済史家がよく使うような社会福祉の指標あるいはその反対の指標を用いて、成功と失敗を判断せざるをえない。社会的均衡すなわち生活の安定的標準があるのか、あるいは飢餓、人口減少、民衆騒擾があるのかが、その指標である。

貨幣化されてはいなかったがダホメの莫大な外国貿易は、交易のありかたに非常にきびしい試練を与えた。だが、市場システムに代表される均衡メカニズムを欠きながらも、一世紀をこえる戦争と平和の時代に、いかにして安定した交換が維持されたのだろうか。私たちの分析のこの段階では、古代的経済の構造的均質性こそが、需給による価格均衡にかわる工夫だったように思われる。

第3部

奴隷貿易——非市場経済の安定性

1章　ウィダ――貿易港の制度的起源

初期的社会における貿易港

貿易港《ポート・オブ・トレード》は、その機能と効能とにおいて、現代の国際市場にも比すべき制度である。ただそれは、私たちがよく知っている需要―供給―価格という競争的なメカニズムとは無関係な運営手段に限定されてはいた。(66) 制度としてみたときの貿易港の起源は、歴史上、はるかにさかのぼることができる。

その原理は、商人に、財産と同様にその生命や身体の安全を供することであった。古代の貿易はすべて、外国の海岸で見知らぬ人びととの会見を伴ったし、これらの会見から切り離すことのできない危険が伴った。ここから、ヘロドトスが現代より二千年ほど昔に、北部ギニア海岸で金と塩を物々交換《ダム・バーター》したフェニキア人について述べているような、人の住まない海浜で行なわれた沈黙物々交換とか沈黙交易《サイレント・トレード》とかよばれる古代的方法が生じたのであった。

文明地帯における貿易港の出現については、一般に三つの理由があげられる。すなわち経済的行政管理、政治的中立性、そして輸送の便である。取引きは価格競争をとおしてではなく、行政管理的行動によって処理される。また港の支配権は路線の中立的な政府に委託される。最後に、中立的な水路が——海岸近くであろうと沼地であろうと、また河川であろうと——安価な輸送に欠くことができない。

安全性は、島の位置、水路系統、沼沢地やラグーン、半島の位置、ペトラのような堅固な山、砂漠的環境あるいはこれらの要因の組み合わせに依存する。それらはおのおの、地中海、アジア、アフリカ、中央アメリカ亜大陸で、変化に富んだ戦略的利点を供している。ウガリット、エル・ミナ、ティルス、シラクサ、ミレトス、ナウクラティス、ピレウス島、ロードス、カルタゴ、コリント、アレキサンドリアは、島あるいは半島に位置した例である。ツムトロカン、カラコラム、カンダハール、チンブクツは、砂漠地に囲まれている。そしていくつかの中心的な島には、西アフリカのゴレー、フェルナンド・ポー、プリンスの諸島、メキシコのクスコヌスコ、クシコランゴ、そしてマラバールなどがある。

原則として、貿易港は部族的社会あるいは小王国のような軍事的には〈弱小な支配地〉に置かれる。したがって陸揚げにくる外国人は、その商品を強奪されたり、無理に奴隷に引きずりこまれたり、あるいはそくざに殺されたりすることを怖れる必要はない。ただ弱小の支配力とは極端に反対の場合、すなわち強力で秩序だった政治のもとにある場合にも、商人は安心しうる条件と出会うことになる。

政治体がその中立性を守ることも、法律や公平な裁判を実施することもできず、またその意思がなければ、外国の商人は軍事力によって占拠された場所を避けなければならない。コルテスがアカランを大挙して訪れた場合が、当面の問題にふさわしい。その河沿いの町は、メキシコとマヤの両帝国の中間地帯に位置していた。百隻のピラグワ船〔二本マストの平底船〕を停泊させる町アカランは、起源的に、部族地帯にすぎなかったが、河岸や沼地の商人が高地の人間と会う中心として有名であった。そしてわずか数年後に征服者として進軍してきたコルテスは、それが交易地ではなくなっているのを発見して驚いた。実は、その変化は、それが彼自身の軍事帝国に編入されたことに起因していたのである。いまやその中立性は危機に瀕し、遠く離れた山地の森林の生産物をもってしばしば利用していた部族には、その魅力がなくなっていた。

一六世紀のメキシコから一千年以上も以前に、もうひとつの事例がある。ローマ支配下のシリアにおける輝ける隊商都市パルミラは、ロストフツェフ〔一八七〇年ロシア生まれ、アメリカ合衆国の歴史家〕によって、それぞれ敵国に属していたローマとパルティアの商人が出会うべき貿易港の性格をもっていたところと描写された。彼らは、そこから東から西へまた西から東へと砂漠を旅していたのである。

ここで彼は、ローマ人がパルミラ守備隊を置くことを拒絶したと論じた。むしろ彼らは撤退し、みずからその隊商都市をある種の遠隔地支配に制限した。軍隊は、砂漠から出現するアラブ人に、その都市の周辺にはいり込むのに危険がともなわないという安心を与えるために、慎重に離れたところに置かれた。その都市には、その商業的繁栄におおいに利点のある国際的中立性といったものが、人為的に付与されたのである。

ロストフツェフは、パルティア人とローマ人との間で、文書による契約さえ結ばれたと仮定する。(71) けれども中立的港として栄えたウィダそれ自身の場合は、条約によって安全に守られたというもうひとつの歴史的ケースである。ダホメ帝国による征服は、一時は奴隷貿易の衰微をひきおこし、小規模供給者たちは遠ざかってしまっていた。

経済発展理論の研究者は、そこでつぎのように質問するかもしれない。すなわち、一七世紀の変わり目の頃、独立した政治組織を確立していたラグーンのウエダ族が居住していた、上ギニアの名もない海岸の小地帯が、どうして世界的貿易の中心と自覚し、わずか一、二年のあいだに、当時の列強に伍してはげしかった大戦争のさ中にその中立性を公式に宣言することになったのであろうか。解答は、その時期に、西アフリカ海岸のその地方を襲ったアフロ＝アメリカ奴隷貿易の、軍事的・技術的・経済的要求のうちに探し求められねばならない。

奴隷貿易の歴史的進展に関しては、アフリカの三つの海岸地域が区別されるべきである。

第一は黄金海岸である。そこでは金のほかに、アフロ＝アメリカ奴隷貿易の大波が一六六〇年代に黄金海岸に達する以前でさえ、奴隷が運び出されていた。それから東に向かい、海岸から内陸へ移動して、私たちは、一六六九〜一七〇四年という四分の一世紀の間に、金から奴隷への過渡期を迎えたアルドラ王国にやってくる。

第三の地域は、かつてはアルドラの分派であって、一七世紀のまさに終りに潮波のようにおしよせる奴隷貿易によって国家体制を生み出した小王国ウィダである。その独立した貿易が勃興したのは、アルドラというばらばらの古代的帝国構造が〈近代〉奴隷貿易（一七〇四〜一七）の要求に耐ええないことを証明したようなものであった。

これらの各地域、各時代で、貿易が処理された方法は、海岸地域およびこの後背地の政治組織体に依存していた。このことが、〈財〉が当然とおってくる制度的回路と、同様にそれらの秩序だった処理、あるいは経済学者が好んでそう呼ぶところの〈需要〉と〈供給〉の作用に、決定的に影響を与えた。市場機構がない場合、経済的プロセスは特別な形態をとった政治組織の仲介者をとおして結ばれるのである。

黄金海岸の奴隷貿易

黄金海岸は、海浜と熱帯の降雨に洗われた厚く森林の繁った山地の連なりとのあいだの、狭小な地帯でしかない。それはほとんど砂質の荒地であり、海岸や奥地で河の金が突然なくなってしまうヴォルタ川の右岸の、やせた叢林の拡がりであった。小さな、まばらに居住した漁撈村落が、部族社会の部分をなして、海岸に点在する。それらはひとつとして、組織された国家として出現したものはなかった。

金交易は、ヨーロッパ人が彼らの種々雑多な商品を金と物々交換するという単純な方法、つまり商品倉庫（商館）やあるいはまた彼らの船からという〈砦交易〉によって実施されていた。〈砦交易〉といえば、おもにヨーロッパ人の競争に対して、その工場への防御として考え出されたいくらかの保塁をもち、わずかな使用人を、それもほとんど現地人を――たとえばエル・ミナやカポ・コルソの――置いた簡素な商店という以上の、堂々としたもののように聞える。交易のほとんどは〈船交易〉として行なわれた。とくに奴隷に関する場合がそうであった。黒人の仲買人は、ほとんど夜間に、ひとりあるいはふたり、あるいはせいぜい三人の奴隷を船長に引き渡すために舟をこぎ出した。金交易さえも、土着の政治的単位が外国の海岸で見知らぬ者との間の商業的関係を必要としなければ、ヨーロッパ諸国と土着集団との間で、一連の形式をそろえて処理されることはなかった。

ボスマン(14)によるギニア海岸での君主国と共和制体との間の鋭い区別は、この地方の政治組織の鍵である。すなわち、おもに内陸における絶対的専制王――彼はそうよんでいるのだが――の規律正しい版図についての雄弁な成句、そして部族的共和制体や、弱く無駄であったが、海岸に沿って継ぎ合わされた彼らの安定した連合についての割引した評価がある。ギニア地方のコーン海岸、トゥース海岸そして黄金海岸などは、まさに奴隷海岸のウィダやポルト・ノヴォといった小さな貴族的君主国とは対照的に、海浜に組織された国家をほとんどもつことがなかった。

一七世紀中葉の、それと同時代のヨーロッパ諸勢力は、これらの条件の貿易とのかかわりを理解するのが遅かった。事実、ヨーロッパの特許状を与えられた諸会社は、取引きする土着の共同者をもたなかったし、したがって行動すべき貿易契約ももたなかった。不成功に終った外交上の接触、失敗の第一歩、ときにはこっけいな思いがけない事故が時の流行であった。アフリカの諸国家自身が外国貿易にふさわしい組織体を作りはじめるまでに、いま少々の時が必要であった。

こうしてヨーロッパの君主は、ときおり、黄金海岸の彼らの〈王室の従弟たち〉との外交上の協定に引き入れられ、名誉ある態度を通して黒い大陸に商業的足がかりをうることを求めた。興味をそそるようなエピソードが続いて起こった。黄金海岸では新参者であったフランスは、そのいくつかに責任がある。おそらくイシニの王ゼナの息子と思われるアニアバは、フランスに送られ、親しくボスィエに質問され、彼を近衛騎兵の士官に任じ、ついには彼の名付け親となったルイ一四世に拝謁させられた。彼がイシニ――現在の象牙海岸のアッシニ――に帰還したのち、アニアバ玉座を継ぐことを求められた。しかし彼は

くわせ者だとして暴露され、それからは何も生じなかった。(72)

いまひとりの支配者、現在のガーナのコメンド国アモイシイ王は、ルイ一四世にアキタグニの村落を寄贈し、それの絶対的支配特権を彼に移譲した。その後の研究は、イシニ王国が小人国程度の規模で、王自身がわずか数平方マイルの不毛な海岸の支配者にすぎなかったことをあきらかにした。

もっと実質性のある君主であったコメンドの王は、フランスと友好的であったということで、現地オランダ人貿易会社の手によって敏速に殺害されてしまった。けれども外来の外交のパターンは、貿易が金から奴隷に変わり、非常に大きく増加した規模となったとき、重要な結果を生じさせることになった。土着の支配者は、いまや、外国との外交上の接触を、大規模な奴隷輸出に必要な、こみいった費用のかかる行政管理を供することを可能にするものとして、彼自身の国の官僚制の代わりをするものと見なすようになった。

土地の首長国——正式の君主国である必要はなかった——で好まれていた商業上の事務処理の様式は、彼の国での奴隷貿易の独占権をヨーロッパの君主に付与することであった。彼らは、ヨーロッパの共同者がこの複雑な冒険的な仕事の組織化に着手することを理解していたからである。

金から奴隷への変化は、むしろ突然に、一六七〇年頃ヴォルタ川を越えた黄金海岸の東端の地方、いくらかあいまいに国境を持つアルドラ王国で起こった。その後の一世代(約三〇年間〕のあいだに——一七〇四年までのことだが——、世界的に顕著になったのは、海岸の小さなアルドラの一従属国であるウィダ王国であった。先例のない奴隷の供給がアルドラに出現し、この事態がアルドラが供することができた以上に充分な制度的取り扱い方法を必要とした。この変化の中で実際に作用している焦点を理解するためには、与えられた条件のもとでの特殊な貿易の必要条件が考慮されなければならない。

一六七五年ごろの、黄金海岸における貿易の衰退が注目される。金で成功する見込みがなくても、船長たちはさらに東へ船を進めるよう説得されていた。同時に、西インドでは奴隷の需要が激しく高まっていた。したがって、一六七〇年代には金貿易をさらに一層東にすすめるという無駄な試みのために、イシニにおける劇的なフランス外交に熱心に従事していたダモンは、その世紀の終りに、ふたたびイシニに戻った。

この時、王に貿易を金から奴隷へ変えるよう説得したからであったのだが結局無駄に終った。というのは、奴隷隊商がもっともっと東の海岸をねらっていたからである。遠く奥地から、北部から数千の奴隷がすでにアルドラとウィダに支配されたベニン分離帯沿いに移動していた。歴史的な奴隷の急増が進行した。

アルドラ——過渡期

黄金海岸における〈ただひとつの貿易〉として一七世紀中葉にはじまった西アフリカ奴隷貿易は、奴隷海岸のウィダで、一七世紀の終り近くには、驚くべき規模に達した。これらの時と場所とのふたつの拡がりの間には、短いがしかし重要な意味をもつ過渡的時期があった。すなわちアルドラにおける一六七〇年から一七〇四年までの時期である。乏しい歴史的証拠にもかかわらず、私たちはアルドラでの貿易港の孵化からその先行的成長まで追求しうるかもしれない。つまりそれは、一七世紀の最後の二〇年間の緊張と圧迫を通して、ウィダでの世界貿易の成熟した制度へ展開したものとしてとらえられるであろう。

記録された歴史より以前に、アルドラのアフリカ内陸国との、ただ二度ばかりの接触があった。最初は、一六七一年にフランス西インド会社のカロロフによるもの、次は一七〇四年の、現在はド＝ラジエンと名付けられているのと同じ会社の株主であったジャン・ドゥブレ（海賊といわれている）によるものである。その時代のあいだ、アルドラは、西半球の亜大陸全体の社会・経済を変えることになった貿易の大成長の母体として、断続的に活動しつづけた。

4図　17世紀のギニア海岸（K. G. デイヴィース：1957による）

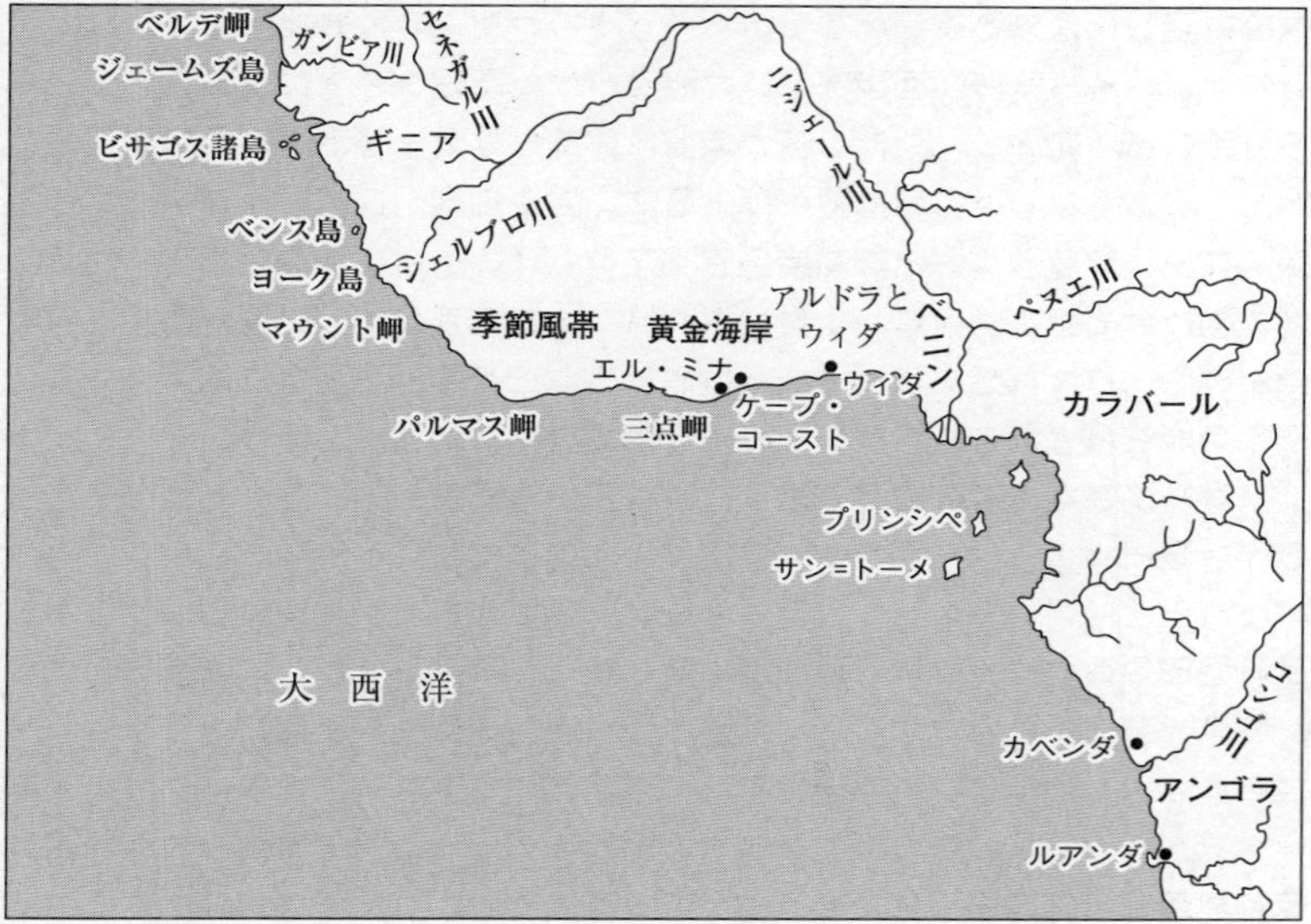

しかし時はまだ熟していなかった。アフリカの奴隷流出量は、何倍かに増加し、ウィダに紹介された商業革新によってその速度を早めねばならなかった。アルドラではその増大はゆるやかであった。まさしく列強は、どんな犠牲を払ってもアメリカで利用するためにアフリカから奴隷を抜き取ることに心を傾けた。しかしながら市場システムがなかったので、その過程は、ことの性質上、まったく商業的ではなくむしろ政治的であった、現存のありあわせの制度をあてにせねばならなかった。

それゆえ、増大する奴隷貿易は、一世代以上もの間、アルドラ王国とその従属首長国の不安定に編成された国家組織から成り立った領域的結合体に埋め込まれていた。大きかろうと小さかろうと、それらは奴隷貿易に税をかけることによって現金収入を得ていた。アルドラは、帝国内での取引きのための許可を求める船ごとに、少なくない一時払いの金額、関税を課し、その領域に入ってくる奴隷一人ひとりに固定した通行税を、そしてまたもしも彼らが海外に売られたならば同額の通行税を設けていた。(4) 王は、商業的業務に付随するもうけとは別に、関税や通行税の主たる受益者であった。

帝国の内陸の中心地が奴隷の供給で発展していたが、いっぽうでは海岸の軍隊が、ヨーロッパ人の需要に対する販路として機能した、流通回路を供給することになっていた。しかしこの政治的背景には、新しくやってくる奴隷と販路の機会との間に信頼できる連結を供するための、なんらの調節器官もなかった。というのは中央政府は、その好戦的な沿岸の従属国の地帯には行政官を欠いていたからである。

北部からのアルドラへの奴隷の流入が、南部でその送り出しを引き受けているヨーロッパ奴隷商人の代理人と出会う地域が、平時にはそのあちこちを旅人が通るような、小アルドラの村落の単なる一片の土地でしかないということによって、その異常性のすべてが表わされている。北に向かうと、この小さな地域は内陸のおおきな貯蔵器から供給される奴隷の受け入れ容器であったし、南に目を転ずれば、それは海洋をめざす海浜への奴隷の噴出であった。

それはどの単一の部族、都市あるいは小国家とも同一ではなかった。ウィダやポルト・ノヴォを別にすれば、それは、そのほとんどが互いに戦争している無法な部族の、やや組織された領域の中にあった。地理学的には、それは流れのゆるやかな川の迷路でおおわれ、海浜や幅広い湿地で互いに分離されたラグーンが拡がっていた。これが主としてアルドラが宗主国であった海岸部族の条件であった。

その海から約三五マイルのところに、伝統的首都アラダがあった。実際、すべてのギニア諸国家の首都が海からはなれて位置していたのは、この地帯であった。アシャンティ、ダホメ、オヨ、ヨルバあるいはベニンでもそうである。それぞれの国家は、その支配者にとってタブーであった海から、安全な距離だけはなれていた。どの国家も船隊をもたなかったし、川や池やあるいはラグーンでの漁撈以外のことには従事しなかった。海岸での行政管理的仕事を背負う意図は、まったく彼らには無関係のことであった。彼らの海との接触は、独自の生活様式をもつ漁撈部族に対する宗主権行使のみに限られていた。不規則に拡がるアルドラ帝国は、北部の奴隷供給も南部の奴隷流出をも支配しなかった。アルドラの王は、内陸の市場で輸出のための奴隷を購入しなかったし、彼の領界を横切って系統だった侵略を行ないもしなかった。北部からの隊商は供給器官であったが、王は遠くはなれた源からいったん流出しはじめた接近してくる供給を、ほとんど変更させることができなかった。王がその流出を支配することなどは、もはやふさわしいものではなかった。

小さな漁撈民国家は、長期にわたる反乱状態にあった。そしてつねに、彼ら自身で奴隷を売ること、彼らの地方的な食料市場へ切望するヨーロッパの買い主が入るのを認めること、公式には閉鎖された道を通って奴隷を密輸出すること、アルドラのヨーロッパ奴隷商人との協定を破ること、外国の代理商を追い出すために、もしも即座に彼らを殺害することができなければ彼らの商品倉庫を略奪すること、彼らの工場を妨害すること、ヨーロッパ人の砦をとり囲んだ土着民の村を破壊すること、最後の手段として順調な輸送や移譲が残されている特許会社や土着の人物たちの陰謀に加担することなどの誘惑があった。

[4]この局所的[14]衝突やヨーロッパ人の干渉のパターンを描き出すために、私たちはバーボットやボスマンの証言をもっている。ヴォルタ川から東へ進むと、私たちはコト、小ポポ

スと大ポポス、ウィダ、ジャキンそしてオフラ——あるいはそれはヨーロッパ人によって小アルドラと呼ばれていたが——の諸国家を見出す。これがこの地方の中心であって、そこから立派な道路が、アルドラの商業上の首都であった、ラゴス川沿いの大アルドラあるいはアセムに通じていた。

コト人は小ポポスと優劣つけがたく争っていた。その事実は彼らの共通の後背地の近隣集団であるアカンボス族によって好まれていた。また小ポポスは、しばしばアルドラの王の強力な武器として行動した。一六七〇年代にオフラがアルドラに反乱を起こし、王の気に入りであったオランダ人代理商が殺害されたとき、王は小ポポスにオフラを攻撃し、彼らを破滅させ、その首長を自分の手中に渡すよう説きつけた。

のちにバーボットは、〈アルドラの王に押されて〉、小ポポスは〈ウィダの人びとに向かって進軍し、彼らの国に野営した。撃退されたのち、彼らの首長はコト人を攻撃し、戦闘のさ中に死んだ〉と物語る(4)。さらにバーボットは、〈現在の王は、コト人に対して彼の兄の死の報復をした〉と述べる(4)。コト人は結局は彼らの国から追い出されたのであった。これが起こったのは、一七〇〇年ごろのことであった。

大ポポスに対して続いた、一連の外国の干渉が記録に残されている。それによれば、彼らの王は、フランスの助力で彼の兄のあとを継いで玉座を手に入れた。そこでフランスは彼をウィダの属国にした。しかしながら、大ポポスは〈その束縛を投げ捨ててしまった〉。

そしてふたたびフランス艦隊に援助されたウィダ人によって侵略された。けれども攻撃側は大きな損害をこうむり、ポポス人をラグーンの中の彼らの中心である島から追い立てることがまったくできなかった。(4)

ボスマンはウィダ——その時には不満を抱えた、アルドラのもうひとつの属国であった——を訪問して、(14)そこでは王がヨーロッパ人の間で評判がよいのを発見した。実際まずはじめに彼の兄が玉座を追われたあとに、彼はフランス人とイギリス人との助力で玉座に上ったのであった。ボスマンは、評判のよかった君主の譲位にあたって、その年少の息子が彼の兄よりヨーロッパ人に好かれていたらしいということに起因して、内戦が起こると予言していた。

その後まもなく、ウィダにおける貿易港の創始と密接に関係したできごとが、まさしくやってきたのである。より小さいウィダに対処するアルドラの王の無力さ、さらに小さく弱小なポポスをさえ打ち破れないその無力さ、そして他の政治的矛盾は、ほとんど通り抜けられない湿地や泥の多い湖の中に位置した、難攻不落なラグーンという戦術的利点から結果として生じた。奴隷の流出地帯の政治組織は、提供された資源とそれらの分配の機会との間にいくらかの調和を引き受けるような、ひとつの経済的プロセスのチャンネルを作るのにまったく不充分であったようである。

事実、その立場は破格のものであった。貿易の新しい動きが、亜大陸全体——南アメリカと西アフリカ、そしてどちらの場合もそれぞれの後背地の奥深くまで達する——の海岸におよび、商品とその潜在的利用者との間の自然的、制度的接触をまったく欠いた状態で、動きはじめた。

売買通行税

ギニア海岸のアルドラ王国は、ほぼ半円の形状をして、海岸に対して東へ弓状にのびている。その北限はベニンへ通じる叢林へのびていると考えられるが(14)、オフラ(小アルドラ)で直接海へ接近しうる部分は、わずかに四分の三マイルの広さしかない陸繋であった。その他の点では、アルドラは、多かれ少なかれ忠実な従属であった海浜部族社会(ウィダとポルト・ノヴォを含む)地帯によって、海洋から隔てられていた。奴隷貿易の一器官として、アルドラは、北部に向かって開き、その末端に奴隷があらゆる方向に向けて譲渡されるような調節弁をつけた、ジョウゴのような作用をいくぶんかもっていた。

王国政府は、奴隷に通行税が課せられることを求めた。なぜなら貿易で徴収される税は、そのおもな歳入源を奴隷貿易からえていたからである。それゆえ、通行税を課せられずに通るものはだれもなく、また奴隷を買った外国奴隷商人がみずから彼に関税を支払うかぎりは、王の関心は、彼の領土を可能なかぎり最大どれくらいの奴隷が通過するかに置かれていた。

売り〈手〉が、前もってアセムの貿易中心からわずか二マイルはなれただけの大アルドラで王の役人に通行税支払いのために奴隷を差し出すかぎりは、どんな方法であろうと、売られた奴隷は、いささかも王の関心を引くものではなかった。この要求は、実際上いくらかの海岸の従属民には応じるのが困難であったかもしれない。大ポポスは、ポポス人によって売られたすべての奴隷が、最初に通行税の支払いのために大アルドラに渡されねばならないというアルドラ人の強制に反対して、一度抗議の反乱をおこしたことがあった。

しかしながらこれは、いくつかの奴隷貿易の要件のひとつにすぎなかった。それらの要件は、アルドラ人の保護の下で奴隷貿易の販路を政治的に固定しようとすることと一致させにくいものであった。さまざまな買い手による奴隷の選択、給食と保護、あちこちへの輸送、異なる買い手国についての焼印つけなどが、季節とは無関係な天候条件によるのと同様に軍事的考慮によって複雑に入り組み、その取引きのもうけに影響を与える行政管理上の複雑な問題を生じさせた。さらに大きな損失が増加することがあった。おもに積荷の遅延によって、それがつぎに帰路航海の終了の遅れとなって、奴隷商人に平均代価を増大させることになったのである。

この取引きにおけるヨーロッパ人の買い手とアフリカ人の供給者との間には、同時性が欠落しており、これは最初から現われていた。商品を送るというヨーロッパ人の約束は、

5図　ギニア湾沿岸の諸王国〔1725年〕（ダンビル卿：1731による）

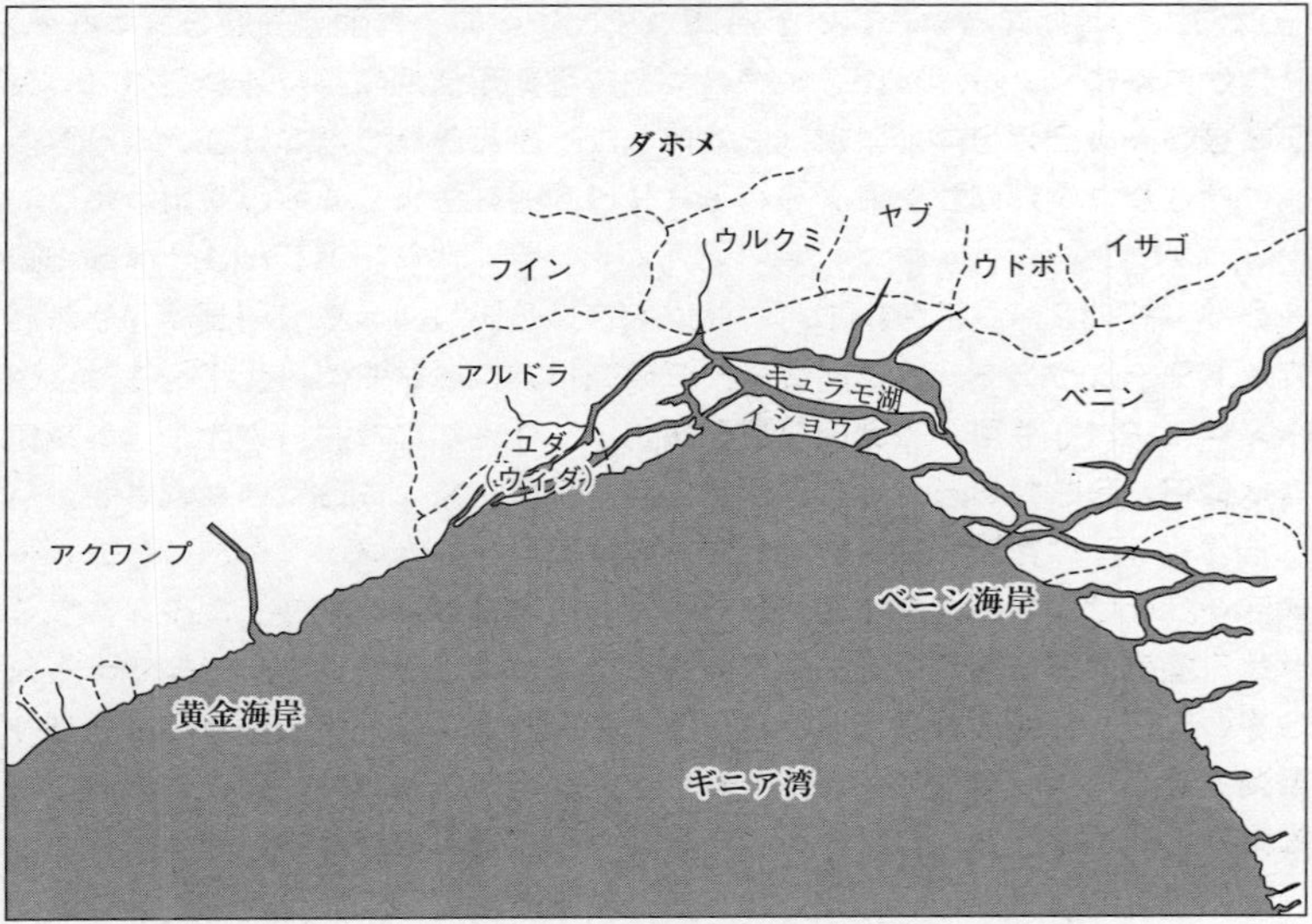

ときには数年ものあいだ放置されたままであった。

しかしながら黄金海岸で買い手を待っている金には、人のむらがった奴隷置場で食べ物を与えたり保護したりする必要はなかった。一方まだ釈放されていない奴隷は、期待された取引き先がないと大きな負担となったのである。奴隷ラッシュのはじめの一〇年の間に、アルドラはフランス政府のおおげさな態度に起因する奴隷の供給過剰におちいってしまい、ついにはそれが可能となるころには、多くの奴隷を船に積み込むという仕事に失敗してしまったのである。(26) ときどきその位置はまた、非常に速く逆転した。

スネルグレイブのウィダへの第二回目の訪問についての報告の〈序章〉は、その様子を伝える。一七一二年にはわずかに三三隻の船が西海岸へ向かってイギリスを離れただけであったが、一七二五年までには二百隻以上を数えた。デルベやバーボットは、奴隷が有用でなかった頃、アルドラの王の気に入りとして長く居住していたオフラのオランダ人の失望を書きとめている。

つまり五隻のオランダ船は空荷でエル・ミナへ戻らねばならなかったし、他の船はまだそこで待ちつづけていたのであった。(26) これが、特許会社の取引き上の損害の主要な原因であり、その莫大な総経費が破滅的にずれてしまったタイミングに支払われた。いっぽう、〈もぐり〉の競争商品は、ほとんどが良質であるばかりではなく、三〇パーセントほども安価であった。彼らはどこで見つけようともその奴隷を捕え、こうして不適当な政治的背景によって処理された経済的プロセスの危険を逃れた。

アフリカ人の支配力がまだ直接にフランス人と取引きする中心にかかってくる仕事をうまく処理しようと試みようとしているとき、初期のアルドラ人の奴隷貿易についてのデルベの記述は、官僚的障害がいかに恐るべきものであったかを示している。王と奴隷商人との間の儀礼的、商業的取引きについての彼の報告は、同時代のバーボットの記事の細部とともに、外国船の船長にとって、大アルドラに個人的に出向くことが、どんなに大きな負担であったかを示す(26)。彼と競合する他の船が到着したときにはいつも、ふたたび彼の関税を支払い、王宮でのレセプションという完全な外交的礼法をやりとおすために、アルドラに出向かなければならなかったのだ。

奴隷に関する〈取引きのレート〉を、バーボットはつぎのように語っている。

「取引きのレートは、一般に王と調整されるが、それが公表されるまではなにびとも売買することが許されていない。すなわちそれによって王はすべての取引きにおける特恵を保有するのであり、彼は大部分は定価で売られる大量の奴隷をもつことになる。そこでは女は男にくらべて四分の一から五分の一の安さである。……ヨーロッパ人はだれもが、王が売買しようと考える前に、取引きをしに出かけることはできない(4)」

そして特にアルドラについては、「船がヨーロッパからそこに到着するやいなや、指揮官あるいは貨物上乗り人は小アルドラの知事を待ち、彼によって王のところへ導かれ、彼の手をとおして通常の贈り物を手渡さねばならなかった。それは三、四ポンドの重さのすばらしいサンゴの包み、六枚のキプロス衣布、三枚のモリーン織布、一枚のダマスク織りであった。

ヨーロッパ人は王に品物で奴隷五〇人分の価値のあるものを与え、貿易の許可や各船への関税を安くすることを求めるのが常であった。

ヨーロッパ人は大アルドラで彼らの貨物のうちそうした品物をすべて彼ら自身の責任で渡さねばならなかったし、また王がみずから彼らの送り状から除き去るので、私たちはつねにアルドラの王と、アグリという名称で呼ばれたヨーロッパの品物や奴隷や青い石の価格を調整している。ある価格で一致すると、公のふれ役にそれを国中に公表させ、そして、どの人間も自由にそのような船の貨物上乗り人と取引きすることができることを布告させる。貨物上乗り人は、ふれ役の、その仕事の労をねぎらうのである。そしてもしも王から一般民衆へそのような公の通告がなければ、だれもけっして先にのべたどんなアグリ（真珠）、奴隷、青石をもあたえて処理することがないのであった[4]」

知事や彼の官吏は、海岸から約四マイルばかりのところへ代理人を同伴し、そこで彼らは彼の取引きを行なう建物を指示する。そこで代理人は、「彼の貨物すべてを浜に揚げ、担夫によってその村へ運んだ。それから彼は、王がみずから取り除いたすべての品々を、彼らとともに大アルドラへ送り出した[4]」

これは、実のところ王をとりまくさまざまな階層――王族のメンバー、通商官僚、政治行政の各階層――への贈り物の間断なき贈呈場面の、大きく省略された記述であり、陸揚げのいろいろな場面での見本と本体の運び込みのようなこまかい手はずとはまったく別のことである。これは、外国人にとっては、彼らの他の船舶が海岸にいかりをおろし、総人員のいくらかを上陸させるときはいつでもトップ・レベルの貿易交渉の儀式が繰り返されねばならないというデルベの苦情に、重要性を与えるものである。

選択肢は、そのプロセスを分散させるか、あるいは王の官吏を補佐するためにオフラ、ジャキン、ウィダ、大ポポス、ポルト・ノヴォなどの属国を頼って服属民にいままで以上の力をたくすかであった。

私たちは以上のように、これらの服属民の内的そして外的条件を取り巻く不確かさを見てきた。けれども奴隷貿易の動き全体は、これらの半独立国の寄せ集めの中にはめ込まれていた。

厳密な研究は、ただこれらの政治的組織体の自然な調節作用がその貿易の進行するのを許したということをあきらかにする。トリという弱小なうえに、名ばかりの独立国家は、この点をよく示すケースである。地図がその存在意味を確認するのだが、バーボット[3]とボスマン[14]が地理的詳細を与えてくれる。トリはウィダとアルドラの間に位置しており(両者はウエダ族がその政治首都をサヴィに置いて以来、ずっと根深い敵対関係にあった)、海からわずか九マイル入っただけで、河によって船を受け入れることができ、アルドラの政治的首都の大アルドラからそんなに離れていなかった。

事実、中立的要素が海岸地域のさまざまな場所に表われていた。二重支配がしばしば計画されたのであった。たとえば、同一地域が、ヨーロッパ人商人によってアルドラにもウィダにも帰せられた[4]。他の地方では、行動をともにするふたりの指揮官はあい争う勢力によって任ぜられ、他のときには、指揮官はふたつの国からともに任ぜられたのであった。叢林地帯を表現している地図に、大アルドラの隣りのアセムに立ち寄る隊商を記すため、点線でその地域を囲む工夫をしてみた。すると叢林を貫くいくつもの刈り跡が示された。それは、広く隊商に開かれた、いわばアルドラ領土の陰の主権のようなものである（たとえば文献(22)の地図）。そのような領域的排他性をもつ即席に作られた境界は、終局的解決、つまり貿易港に近いものとみなされるかもしれない。

もちろん内陸国家の根本的な困難さは、その立地にもとづくものである。行政的中心は、平均的にみて海岸から二日の距離のところにある。そして軍事的に脅やかされている地方を、昼間、土地に不案内な者が旅するのを嫌がることが、さらなる障害であった。そのため内陸の王国は主権を海岸まで効果的に拡大することができないのであった。

遅延と距離という価格上昇の要因は、奴隷貿易におけるアルドラ的制度の通商上の不完全さを明白にした。奴隷商人には関税と通行税という直接的な財政的負担があった。多数の慣習的贈り物とともに、これらあれやこれやは総計で各貿易船につき七五人あるいは八五人の奴隷――価格にしてである――さえも数えた。ところがウィダでは、それらは〈そこに居住するイギリス人やフランス人の代理人におおいに分のある〉三二人かあるいは三五人の奴隷を越すことはなかったと、バーボットは述べている。(4)

しかしウィダでは輸送やその他の費用にさらに一二人分の奴隷を付加されるので、私たちはアルドラでのおよそ八〇人に比べて、少なくとも五〇人の奴隷という計算に達するのであるが、それは積み荷の時間的遅れにおけるおおきな不均衡とはまったく異なるものである。

フランスとアルドラとの間で結ばれた三項目条約に関しての一六九八年のダモンの提案によって、その状況は軽減される方向に進んだ。その第二および第三の項目は、フランスに与えられた奴隷貿易の独占に言及したもので、アルドラは、さらにその一般住民がフランス以外のいかなる国からも購入することを許さないという言質を与えることを求められた。そしてアルドラは両方とも受け入れた。

しかし第一項目は王がその地位を海岸地方の近隣部族に移譲するという委託を要求した。この要求は受け入れられないものであった。アルドラという内陸王国は、その性格を海岸国家のそれへ変化することをこばんだのであった。まもなくウィダに築かれることとなった貿易港という制度の理論的根拠は、適切にもダモン卿が第一に主張する〈海岸へ移動せよ！〉という点に暗示されているということは、確信をもって語ることができる。

奴隷海岸

西アフリカの奴隷貿易港として、ウィダがいつ、どのようにしてアルドラにとってかわったのであろうか。古代的王国構造をもったアフリカ内陸国アルドラは、複雑で大規模な世界商業のひとつの新奇なものを存分にいとなもうとしていた。社会学者は、その状況が強制的に適切な組織体を求め、そして広汎な変化が必然的であったことを、確信をもって語るかも知れない。

歴史家は、相変わらず、どうして〈必然的なこと〉が実際におこったかを示すことにとりかかるのである。その変化は、内陸型のものではなく、すみやかに偏見のない通商官僚制を発達させるような国家を要求した。まったく一時的に間に合わせに作らねばならなかったこの社会的成層化は、自然的な富の格別の資源をもつことが条件づけられていた。

本書の論議は、少なくともダホメ王国の歴史の形体の部分的説明にベニン分離帯を位置づけ、異国的な地理的偶然性における気候的要因を強調する。にもかかわらず、私たちは歴史に関して未熟な環境決定論に陥らないようにせねばならない。人間の居住形態やそれゆえ国家構造も、基礎的な生態によって影響されないでいることはないのである。第1部

2章で示された気象学的条件の経済への影響が、ここでは私たちの関心のまとである。

一七世紀の著述家たちは、ウィダで見られた状況を非常に歓迎している。二〇世紀の研究者たちは、一致してその格別に高い水準の政治的手腕や官僚制を〈ウィダの庭園〉によるものとしている。黄金海岸――そこでは金が発見されるかあるいは少なくとも広く取引きされていた――は、ヴォルタ川の西岸で終っており、またちょうどレイのほんの少し手前までであった。東の方へ連続する奴隷海岸とはバーボットが記しているように、不明瞭な言い方であった。

バーボットが言うには、ベニン地方に到達する手前で奴隷海岸は名前を失っているので(4)あったが、株式取引きにおける俗語〈ギニイ＝ビニイ〉とは、ギニア海岸からベニン地方へという意味であった(24)。事実、奴隷はヴォルタ川のすぐ東で売られているのであり、つまりそこではアルドラに服属する海岸諸族が、いくらかの奴隷をアルドラの内陸の隊商交易の基地からわきへ向けるよう支配していた。ウィダは、公園や海浜に近接した牧地のすばらしい風景によって、そのあたりの景観を支配していた。

実際、ウィダの西の境界ヴォルタ川の東ちょうど五〇マイルのところまでは、奴隷海岸はたとえそれ以上ではなくとも黄金海岸の大部分と同じく不毛の地であった。現実には、大ポポスのラグーンは飢餓地帯として評判は悪かった。そしてふたたびウィダの東には、ラゴスに達する以前においてさえ、恐るべき湿潤な熱帯雨林があった。ベニン分離帯によって生成された海岸の政体は、〈ウィダとポルト・ノヴォの後背地だけから成りたってい た。このふたつだけの秩序だち、組織化された国家が、ヴォルタ川とベニン川との間の海岸に位置していた〉のだ。

ウィダが中心となっていた、その領域的に限られていた経済的奇跡は、単なる降雨量の減少の結果であった。乾燥した熱い局地的貿易風は、年間降雨量を熱帯的な水準にまで上げるどころではなく、逆に北部スーダン地方の水準まで減少させた。

穀物はふたたび豊かになり、雑穀は茂り、トウモロコシさえ花を咲かせた。要するに、ウィダは食物の大規模な輸出国となり、軍事的には打ち破ることのできない大ポポスに、食料依存という窒息させるような首輪をつけることができた。この豊富な作物は、アルドラの奴隷貿易の開始とともに秩序だった国家形成を創始するやいなや、人口の爆発的増加を生じさせた。

ふたつの異なった事実が、ふたつの因果作用の足跡を印している。第一は生態的事実であり、隣りあう地域にも拡がる気候的有利さは食物の地方的余剰を許している。第二は外的事実であり、奴隷ラッシュが成層化した官僚制を必要とし、余剰を制度化した。言いかえれば、ベニン分離帯は次にあげるふたつの面でその役割を演じた。

そのひとつは、遠くはなれた西インドのプランテーションにおける切迫性によって生じた、大量の奴隷群の移動のためのすばやい案内役として、またいまひとつは、食料的余剰の生態的源泉としてであった。そうした源泉は、余剰食料の供給が国際的通商の主要な要素になるという反応変化を起こさせるにふさわしい制度——つまり貿易港——の存在を許容するのである。こうして奴隷ラッシュは、結局は、ダホメをアフリカ内陸国家の伝統的停泊状態から取りだして並外れて高い業績を達成させるような圧倒的な威力をもつ出来事となった。

ウィダの歴史は、単にアルドラの歴史との接触というだけではなく、〈制度的レベルでのその連続でもあった〉。もしも行政的方法や中立的政策が貿易港にとって本質的であったならば、どちらもある程度までアルドラですでに行なわれていた。やや組織化された方法で、締め輪の中にどちらの原則も存在した。行政管理は価格決定や物納での支払いの手続きでは整備されており、それは同時に、全過程に欠くことのない利潤幅を保証しているのであった。

中立性については、国際的取引きの地点で欠くことができないのである。私たちは、アルドラでは領域国家のように彼らの真の性格からいかに実体が党派心の強いものであったか、また合同支配やあるいは二重統治のようにいかに中立的な工夫を生みだしたかを目撃した。金貿易から奴隷貿易への移行は、アルドラにおけるように、政治的にゆるやかに結ばれた交易地域から高度に組織化された貿易港へという、はじめての変化をともなうのであった。

奴隷貿易の一大中心地

ウエダ族がはっきりしない状態から勃興してくるのは遅かった。[30] 南ナイジェリア諸族の一分派ウエダ族は、ラゴス地域の周辺から起源したようである。諸族はその地域から西に向かって移動していたのであった。彼らがもっとも長くとどまっていたのは、魚の豊富なヘン湖（アセメ湖のこと）の付近であった。そこではタド分派につながるアジャ首長がその王権を彼らにもおよぼしていたかもしれない。

結局、彼らは湖の地方から追い出され、海岸に近いところまで戻り、農耕に従事しなければならなかった。もしも私たちが王権の成立を一五二〇年頃にもってくるならば、それは一四世紀から一六七一年までの先史を概説する意味をもとう。その年には、彼らの王が、カロロフがフランス西インド会社のために村落を創始することに同意したのであった。カロロフは、東プロシアのバルト海岸のラグーンの中の彼の故郷にちなんで、その村をピロウと名付けた。

その頃までにウエダの王は、すでに先見の明のある足跡、つまり北はグレゴイ村、南は海に近いサヴィを、未来の商業的中心地としてその政治的首都と分離していた。全国家領域も東西方向に二〇マイルたらずで、拡大する傾向も示していなかった。それはまだアルドラに服属していたが、その影響はたとえば共に服属していた村落オフラにもおよんでいた。

一六八八年にベニンから来てオフラを通過した、フランス植民地建設者J・B・ドゥカスは、そこでアルドラによって指名された知事に加えて、いまひとりがウィダによって任命されていたのを見出した。グレゴイ村の名は、ウエダ族住民の流儀にならってヨーロッパ人が名付けようとしたものであった。ドゥカスは、最近の二〇年でイギリス人が、毎年たいそうたくさんのユダ族（フランス人はウエダ族をJudaとつづった）を奴隷として獲得したことを記している。[23]

それに二〇年ほど先だつデルベの独立した証言は、[26]これらの特殊な様相を証明している。一六九九年には、アルドラの王は、もしも必要ならば、その時期としては極端に高い数の、六千人の奴隷の供給を請けおっていた。これは、ルイ一四世の海軍将官——彼の訪問は黄金の四輪馬車という卓越した贈り物でよく知られていた。アルドラの王はこの馬車に乗って首都に行ったものだ——の尊大な態度の原因であったかも知れない。将官はこの尊大な態度で北部から洪水のように奴隷を流出させはじめた。そしてドゥカスが驚きをもって記しているように、フランス人が奴隷を連れ出す船を供給しなかったという決定的な失敗ののち、イギリス人はそこから利益をえたのであった。ウィダとアルドラとが〈年来の敵〉であったにもかかわらず、オフラでイギリス人に売られたウィダの奴隷は、フランス人にわたされることになっているアルドラの奴隷であった。

またドゥカスによって報告されているのだが、完全に時機を得たオフラでの共同支配は、まさしくウィダが成功するための政策であったかも知れない。というのは、購入物のあて先が異なる国のものであったり、販売を統御すべき港々が困ったとり合わせに変更されたりしても、ウィダの奴隷輸出は依然として多い数量で推移していたことが、ドゥカスによって示されているからである。これらの地域では私たちの史料は不充分であって、奴隷貿易の中でいつも出会うこれらの非常に多い逆説的業務の根本的理由は説明できない。

デルベの幸運な訪問の後、やっと五〇年になるかならないうちに訪れるアルドラの破局は、ただ間接的にはウィダのすぐれた勢力に起因するものであった。それは、すぐにアルドラが動員することができる総人員と同程度であったのだが。

アルドラ、ウィダそしてダホメの関係の伏流となっていた個人的敵対のもつれや政治的陰謀をとおして見られるのは、長い期間、みずからの経済的効能を主張する論理であった。アルドラはウィダに対して、ずっとその不従順な属国として取引き上の争いに没頭していたにもかかわらず、そのウィダは共通の敵ダホメに対してアルドラと同盟しようとしていた。けれども、一七二四年ダホメによるアルドラの軍事的征服が、間接的にはウィダという貿易港の商業的有効性によって引きおこされた。それはほぼその二〇年ほど前に創始されていたウィダを、ついにはアフリカ内外の奴隷貿易の一大中心地にのぼらせた。ダホメがその防御体系を、武器の信頼できる供給を要する定期的な奴隷狩りに基づかせ、それゆえまたその安全の源泉を、領域内に効果的行政制度をもつことができなかった古代的帝国アルドラの不安定な手の中に無制限に残しておくことができなかったことは、厳然たる事実であった。実際に、ダホメ勢力がアルドラ帝国を粉砕しにやってくるより前に、遠くはなれた西欧世界の圧力が新しい奴隷経済の弱い地点に焦点を合わせはじめていた。それがアルドラであった。

それは数世紀にわたってギニア海岸で交易をつづけてきたポルトガルやオランダという保守的勢力ではなく、遅参者のイギリスとフランスであった。彼らは、このふたつの新興の西ヨーロッパ勢力の支配階級に莫大な利益をもたらすようになっていた西インドのプランテーションを合理化するために、熱心にアルドラの滅亡を早めようとしていた。実際上、新しいウィダは部分的には彼らの創造したものであった。

ポルトガルは、事実上、一五世紀の後半の中葉ごろ以降のギニア貿易を独占していた。子安貝の単位名称、取引き役人の名称、商業用語などはポルトガル語であり、それはこの広大な地域の共通語であった。アルドラの王はサン゠トーメ島の尼僧院で教育を受けたのであり、最もカトリック的な君主であるフランス国王への彼の心情的志向は、コルベールの能率的な働きの邪魔となった衒学趣味や官僚的形式主義のぶざまな形跡を後のちまで残すこととなった。

しかし、これらはすべて奴隷ラッシュより前からのことであった。サン＝トーメ島やアンゴラに基礎を置いていたポルトガル人による局所的奴隷貿易でさえ、ポルトガル領アフリカでのサトウキビプランテーションの労働力獲得やポルトガル人の手から海岸で購入された商品を運ぶためにギニア海岸地方のアフリカ内陸商人に奴隷を売るという目的があった。

アンゴラでのポルトガル人のこの自動組込み的な奴隷貿易は、一部分はリスボンから、他には地方の聖職者や僧院をとおして支配されていた。アフリカの島嶼におけるプランテーションは、西インドのプランテーションのためにイギリスやフランスの特許会社を監督したような、彼らの自由になる強力な政府をもっていなかった。

オランダ人は、ギニア海岸地方においては、彼らが奪いとった海岸の砦と同じく、ポルトガル人の交易体系をも継承した。ポルトガル人は、のちの時代の商人が行なったような、大量の迅速な引き渡しや船の往復の激しい奴隷ラッシュを知らなかった。奴隷ラッシュの貿易は、もはやポルトガル＝オランダ的リズムにおいてではなく、むしろフランス＝イギリス的なリズムにおいて成立していた。

アルドラの没落とウィダの興隆は、(30) 私たちをもっと近代的なフランス＝イギリス時代に導く。ドゥングラは、一八世紀の奴隷海岸の小さな組織化された諸国家を、黄金海岸の奥地の国家やあるいはアルドラさえもが示したより以上の、強い意識をもったものと保証している。

彼は、ウィダやポルト・ノヴォは、ポルトガル人やオランダ人がベニンやカラバールやコンゴ地方の伝統的方法を選んだことをひとつの理由にして、いかなる西洋の勢力にも貿易の独占権を譲与することをこばんだと語っている。そうかもしれないがしかし実情は、一六六九年頃フランスの行動によってアルドラに危機が引き起こされたし、ほぼ三〇年のちのウィダでの解決は、フランス＝イギリスの軍事行動によってその目的が達成された。すなわちこれは、〈歴史的必然性〉が起こした現実の方法だったのである。より綿密な研究に値する事情の激変は、一六九八年から一七〇四年にかけての時期に起こった。

長年にわたってフランスとアルドラとの間に可能なかぎりの関係を築く試みを行なったのち、ダモン卿は王へある形式的な提案を行なった。その最初の主要な点を、彼自身次のように描写している。

「もしも王が彼の領土の中にわれわれの築いたものを見たいと望むならば、王はわれわれに海岸に居住することを許すことが必要であった。それは王を首都の他の人間とともにそこまで移動させることになり、取引きを引きつけるためにそこに王の住居を作らせることになる。というのは、もしもそうでなければ、海岸から七リーグも離れている彼の現在の住居へわれわれの商品を輸送する費用は、われわれに無駄な浪費を強いることになるからである」(23)

人間の値段

王は、みずから彼らが望むなら奴隷を六千人まで引き渡そうと申し出たのであったが、少なくとも毎年三千人の奴隷を船積みすることを保証するという条件で、フランス人に全面的独占権を譲渡することに同意した。しかし彼の住居を変えるという最初の主要な条件を、王は考えることさえ拒絶した。

ダモンの草案は、一六九八年のことであった。一七〇一年の初冬に、ダモンは公式に、ウィダの王に奴隷の固定価格を定めるよう圧力をかけた。王は、やがて〈フランス人の居住地が完成したころ〉に、それは見られるだろうと暗示した。(23) スペイン王位継承戦争がはじまり、グレゴイ(ウィダ)のまわりに居住していた諸勢力はみずから戦争状態にあることを見出すのであった。

一六八〇年代の終り以来、奴隷貿易が栄えていたウィダは、いまや分裂の恐れがあった。ヨーロッパ人に人気があって、長くその地位にあった君主の死去(おそらく一七〇三年のことだろう)とともに、アルドラの遅鈍さに対して反応していた内外の諸要因が勢力を合流させ、まぎれもない革命を起こした。

イギリス王立アフリカ会社に関する歴史学者であるK・G・デイヴィースは、一世紀間ものちになって、ウィダに集まっていたヨーロッパ人奴隷商人の一部に、ひとつの明確な傾向があったことを記している。一七〇四年までに三大勢力はそこに砦や主な建造物をもっていた(24)。ことの性質上、国際的関係が金貿易以上に奴隷貿易に影響した。ルイ一四世によってフランスギニア会社にスペインの買入れ契約が授与された(一七〇一年九月一四日)。それは、先見の明のあるドゥカスによって支配管理されていたのであった。ほとんど同時に、ダモンは奴隷に安定した価格を定めるようにウィダの王に圧力をかけたのであった。その年のうちに、フランスとイギリスの地方駐屯軍はその地の継承係争に対して行動を起こした。ウィダの王が大ポポス族の継承に実行したこの種の介入は、この時ウィダでイギリスとフランスの共同によってなされた。数百のヨーロッパの艦隊が、外国人ぎらいにおちいっているとみえた人気のない長兄を支配者の地位に任命し、教化した(一七〇三年)。

この場合にみられるように、アフリカ人の利益は彼らの領土を利用しようとする外国の勢力の利益と、ほとんど一致することがなかった。しかしウィダの国家的利益に鑑みれば、通商を損じていた国際的抗争から、アフリカの情勢を切り離すことが切実に必要とされたのであった。それゆえ奴隷探しは、彼らの主人役ウィダ王の助力を利用したり、彼の希望で彼の海岸で外国の抗争を禁じるのを支援する努力を通じて、四つの勢力を結びつけていた。

一七〇四年に起こったにちがいない、ふたつの密接に関係したできごとがあった。すなわち、彼らのあいだでの競争を除去するというヨーロッパ人の密約と、戦争における〈中立〉と同様に港とその周囲をすべての国に〈開放〉することを宣言した新しい王の公布とであった。デイビスは、イギリス仲買人がロンドンの本店にあてた機密の手紙の中で、フランス人とオランダ人との間で〈契約関係にはいる〉という火急の案件について、けっして内容に立ち入ることなく如才なく言及しているのを引用している(24)。

他の資料の中で私たちは、費用価格における均一な値上げがことの核心であったと信じる理由を発見するだろう。港の支配者が結んだ、奴隷の〈固定レート〉についての運用則が、そうした〈契約〉をはじめるのを確固として助けるのである。ダモンの確立した変化しない奴隷価格の要求は、もちろんすべての勢力に均一な〈レート〉を意味した。しかし〈レート〉はまた、支払いの方法つまり認められた基準というものを伴った。実際、それは基礎として、奴隷貿易の計算の貨幣を〈オンス取引き〉の虚構的単位に使用した。

この時までに、商業的首都からの政治的首都の分離――ウィダからサヴィ――が現実となっていた。フィリップスとボスマンは、それでもまだ、竹で造られたサヴィ王宮が業務管理のただひとつの中心であったと言っている。外国の砦の守備隊の居住地や彼らの会社の倉庫などが、貿易港の密接に結ばれた諸機関の任を果たしていた。

ウィダでは、アフリカ人町が成長しつつあったにもかかわらず、フランス人、イギリス人、オランダ人の砦がすべて互いにごく接近していた。しかしそれぞれ彼らの崇拝物をもったアフリカ人村落は、完全にサヴィから分離していた。ウィダはまだ、農村部を支配しその役人がそこで食物の価格を布告していたサヴィによって治められていた。

フランス人とイギリス人は、大砲の砲声で合図が送られたとき、到着している彼らの船に出向いた。それぞれの国旗が応答として掲げられた。旗ざおは実際には両者に共通であった。平和な時はそんなものであった。王は諸勢力が彼ら自身のあいだでのできごとを処理することや彼らのアルドラに対する支援の両方をあてにすることができた。結局それが奴隷の供給を支配し、ウィダ＝サヴィでのがんじょうな建造物全体の存在理由でもあった。

コルベールの西インド会社（一六六四年）は、いまではその名も買入れ契約を委託されたギニア会社と変更された（一七〇一年）。J・B・ドゥカス提督は、その日のアシエント条約に関するルイ一四世による署名に立ち会っていた。儀式に列席している新しい貴族たちのあいだに、オンフルールのジャン・ドゥブレすなわち〈ディエップの海賊〉がいた。

私たちの話はいまや彼の役割へ転じることにする。わずか三年後の一七〇四年九月、私たちはウィダにいる驚くべき組織能力をもったひとりの男、つまり彼を見出す。デイヴィースによれば、まさにその年、奴隷貿易にたずさわる四勢力はサヴィへ彼らの支店を移し、王の許可のもとで海浜から三マイルのところに砦を建てはじめた。ヨーロッパ人の偉大なる友、若いアマル（あるいはアマット）王は、ドゥブレのためにグレゴイのサン・ルイという要塞を建設した。

充分な見込みの上で、諸勢力がまもなく〈入る〉ことになる〈契約〉が、彼らを会計業務の一律の実施に委ねたのであった。すなわちそれは、彼らが輸入した商品がアフリカ人奴隷に支払われるときの価格ぎめレートを定める方法なのであった。たとえば、費用価格の百パーセントという妥当な〈値上げ〉に関する契約は、すでに黄金海岸のいくつかの地方で伝統的にみられていたようである。

一七〇四年九月六日に王によってなされた中立性の宣言は、彼ら自身のあいだの諸勢力のつかの間の価格一致を可能にしたかもしれない。中立違反への重い科料が、その地位にかかわらず犯罪者を即時追放するとの脅迫と結びついて、いっそう明瞭な革命的変化の証拠を提出することになった。事実、アルドラとの断交は、ウィダが将来頼ることがあったかもしれない専門的通商官僚を、賢明にも供給する結果となったのである。

教育のあるイスラム教の伝道者やイスラム教典学者や奴隷貿易の専門家や大アルドラの伝統的に信用された人びとが、正式にウィダに居住するよう招かれていた証拠がある。この読み書きができ印象深いタイプの国際的貿易商は、未来の貿易港の至宝となるはずであった。先見の明のあるこの行動の日付もまた一七〇四年であった。

つづく二三年間は、ウィダの奴隷貿易の組織上のクライマックスを示す。その非常なる成功が、そこにアボメのフォン族、つまりダホメ人の征服を招来したのであった。

2章 サヴィ王国──ウィダの君主権と条約

ウエダの部族的君主制では、エドアルド・ドゥングラの言葉を使えば、〈政治の首都と商業の首都〉を分離して、しかもそれを充分に利用していた。サヴィの村落は政治上の首都であり、ウィダの町は王国の商業の都であって、ウィダ（すなわちウエダ）とも呼ばれていた。

サヴィにおける王のささやかな行政は、土着人の高官の小さな一団によって運営されていた。ヨーロッパの外交官や軍人でさえ、サヴィでは王宮内の屋敷をあてがわれていた。大部分は世襲であるふつうの上流階級だけで、小さな国家の家族経済に含まれる多くの機関に充分であった。宮殿のまわりにはもっと複雑な建物を建てうるゆったりした発展の余地があった。それでも宮殿は、土着の経済と特許された奴隷会社の双方との関係を保っていた。商業の町ウィダから支配をするダホメ人総督によって、サヴィのアフリカ人支配者が置きかえられ、すべてが新しい土台のうえに再整備されねばならなかった。

大蔵大臣の役目

ふたつの首都は、貿易港にとって枢要な条件であった。どちらも、海岸から半日の距離であった。ウィダの外国人要塞は相互の安全のために接近して集まっていた。それは、海浜、現地人の村落や多数の砦に付属する〈キャンプ〉と、サヴィの王宮の隣りの軍事司令官との間の安全な連絡を保証するための位置にあった。

ジャン・ドゥブレは、ウエダ政府が魅力的なほど簡素であることに気付いた。各人の個人的な職を持った六人の大臣が、家族的な大きさの官僚制の模範となっていた。一頭の雌ロバが大臣の一人を——女性の音楽士を伴って——食料市場へ運ぶ。彼はそこで、店を調べ、その月の価格を宣言し、また翌月の市場地をも告げる。そうすると、市場はまるでピクニックに変わり、草のうえに腰をおろしている大臣をもてなす。また歌手や踊り子もてなされ、市場は平民のためには何の役にも立たぬものに変わりはててしまう(27)(14)。

別の大臣は通貨を調べる。子安貝がちゃんと全額紐にとおされているかを見るわけである(46)。もしも足りないと、その紐は没収されてしまう。暴動やたくらみでない限り、市場では量や尺度に関する活発なやりとりがあるのがふつうだった。

サヴィのヨーロッパ人司令官や代理人は、王の監督下で自分たちの問題に関して決めるひとつの共同体を形成していた。だれも君主と外国高官の間には介入できなかった。海軍の問題については、ひとりの若いアフリカ士官が海岸や砂浜、税関港や普通の港を見張っていた。国王の大蔵大臣はまるで現地商人とヨーロッパ奴隷商との間の仲買人の頭目のように活動した。高官、士官、民政および軍事官僚全員が、ウエダ人から補充された。王は一人おしのびでヨーロッパ人の友人を訪問した。例のないほど豊かな土壌の耕作者の共同体に流入するきわめて重要な量になるはずの商業的富が、ほぼ父系集団的なやり方でその共同体に吸収された。

高度に洗練されたエル・ミナのオランダ領事ボスマンはなんべんも仕事ぬきでウィダで何カ月もすごし、その人びとや雰囲気を楽しんだ(14)。実際、私たちの持っている資料は、サヴィの組織機構的な成長を語っている。つまり、いかに竹の宮殿のある村落が、独立のルートで奴隷貿易を支配する小王国の廷臣の住居に発展したのか、また、いかにポルトガル人やオランダ人商人がサヴィに集まってきたか、そして、いかにサヴィが最終的には奴隷ラッシュを合理的に取り扱う中で新しい貿易センターの主導権をとっていったフランス企業の拠点となったかを述べているのである。

ボスマン、ジョン・バーボット、トマス・フィリップスは、サヴィを政治機能を持つ単なる村落だと見てきたが、わずか一〇年後には、当然国際港の外交上、行政上の首都に発展したのである。この発展は部族王国の枠内で起きたのだが、部族王国の一般的慣習や身分は原則として官僚ヒエラルキーを不可欠にする点検や管理に役立ったのである。フィリップスは王の村落であった原初時代のサヴィについてこう記している。サヴィには約五〇軒の〈家〉があるが、宮殿が見た中でもっともみすぼらしく、低い土の壁とわらぶきの屋根、土間の床であった。しかし、王の宮殿片側近くに「王の妻妾のために壁をめぐらせた四〇軒ほどの町」があった。[63]フィリップスの同時代的記述によると〈家〉はかなり立派な小屋であった。

自由貿易への道

商業は、王によって伝統的な手続きで行なわれた。船長たちに対しては、初日の公式の議題は、どの税の商品を持っていくか、何人の奴隷を買い求めるのかということであった。二日目の議題は、商品をどのくらいの価格で、またどの種の商品をどれだけ奴隷一人に当てるかということである。三日目は、商品サンプルを出し、かなり長く値段交渉をする。四日目になると、倉庫、台所、住居がヨーロッパ人に割り当てられる。五日目には、関税が合意された率で、商品で王に支払われる。そのうえ、〈鐘〉が、奴隷を売りに奴隷小屋に連れて来ている人びと全員に知らせるため命じて鳴らされる。[63]鐘は棒で打たれ、小さな沈んだ音をたてる。それは円錐状の砂糖のかたまりのような中空の鉄で、五〇ポンドの子安貝を入れられる大きさのくぼみを持っていた。「そこで、人びとはそれぞれ位と質に応じて、最上のものが最初にその奴隷を出す[63]」〈奴隷小屋〉――奴隷たちの倉庫――の指揮者と、奴隷の指揮者は、王が任命し、奴隷の護衛にはともに責任を負い、海岸まで護送した。それぞれ奴隷一人分の値がこの仕事に対して支払われた。彼らに扱われた千三百人の奴隷は一人もいなくならなかった[63]。オランダ人だけは、サヴィに倉庫三つと部屋七つと庭園ひとつを持っていた。ふらりとやってきたフランス人ボスマンは、食糧も避難小屋も見つけられなかった。実際、七年間というものはフランス船が連れにこなかったので、この国を離れることさえできなかった[46]のだ。

ほんの二五年後のデ・コルシェア卿のスケッチに基づくJ・B・ラバ神父の著書中のサヴィの地図と、これを対照してみよう。サヴィの土着の村落は、複雑な宮殿の建物や倉庫、役所、庭園、外国商人の館の単なる背景であった。これらの建物は宮殿と並んで広大な住宅であった。絵には、フランス、イギリス、ポルトガル、そしてオランダ人の建物がある。フランス人の門口では、毎日小さな市場が開かれていた。四日目ごとに、だれにも門戸を開いた自由食料市場も開かれた。たまたま出産中の雌ヘビの安らぎのために、武装した護衛のいる小屋さえも含まれていた。

サヴィとウィダの双子の首都の間は、よく手入れされた道が結んでいた。政治的な首都の快適な住み心地とそのていねいな歓待はたいへんなものだった。しかしながら、一七〇四年には、ウィダに砦を持っている四つの外国勢力のうち三つが、残りのひとつ、フランスと交戦状態になってしまった。公海上で敵の船を捕獲することが、文明化された慣習であると考えられるようになった。港を出るとどの商船も安全ではなく、その船荷は軍人であろうと商人であろうと強い方の船の合法的賞品となってしまった。

ウィダにとっては、これは奴隷貿易の終りを意味した。この状態において、アマル王は列強の主席代理人と船長たちを呼んで、宮殿の謁見の間で会見した。王は彼らの争いを聞こうとせず、貿易は自由であるべきであり、岸だけでなく、道路や、実際また領海(湾の真前の)でさえもそうあるべきだと主張した。貿易をしたいと欲するものは、完全な中立性を保ち、まとまってとか個々にとか各自の旅行用品屋(艤装屋)を信頼をうるために雇うべきであるとも主張した。

フランスの敵方はフランス人を破産に追い込むことをあてにして、王の提案を拒絶した。王は彼らに決心するための一時間を与えたが、さもなければ彼らは港を永久に去らねばならなかった。その場合、たぶん荷物は没収である。王は条約にわずか二年の有効期間しか与えず、そのあとは再確認が必要であった。

王は貿易港の厳正中立を確認することをおごそかに宣言し、聖なる大蛇に誓いを立てる(この神は、ダホメ王国にとってはまったく無縁なものであり、ウィダ土着のものである)。不法拿捕の場合、侵犯国の長官はつかまった隊商の船の竜骨の長さ一フィートにつき八人の奴隷を支払わされた。その損害は、王に信頼された熟練者のまえで計算された。
条約には、ユダ（ウエダ）の王アマル、ジャン・ドゥブレ（オンフルールの海賊）、シュバリエ・ド・マルカアの署名がある。条約は一七〇四年九月六日、ザヴィエ（サヴィ）で結ばれた。二年後の条約更新においては、竹の宮殿の謁見の間に集まった、高級ヨーロッパ商人の一群によって署名された。

ベルベイン(8)は、一七〇四年の条約については何も記していない。彼女が何も語らないのは、フランス軍の地方的行動の結果として、条約の効果が政治的には疑わしいものであったことと深い関係がある。イギリスの修史でもこれは無視されている。この時代を扱ったもっとも新しいフランスの学者（エドアルド・ドゥングラ）は、この出典は「すばらしいラバ神父」であると恩着せがましく語っている(30)。しかし、彼自身はラバ神父(46)によってまったく複製されたデュマアシエの説明の正しさを受け入れているように思える。

私たち自身のウィダの貿易港の興隆についてと、その継承を定めるについての列強によって果たされた役割について、および新王国の中立性についての分析のなかで、私たちはサヴィの繁栄の原因である外国人の浸透について見てきた(30)。しかし、一七〇四年の条約の補追が奴隷の価格をさまざまの貿易商品で表にしているが、それはまた、第4章で見るように、かの条約の確実性について決定的な内在的証拠となっているのである。

3章　ダホメの貿易港——ヨーロッパとの窓口

ダホメの歴史における最初の一世紀は、生きるためのほとんど絶え間ない軍事的闘争の歴史だったとして、訪れたクウェーカー教徒、フレデリック・E・フォーブスによって要約されている[33]。その世紀にはすでに見てきたように海岸のウィダには重大な変化が起きた。いまや、サヴィのウエダ王は、アラダに住むかつての主君から独立していた。

一七〇四年にウエダ王アマルと一群の先進的なヨーロッパ特許会社によって作られた貿易港の組織が、猛烈なエネルギーは持つが、まったく商業的経験には欠ける人種であるダホメのフォン族の手中に落ちた。この結果、ウィダは内陸国家の保護を受ける国際的貿易港として確立した。

海に対する強い宗教的タブーに反するのと同じく、西アフリカ的な政治技術の伝統にも背いて、フォン族は獲得したばかりの沿岸の所有地をみずからの国家領土内に入れたのであった。

アラドクソヌ家は、その冒険をけっして過小評価はしなかった。彼らは、ウエダのラグーン地方を自らの高度に中央集権化された国家に統合することや、ラグーンの人びとの変わった宗教思想とまじわることを厳しくさけていた一方、海岸地方でのウエダの支配を根絶し、自らの支配に置きかえるのにやぶさかではなかったのである。

五〇年戦争

ダホメの大神殿には、あちこちに見られた祈禱堂での軽蔑すべき蛇崇拝や、アガソヴィを祖先とする英雄的な豹とそれに関連するさまざまな呪物とを一緒にする寛容さの余地はなかったのである。その上、海のタブーを無視するような軍事戦略は考えられなかった。川やラグーンをわたるいかだの使用さえ許されないことであった。

結局のところ、肉体的安全と国民の士気を保証するには、唯一の方法として最初に首長とリーダーを、のちに残りの者を海外へ奴隷にして売り飛ばすことによって、強固に敵対心を持っているウエダの絶滅をはかること以外に、根本的な解決法はなかったのである。起きた事件がこのことを証明している。こわされたサヴィの王宮はけっして修復されなかったし、戦闘におけるウエダ人の殺戮に加えて、王に勝利を与えてくれた祖先となる神がみの名誉のために、四千人の捕虜が王によって殺された。

また、その祝宴の後二、三日すると、あと四百人の（関連の家系の）一団が殺された。ウエダ王は、いったんは逃げたのだが、やがて自分の部下によって引き渡され、死刑に処された。(30)

全体としてはフォン族系によってその地方の再植民の試みがなされたが、それに加えてウィダ独自の大がかりな再植民策が行なわれた。これらが示すものは、アガジャ王は海岸地帯の征服をもって、継承者たちによって絶え間なくあとを続けられた極端な冒険への途を歩みはじめたということである。ウィダにとって無慈悲な講和が行なわれ、最終的にはその土地はヨーロッパ海軍に手渡されることになった。アガジャは行動を起こした。ジャッキンのイギリス人仲買人、ブルフィンチ・ラムはアガジャ軍の手に落ちているアラダにたまたま公式の使者として訪れ、アガジャによってアボメに連れていかれた。

二年の後、ラムはイギリス人居住者の一団を連れてウィダに帰ってくることを約束させられて、二〇ポンドの純金と八〇人の奴隷の土産を持って解き放たれた。(76) 他にもアラドクソヌ家の支配者たちによって同様の目的で接近されたイギリス旅行者たちがいる。かなりのちのことであるが、ゲレレ王がダンカンを通じてロンドンの植民地省に公式の提案を行なった。また、ついではウィダのイギリス人副領事を通じても行なっている。ダンカンは、王がペン先をとっているありさまを記録している。これはダホメの諸王が領地に吸収しようとも統治の転覆や反乱をおそれて自治を与えようとも欲しなかったウィダ市獲得から一世紀以上後に起きた。

結局のところ、軍事的、人口的、行政的、経済的な積み重なる負担が、アボメにのしかかったのである。このウィダという小さな国家を軍事的に制圧することだけでも、もう五〇年以上もかかっていた。国を追われたウエダ人たちのポポスと同盟した襲撃、海岸地域での反乱を支援するオヨのおそるべき侵入、ダホメに血なまぐさいわざわいをもたらす砲撃をもって妨害する各地のヨーロッパ人砦による陰険な牽制などがあって、ウィダは国家にとって開いたままの傷口に変わったのである。

軍事遠征にさいして命知らずの戦術行動をとるアマゾン軍を即席に形成し、その一世紀以上にわたるおどろくべき規律と肉体的水準の維持は、偉業を達成させるある程度のエネルギーなのである。一七七二年にやっと、ウエダ人、ポポス人とのダホメ人の永久休戦がイギリス領事アブスンの調停で成立した。

ダホメによるウィダ征服は、二重の変化を生んだ。ダホメ人は、ウエダ人によって作られた貿易港組織をみずからの治下で永久化し発展させたと同時に、彼らを一国の主人の地位から追い払った。ダホメがウエダ民族の支配権をとるやいなや、サヴィは存在しなくなったのである。それはその国の政府の完全な転換を意味した。なぜなら、制度の観点から見て土着社会で育ててきたさまざまなやり方を、外国人支配階級の手による統治に置きかえることはけっして小さな結果ではすまなかったからである。

ウィダの占領とその貿易港の経営は、ダホメ人の政治技術の偉大な成果だった。海岸に領土を持つことは内陸の国家を危うくするという昔からの原理がそれまで強く主張されていたからである。ウィダを占拠したのは、軍事的必要からの行動であった。その結果、占領者たるダホメ人の統治制度を規定したのは安全を守るということであった。

ダホメのがっちりと中央集権化された行政の中に、被征服地や民族を統合しようとしたならば、それはその国家を破壊したであろう。また、民衆のレベルでダホメの社会生活を支えている宗教的信仰や実践の網の目に、ウィダの宗教を組みこんでしまったなら、社会の文化的均質性にとっては致命的なものとなったにちがいない。行政的な統一が国家的領域を破壊するように、文化を混合的に統一したならば、宗教に根ざす非国家レベルの土台が打撃を受けただろう。政治文化の均質性を求めることを含むもっとも広い意味での安全を求める思考の方が商業的利潤追求より強かったのである。

なぜなら、国の将来は安全とはほど遠かったからである。アボメ高原の根拠地を、東はウエメ川、西はクッフォへ拡げ、また北はサヴァロウのフォン族と結ぼうという目的で一世紀も続いた絶え間ない戦争が終ってからでさえ、アボメのフォン族の立場は不確かなものだった。

北東の大勢力であり、残酷で気まぐれなオヨに対し、ダホメは屈辱的な独立の状態にあっただけでなく、ヨーロッパ人がウィダの地に永久的要塞を建設した結果として、アルドラからやっとウィダを解放したが、アルドラの拡大のために、南方のヨーロッパからの武器輸入源も最近危くなってきていた。圧倒的優勢の敵軍の脅威の前にしばしば都を撤退せざるをえなかったこともまた、安全な海岸の避難地をダホメが求めていたことにつながったかどうかははかりがたいが、ただ少なくとも一度マヒイ軍の攻撃の前に、ダホメ軍は踏みとどまるのかそれともウエダ領内に逃げ込むかを迷ったという事実がある。このときはついに、腹背の敵軍間にはさまってしまうことをおそれて、退却の策はとられなかった。(30)

結局、ウィダでの平和条約は受け入れられなかった。ウエダ人はアセメ湖の対岸に住む血縁の人びとだけでなく、近隣の民族のどこにも永久に服従したことのないポポスとも同盟していた。また、彼らは、サヴィの王と緊密に接近し、ダホメ征服前のウィダの古き良き時代や、なによりもアルドラのルートによる潤沢な奴隷供給や奥地からやってくるアフリカ人隊商をうまくあやつっていたことを忘れかねているヨーロッパ人とも手を結んでいた。

アマゾン軍内の確執

毎年の奴隷狩りの収入で得た武器に防衛の基礎を置いた新国民国家の交代は、その時代のたいへんな人口減少下に行なわれ、またふたたび厳しい不況を生んだ。遠征後に王の前で開かれた、アマゾン軍と男性軍の指揮者たちの〈自己批判〉についての、フォーブスの逐語的な報告が示すものは、〈例年の奴隷狩り〉制に不吉な影があったことである。(33)

あらゆる点で最高水準の軍人的資質を持っていたアマゾン軍は、みずからの血を流すことを惜しまなかったし、王の将軍たちも自分自身が危険に瀕しても、勝利をうるまで兵の命を惜しまなかった。あらゆる地域で、あらゆる戦線で、働ける歳の者を捕獲し、老人や不具者を殺す目的での奇襲が行なわれた。それによって、遠隔の占領地では、住民根絶を生ぜしめることにさえなったのである。

虐げられ、征服された人びとの間だけでなく、しばしば、戦術的に不可能な目標のための自殺的な復讐戦で死んでいくダホメ軍人の下士卒の間にさえも、同じような不満が拡がっていた。不当に左遷された将軍や、王室の一族でさえも、彼らの最良の兵士、数千人を伴ってときおり脱走し、非和解的な敵の兵をふやしたのである。

しかし、毎年の奴隷戦争は、どの王も無視しえない国家的制度であった。実際、なんら生産的な交易がないので、奴隷戦争をもしもやめたら、国家を武器を購入するための輸出商品のない状態にし、そのため、海外への奴隷としてダホメ人を売りとばすことをやめないであろう、憎しみをもやしている敵の前に丸腰で対することになっただけだろう。

ダホメが国の内陸的位置を痛切に自己主張し、困難ながらウィダの征服をみずからの課題にしたのは、この軍事的、戦略的観点からであった。内陸に存在するということは鎖国を意味した。それこそが、軍事的、戦略的理由から言って、古代的な条件下では第一に要求されることだった。国内政策、対外政策の両方ともが安全の要因としての物理的孤立にかかっていたのである。難攻不落の地理的位置に恵まれた場合を除いて、国家の中核は主として距離によって外敵の侵入から守られていた。その距離はときとして、無住の地域や他の隣国の住民を隔てている国境の無人中間地帯によってさらに拡大された。距離というものが攻撃を軍事的に防ぐ役に立ったとすれば、これはおもに奇襲をむずかしくしていたことにあった。

ダホメにとっては仕方なかったであろう隣国への定期的な侵略戦争は、一般政策にも多大の影響を与える、奇襲戦術を習慣とすることを余儀なくさせた。戦争に先立って、犠牲国を一時的に安心させる目的の外交的行動がとられる。ついで、首都からとんでもない方向へ軍を進める擬装行動が行なわれ、最後に、裏切りによってあばかれている秘密の間道を伝って敵に至るのであった。この広範囲なマヌーバーは、しばしば長期間のスパイ活動を含み、何カ月も前から敵地やその同族に忍び込んでいた商人のふりをした血盟者の報告に基づいていた。

ダホメ治下のウィダの組織機構は、白人の総督および民政の長官のように、ヤボガン〔ダホメのウィダ総督〕の役所によっていた。のちに、一九世紀になると、ウィダにおけるダホメ政府の代表者はチャチャ〔ダホメの外国貿易担当の閣僚〕となり、王の絶対的信任のある役所となった。

このポストが、ゲゾ王（一八一八〜五八）によって、彼の白人の血盟者で特別の資格を持ったフランシスコ・フェリクス・ド・スガに与えられた。彼が任命されることにより、ヤボガンから外国貿易統轄権がとりあげられ、チャチャの手に集中されることになったようである。貿易に関する行為をすべて公開することを強制したり、法の精密なる遵守を要求する自動的チェック網を作り出す一連の規制によって、外国貿易と関税が効果的にコントロールされていた。

ただ概括すれば、この国際港の業務の大部分は支配権の変化によって影響されていなかった。これらの規制の中には、外国商人がダホメで商業をする許可をとるための財政的義務や、奴隷の輸出入にさいして要求される通行料と税金、そして最後に奴隷自体の価格の問題などがあった。以前のようなサヴィの王とその同僚たちの代わりに、ヤボガンとチャチャが、いまや政府商人の団体・警察・軍事関係者・運搬人夫の群れ・ボート漕ぎ・ハンモックかつぎ、あらゆる肉体労働をする奴隷たちに与えられた最後の権威となった。日常作業としては、荷揚げ全般の指令、すなわち、船長の木〔交易の場の目じるしとなる大きな木〕のところでの最初の会談、浜辺のテントへの商品格納、倉庫や砦への商品の移動、貿易監督官との一連の会談、王への関税支払い、薪水供給などの通常サービスに対し一定価格の商品での支払いなどがあった。

ダホメには、政治的、軍事的な危険をおかす余裕などなかった。交易者は、時間をかけて業務のすべての部面に監督機関を導入してくる政府から供給されるサービスを用いねばならなかった。個人や団体が法律的に認められる形以外で結びついて、自由に接触する余地などまったくなかった。

戦争と交易、商業人と軍隊の厳格な分離が政治的には好ましからざる接触をさらに妨げた。そうした手段によって、すべての形態の交易、ことに戦争物資の密輸をさせないようにしていた。他方、武器は友好地へは運搬された。外国の会社もアフリカ人同盟者や個人と同じく望むならば輸入を差別的にではあるが扱うことを容易にした。同様に、さまざまな産地からの名産物の輸出には、特恵が与えられ、受け取り手には金銭上の利点が保証された。このことはまた、階級や地位に応じて選ばれた、輸出業者のシンジケートの創出を可能にしたであろう。お歴々は、自分の奴隷を特恵的な〈王の値段〉で売却することをしばしば許可されていた。

対外支払いを完璧にコントロールすることによる、外国交易でのダホメ子安貝貨安定政策も、また非常に効果をあげた。たとえば、王室の宝庫に金を独占することとさえ、対外支払い方法がダホメ当局の意思どおりになるや容易に行なわれえた。子安貝の安定金価格は、おもに貿易港の存在と、商品の流れのきびしい監督によっていたであろう。しかし疑いもなく、このためにダホメ人でないアフリカ商人には、そこでの全業務の遂行が外来者の損になるような港へしょっちゅうくるという気をなくさせることになった。

ウィダ征服のバランスシート

ここで私たち歴史家としては、ダホメによるウィダ征服のバランスシートを作ってみなければならない。ダホメの君主は、征服地ウィダをみずからの帝国自体に統合するはめになるのをきらい、国の中心からは孤立したままになっている港をリモート・コントロールすることを選んだ。一方に武器と交換された奴隷たちと、占領が意味する安全とが存在したが、他方に、男女兵士の多大な損失もあった。

ウィダから輸出された奴隷の実際の数は、ダホメ統治以前の水準にまで到達しなかった。そこで、多数の地方的戦争で供給されている奥地の奴隷市場が、そこから北部や東部の隊商が組織的に需要地めざして行進していく、貯蔵所の役割を果たした。例年一カ国との戦争で生けどりにされてきた捕虜が、いまや唯一の供給源であった。だが、その供給も、いけにえとなった犠牲者への莫大な補償によって差し引かれ、王や大地主の菜園用にさらに減ったのである。

ドゥカスは、一六八七年に先立つ数年間、ウィダのイギリス人によって毎年一万四千人から一万五千人の奴隷が購入されたと推定しているが、これは少し過大であろう。(28)ポルトガル人やフランス人ははるかに少ないが、オランダ人その他が、別に確実に五千から六千人を購入していたことを付け加えねばならない。

さらに、奴隷ラッシュのピークでは、ほぼ確実に毎年二万人の奴隷がウィダ地方から輸出されていた。ダホメの時代には、この水準に達したかどうかは疑問なのである。なぜなら、北方や東方、すなわちマヒイやヨルバからの隊商は、ダホメの領土を通過することをほとんど完全にやめたはずだからである。

しかしながら、死活の財物、銃と火薬の流入は(近隣の敵国への拒否とともに)、いまもなお続いていた。もしも、何十年か前に、ボスマンが、あらゆる国籍の仲間とともに、かの奥地の住民におそるべき数のヨーロッパ火器を供給したと言えるなら、私たちはダホメのおもな目的が達成されたことを疑う余地はない。生存のための軍事闘争の中で、ダホメはおそらく海岸からの充分な武器流入によってのみ自らの銃を確保していたのである。

ダホメの長期戦略は実った。ダホメのオヨ宗主権からの脱却は、ダホメ自身の努力によるものではなかった。それでもなお、ダホメは生きのびて、一九世紀の第一・四半期に伝統のオヨ勢力を、まず最初にヌペ人が、ついでフルベ人が北から攻撃して打倒する日に、ついに際会したのだった。これにより、ダホメの政策が正しかったことが立証されたのであった。

4章　虚構のヨーロッパ貨幣――商品取揃え単位の発明

ギニア海岸におけるヨーロッパ人とアフリカ人との貿易は、内陸のアフリカ人の太古からの貿易手続きの枠組みのなかで発展してきた。相互調整が行なわれたのではなく、両者のうちヨーロッパ人の側から合わせていった。その結果、不均質な制度的発展が非常にゆっくりとはじまったが、とどのつまりは強烈な貨幣改革を導いたのである。

一七世紀末期の会計についてのくわしい報告を見ても、王立アフリカ会社事業の損益に関しては、まったく曖昧な印象しかない。(24)(80)アフリカ会社の歴史家、K・G・デイヴィースもその欠点を認め、人類学的な説明をしている。彼はこう書いている。「ある文明が他の文明と通商を行なうとき、両者の諸価格はつまりは大体同化するのだが、それには時間がかかる。アフリカでは一七世紀末までにそれが終ったとは言えない」(24)。しかし、成長が持続している間は、ふたつの貿易体系は分離されたままになっていた。

つづく五〇年間に、ギニア貿易は上ギニアから下ギニアへと拡がり、ついでカラバールへも拡がった。雑多な物々交換がしだいに実質的な金取引きに変わっていった。会計法が、経済組織における前進の手段であるとしても、進歩は西から東へと地理学的線に沿って貿易が展開するにつれて、きわめてゆっくりと作り出されたのである。

貿易法のギャップ

西アフリカとヨーロッパ貿易の方法的ギャップについて、デイヴィースは、ある本質的な差を見逃している。それは、価格の問題というよりは、制度的、機構的な問題なのであった。アフリカ人の貿易は、一対一で物々交換される商品を遠方から輸入するという傾向の活動であった。非常の場合には二対一とか二・五対一といった単純な変更が行なわれた。それに対し、ヨーロッパの貿易は、金銭的利益を求める多様な工業製品の海外輸出だった。アフリカ側の商品は、自己が取り扱っている業務からは収入を得ない、高い身分の交易者たちによって古くからのレートで〈現物で〉他の商品と交換される基準的な商品だった。運搬、防衛、交渉などが、原則として遠くからくる隊商によって行なわれた。隊商たちは、他の商人と会う場所である半年ごとの市に呼ばれるとき、ときおりはひとつの政治的領域から別の領域に直接移動した。

もしも、これを「管理された」貿易というなら、ヨーロッパでこれにあたるものは〈市場交易〉だということになる。前者と反対に、後者は価格上の利潤を目的としていたから、多数の商品をひとつの通貨、すなわち金にまとめて会計勘定をする必要があった。いかに金や奴隷の獲得は政治的に認められた目標だと宣言されていても、その取引きは損失を生んではならないので、原価を越える販売マージンが絶対必要とされた。

この難問の核心に迫ってみると、アフリカ人の交易法には、相互の緊密な関係にある三つの変わらない特徴がある。第一は、交易の動機が、国内の基本物資と交換して得られる遠距離からの基本物資への需要であったことである。これは、等価物の物々交換行為として理解された。第二は、交換手段としての貨幣が介在しないことだった。たまたま、地方的に貨幣が使われているところでも、その貨幣は、取引きの両当時者のところで必ず流通していたわけではない。最後は、基本物資の交換レートが慣習的に定まっていて、原則として価格交渉の余地がなかったことである。このレートは、当然、基本物資交易がはじめて開始されたときの、生態的、軍事的条件および交通の要素によって決められていた。レート調整の差額は、実際のところヨーロッパ側の負担とならざるをえなかった。王立アフリカ会社の金換算による固有の経理の〈市場交易〉は、どうしても現地人の慣習的レートによる利益を考えない物々交換システムには適合しえなかったのである。

他方、ヨーロッパ人は、一連の現実的調整によって、一対一(またはその整数倍)のレートでの〈物々〉交換要求に合わせることができたし、ある段階まではそうしていた。それがいかに正確に、また非常な成功度で行なわれたかということが、金貿易の時代を含むギニア貿易の歴史の構成要素となっている。貿易港ウィダにおいて頂点に達した奴隷貿易だけが、ヨーロッパ人が必要とする貨幣会計と利潤を含むマージンの問題を解決した。ギニア貿易の詳細な年代記を見ると、海岸線に沿って進むにつれて、会計法の前進が、ほとんどあるいはまったく見られなくなる。資料が不足しているわけではない。上ギニア海岸の北限から、ウィンドウォード海岸の最南端までの間で取引きされた商品の量や質を記しているバーボットの書は[4]、王立アフリカ会社の記録を調べ直す必要があることを示唆している。専門家たちが、黄金海岸での価格決定と原価計算方法が応用されていた証拠をはっきり出そうとしたが、無駄に終ったからである。

限定された目的の貨幣

アフリカ人の取引きでは、たくさんの基準が用いられ、ときには地方的に別々のレートがあったりしたが、ヨーロッパ式会計法では、どの目的にもこたえねばならず、全品目を金というひとつの基準にあてはめなければならなかった。だが、セネガンビアでも黄金海岸でも、「両地域について現存する元帳は、損益について不完全であり、多分間違っている」とデイヴィースは率直に認めている[24]。ウィンダムは、基準の試験的な調整は、「アフリカ貿易と関係するすべてのものと同じく、まちまちでこみいっていた[80]」結果を生んだと述べている。

〈棒鉄海岸《バー・コースト》〉がそれに当てはまる。アフリカ人の商業は、ここにおいて他のどこよりも進んだ固有の交換レート形成方法と会計法を生み出した。ウィンダムを引用しよう。

「ウィンドウォード海岸では、〈棒鉄〔棒状地金〕〉は他の全商品に対する価値尺度であり、その貿易は〈棒鉄貿易〉として知られるに至った。かくして、ムーア人がガンビアに行ったとき、一ポンドのふさ飾り、二ポンドの火薬、一オンスの銀と百個の火打ち石などが、〈棒鉄〉であった。各種の貿易商品は、棒鉄の一定量にされていた。だが、その量は、この海岸の別の場所のみならず、隣接地でさえも違っていた[80]」

アフリカ内部の交易における〈棒鉄〉は、ヨーロッパ人に財を販売するときには、ひとつ五シリングという〈固定名目価格〉を持ってはいたが、ヨーロッパの価格にはなんの関係もなかったのは不思議ではない[80]。しかし、棒鉄での価格計算がアフリカ人にとって体系的であればあるほど、ヨーロッパ式会計はむずかしくなった。王立アフリカ会社は、金会計を目標にせねばならなかったが、尺度として棒鉄を用いることで納得した。

しかし、その棒鉄は、各地方でばらばらに金と連関していた。それゆえ、ヨーロッパの取引きも、商品の一対一の〈物々〉交換の途を強制された。棒鉄貿易が経験的なやり方で栄えている間は、有効な会計法は問題にもならなかった。デイヴィースは、ギニア貿易がアフリカ人の方法と要求によって支配されていると述べて、その状況をしんらつに要約している。アジア人やのちのアメリカ人の貿易と同じく、ヨーロッパ人の貿易のおもな特徴は貨幣を用いた損益勘定だった。

しかし、西アフリカでは、ヨーロッパ人はこの基礎的習慣を捨てざるをえなかった。はじめからずっと例外なく、彼らはアフリカ人式に〈現物で〉交換し、貨幣は使用しなかったのである。アフリカ人の交易財は、金、奴隷、胡椒、象牙、現地産の布、そしてまた毛皮、牛馬、キビであった。ヨーロッパ人の貿易商品は、銃、火薬、ブランデー、棒鉄、ときおり銅、インド産とヨーロッパ産の布、中古のシーツ、金物、目方ばかりの装飾品であって、のちになると品目は数百種になった。

現地の交易財は、ギニア湾岸のさまざまの場所で、尺度として使われていた。ヨーロッパ商品の中では棒鉄が、カラバールにおける銅のように、おもな尺度であり、ついで布であった。ヨーロッパ人の貿易も、全体としては、アフリカ流の基本物資交易にただ追従していたわけではない。けれども、アフリカ人とヨーロッパ人の尺度基準が関係するところでは、どこでも、使われるのはアフリカの基準だった。

たとえば、セネガルでは、ヨーロッパ商品は毛皮で計算され、奴隷は棒鉄で計算された。だが、これらヨーロッパとアフリカのふたつの尺度の間には、これまたアフリカ商品である毛皮八枚に棒鉄一本が等しいというレートが存在していた。

子安貝（キプレア・モネタ）は、奴隷海岸で現地の尺度の役割を果たしていながら、目方や量で売られるヨーロッパ貿易商品でもあった。量ではかる子安貝――貝殻一個が八分の一ファージングの価値――は、細かい砂金と同じく地方の食料市場で交換手段として用いられていたらしい。もちろん、金は黄金海岸以外のいくつかの地方でも尺度であるところの、アフリカの交易財であって、ヨーロッパ商品ではない。

棒鉄を中心にした交換比率は、ヨーロッパ人に不利であって、会計法の一般的問題を解決する役には立たなかった。〈棒鉄海岸〉のようにアフリカ人たちが、例外的に自らの尺度として棒鉄を用いているところでは、全商品が〈棒鉄〉のレートで表わされ、ほとんどのヨーロッパ商品もそうされた。デイヴィースが言っているが、このことはウィンドウォード地区にだけ、数例ではあるが損益勘定が行なわれたということを説明するだろう。

この〈棒鉄海岸〉の特別な例は、西アフリカにおける重要な生態学上の特徴によるものだった。他大陸における先史時代とは対照的にアフリカの大部分では、青銅と鉄がいっしょに現われている。これはギニア海岸のいたるところで、ヨーロッパの棒鉄に対する強い需要があったことにつながる。ウィンドウォードの黒人たちが、ヨーロッパ商人が到着したときに差し出した慣習的な〈棒鉄〉価格表が残っている。

〈舶来棒鉄〉の大量輸出者であるイギリス人はまた、可能なところでは、利潤を確保するために海岸での棒鉄価格を吊り上げた。デイヴィースが言うように「棒鉄は、この地域の貿易に中心的役割を果たしてはいないけれども、計算単位としてこの棒鉄と実際の棒鉄とは必ずしも同じでなかったことが説明しておかれねばならない[24]」のである。王立アフリカ会社の〈貨物送り状〉では、棒鉄は四シリングになっていたが、ガンビアの現地人には五シリングの名目価格が与えられ、実際のイギリス貿易では棒鉄はやはり四シリングでしかないのに、「計算単位としての棒鉄の価格は、ふつう六シリング[24]」だった。ウィンダム[80]は、議会委員会における棒鉄の通常価格を五シリングから三シリングに下げる提案をさえ引用している。

そうした鉄の尺度でのシリング価格の極端な「弾力性」のために、アフリカの財とヨーロッパ商品の最終的な共通シリング計算に近づいたようにも思える。だが、そのような地域的貨幣化への接近においては、近代の研究者が見るであろうような前進は、事実というよりも外見だけのものであった。ヨーロッパの尺度が、いまだに確固たるものにはいかにほど遠かったかを証明するにすぎない。

一世紀後に出現する近代的な全目的の貨幣は、西アフリカ国際貿易の黎明期には、いまだその初歩的存在形態さえなかった市場交易の産物なのであった。「〈棒鉄〉は、ヨーロッパで理解されているような術語としての、有効な交換手段ではなかった」と、ウィンダムは言う[80]。ましてや、〈シリング〉は、アフリカ人の〈安定した棒鉄〉のように地方的尺度としては役立っても、虚構の単位以上の交換手段ではなかった。

すでに述べたように、唯一の例外がウィンドウォード海岸のある一時期の貿易であった。「ウィンドウォード海岸の船荷は、雇い船の所有者も分け前をもらえることになっていた」ので、販売の計算は、ロンドンへ戻るとすぐ合計されねばならなかった。

一六八〇年から一六八七年の間は、「突発的な出費がなく、各航海のもうけがあてにできる九五回のウィンドウォード貨物の勘定はされないでおかれた」(24)。利益の平均は三八パーセントだった。残念ながら、損益が会社の船荷書類になんの単位で計算されていたかどうかを示す資料がない(たぶん、ポンド、シリング、ペンスであろうが)。

奴隷貿易事業の状態は、王立アフリカ会社の独占へ制限が加えられてもっと悪くなった。アフリカ西海岸についてだけは良かったが、西インド諸島からイギリスへ帰る第三航程目の航路については許可されていなかった。しかし、利益はその航路からあがったのだ。この航路は、西インド諸島でそれに対して奴隷が競り売りされた植民地産品をイギリスにもたらした。農園主もまた、会社への負債を長く遅らせて支払った。そのため、彼らの〈現物〉での支払いは、二航程の旅をする船の帰路には間に合わないのがつねだった。

王立アフリカ会社に関する限り、どの航海にも損益勘定は記録に残っていない、とデイヴィースは明快に述べている。アフリカ商品に合わせようとした会社の努力も、金による貨幣計算の実施や、取引きにおける利益マージンの保証に少しも役立たなかった。はじめに決まった物による交換という自然的方法がヨーロッパ的な損益勘定になるまでには長い道のりを要したのである。

度量衡の比率

物と物の交換の本質的問題、すなわち、これとあれをどれだけずつということは手順を踏んで解決された。運営上の基礎的な考案は、〈度量衡の比率〉であった。一方で使用する単位を一致させ、他方で〈レートの固定〉を行なうことが、まず第一の操作である。なぜなら、このふたつが合意に達しないことには取引きは生じないし、また、これらのレート以外では取引きはできなかった。レートの交渉条件を提出する以外は、重量と尺度の単位の確立には別に商業的重要性はなかった。現実の場面ではこれから見るように単位とレートは同時に交渉された。

ギニア海岸で金と布の貿易をした（一五五五〜五六）最初のイギリス人の一人、ウィリアム・タウルソンがしている報告中の数節はいかにして重量と長さの単位および、金の重量と布の長さ間の交換比率が初期金貿易において成立したかをあきらかにしている。最初の一連の交渉開始にさいして、イギリスは黒人の〈首領〉に対し、イギリスの物差しと分銅を陸に送って、二エンジェル*の重さの金には、二エル（一エル＝四五インチ＝約一・一四メートル）の長さの布だと提案したらしい。だが、黒人は自分の布の尺度（少し大きい）と、分銅（少し軽い）を送り返してきて、彼がどのように取引きに備えているかを示した。

こうして、ふたつの問題が生じる。すなわち、一方で計算の実際単位と同一の単位を、また他方で物々交換が受け入れられる単位のレートを見つけることである。この仮定のうえで行なわれた貿易は、まさに一対一の交換ということができる。

最初に、「……彼らは金を持っていることを見せるために、私たちのそばにポートを出し、半クラウンほどの重さの塊を見せて、彼らの首領に見せようとして、私たちの物差しと分銅を知ろうとした。そして、私たちが彼らに二エルの物差しと二エンジェルの分銅を、首領に見せるために与えると、彼はそれをとって……[79]」

二番目に「彼らは二エルすなわち一クオータ半の物差しと一ポルトガル十字金（ポルトガルの金貨で十字が印してあったもの）重量の金を私たちのところに持ってきて、類似の尺度を出すことはできるが、同じものはないことを示した[79]」

しかしながら、この場所では一致はできなかった。近くの別の場所において、その手続きが、もう一度繰り返されて、イギリス人は同じ交換比率を示した。商談の最初に二個の銅鉢の贈り物が黒人の首領には与えられることもまた示された。この〈贈り物〉は、業務ではなしに礼儀に属するものであった。

「首領がくると、私は二エルの布と二個の鉢を彼におくり与えた。彼はふたたび〈同じ基準の分銅〉を渡してきた。そして私は、二エンジェルの分銅を渡したが、それを彼は認め

なかった……」(79)（〈 〉はポランニー）

今や贈り物を無視して交渉が継続された。

「……首領たちは椅子を持ってこさせてすわり、一人の若者を私たちの前に出した。彼は一エルと三分の一エル、一六分の一エルの物差しを持ってきた。一エンジェルと一二グレインの重量の四倍のものも持ってこようとした。私は彼に以前二エンジェル重量に対してなしたように二エルを示した。彼はそれを無視したが、なお私は彼の前述の四つの尺度にはちゅうちょした……」(79)

黒人たちが望んだのは、四二グレインの金に対し五・二五エルの布であった。一方イギリス人は六〇グレインの金に二エルの布を提案した。

翌日、長い交渉の末、彼らは長さと重量の尺度について合意した。すなわち、イギリス・エルの物差しと一エンジェルと一二グレインの黒人重量単位の分銅である。

「……そして彼らは船の離岸準備ができたのを見ると、船にやってきたので一エンジェルと一二グレインを与えた……そして三エルを欲しい……と合図した」(79)

つまり、布の長さ（三エル）と金の重量（一エンジェルと一二グレイン）の間に等価が成立したので、金の重量と布の長さが交換されえたのだ。この場合、布の売り手の単位と金の売り手の単位が用いられている。

一方で重量と長さの単位が、他方でその単位間の交換比率が一対一のベースで同時に交渉された。貿易の他の部分がそれによって見とおされる基礎的諸操作であった。たとえレートが一対一関係の単純な整数倍率であったとしても、原理は同じだった。セネガルの河口を出帆した、カ・ダ・モストは一四五五年にこう書いた。

「黒い皮膚をしたムーア人の地域では貨幣を用いない。彼らはその使用法を知らず、黒人も貨幣を使わない。しかし、すべての取引きは、[20]ひとつのものともうひとつのものの交換、またはふたつのものの交換によって行なわれた……」

この謎のような記述がされてから、三世紀と二分の一以上経過したのち、イギリス人旅行家ヒュー・クラパトンとその大勢の一隊がチャド湖の北、中央スーダンのビルマの近くで食料に欠乏してしまった。その地方の女性たちは、彼らに対し、充分な食物がないので供給できないと断ったが、最後に〈一五〇パーセントの利益〉の要求を出してきた。クラパトンの回想録（一八二八）のこの章は、カ・ダ・モストが言った〈ひとつに対してふたつ〉の取引きの謎の解答を導く。ビルマ地方の女性たちは、確定レートまたは定価として二・五対一で値をつけたのである。カ・ダ・モストは、二対一ということによって慣習的レートの二倍であることを示唆したのである。

どちらにおいても、基本物資が基本物資とうまく交換されるが、それが行なわれる比率は、定比率の単純な倍数である。長い時間にへだてられているが、このふたつの証拠によって、ぼんやりとだが、結果として、基本物資交易の基礎的な公式が示される。これは、アフリカ人の気持ちにとっては、一対一の固定等価貿易の変形以外の何物でもなかったのである。

＊一エンジェルは一六分の一トロイオンス、または三〇グレインである。

商品取揃え《ソーティングス》という特殊単位の発明

基本物資の一対一交易が、アフリカ交易の基礎だった。アフリカ人とヨーロッパ人が熱帯の浜辺か、見知らぬ海岸沖の船上ではじめて出会ったときから、精巧な手続きが、慣習的な重さと長さの単位を相互に一致させるという結果を目ざしている。この結果は、〈度量衡の比率〉を儀式ばって認めることである。金に対して布を取引きするとき、それが疑う余地なく〈取引きレート〉を定める合意の必須条件であった。

そうした交易上の通語の根本の一致がなければ、会話ははじまらなかったのである。そしてもし北ギニアから黄金海岸へと移動するギニア貿易がそこで終るなら、ヨーロッパ商品に対し、大部分の現地商品を交換するのに〈度量衡の比率〉以上のものは必要ではなかったろう。たとえそうであっても、困難はふたつの角度から生じた。一部はヨーロッパ商品の種類がふえることから、より多くは黄金海岸で入手される奴隷の数の増大からである。実際、一七世紀の最後の二五年間までには洪水となった奴隷貿易の奔流が、ヨーロッパ商人にとって貿易技術の発展なしには対応できないような状態を創り出していた。そしてふたたびこの問題は、アフリカ流の貿易法、すなわち一対一の交換法で解決されねばならなかったのである。

奴隷は分割できるものではなかったし、取引きされる商品に対し、相対的に高い価値を持っていた。たくさんの商品群の中のいくつかのヨーロッパ商品が、奴隷の対価となりうる前に、ある共通尺度に平衡されねばならなかった。アフリカ人は戦争をするために、衣類、装飾品、金物、広範囲におよぶ需要がつねに新たなヨーロッパ商品を求めていた。商業的交渉の途中に、利益の可能性を導くために、貨幣で計算するための商品交換を超えるやり方の貿易法が求められていた。

価値は奴隷と同等であり、貨幣勘定の要素をも導入させるような新種の商品が発明された。積み重ねて奴隷一人にあたる〈貿易レート〉になる、数種類の商品からなる〈取揃え商品〉であった。この語は最初はカラバールに奴隷貿易が拡まったとき現われた。取揃え商品は、奴隷輸出〈権力〉の要求や好みに合うように慎重に選び出された。アフリカ人の保守主義も無視できなかった。選別を失敗した取揃え商品は値下げしても受け入れられなかった。

提出された最良の商品と、上質品に対してだけ競争が行なわれた。銃や火薬の確保とは別に、王が関税や通行税、その他の外国貿易から得られる貨幣収入を大切だと考えても、国民は価格などの取引き上の問題よりも商品の質や魅力に関心があった。それにもかかわらず、もぐり商人による二五パーセントから三〇パーセントにもなる王立アフリカ会社価格からのダンピングはいつでもアフリカ人の気に入ったのではある。だが、わずかの値下げでは問題にもならなかった。そのため、正規の会社商人には、レートを商談する余地などはなかった。

こうした条件のもとでは、レートを取り決める一般原則は簡単には成立しなかった。カラバールでは、地方の首長があきらかに時どき河の上流の中央アフリカの奴隷市場で買ってきた奴隷を売却した。彼は毎日——慣例の一二本の代わりに——棒鉄一三本という値段を主張し、奥地の価格上昇が値下げを妨げていると主張した。

一方、ダホメの王は奴隷狩りで悪名高かった。彼の国では貿易商品は何も作れなかったし、戦争以外に奴隷をうる源泉がなかった。それに応じて、彼には奴隷価格をまける気はあった。さて、私たちの持っている資料は、アルドラの王、ウィダの王、[4] そしてのちのウィダにおけるダホメ王の代官ヤボガンが結局、全輸入商品の〈レート〉を決めたことを示している。〈王が選んだ商品〉を見ると王側に不利な取り決めだったことが裏づけられているが、[14] 値段は王と船長との相談ごとではなかったのである。

ボスマンは、外国貿易商人とウィダ王とに意見の相違があったことを隠そうとはしないが、奴隷の支払いに差し出された諸商品の選択に王が無分別であると一方的に不満をもらしている。バーボット[4]は、ヨーロッパ人同士には価格競争はなく、支払い方法——どれだけ子安貝で、どれだけは商品か——が、現地人と外国人の唯一の論争点だったと主張している。

たしかにあきらかなのは、一世紀をはるかに越える期間、何人もの王に支配されたいくつかのヨーロッパ国家と関係しあい、入りくんだ関係の重大な事件にもかかわらず、送られた数百の奴隷船と同じく、困難は唯一〈取引きレート〉の騰貴であった。しかし、イギリスの文献もフランスの文献も一様に、取引きがはじまる前に、王みずからその高官の取引きでなければ、レートは王の同意を必要とした事実を強調している。

もっとも古い時代でさえも、ドゥブレ[27]は、王の役人に監督される地方市場で官許価格があったことを述べている。奴隷価格の交渉はこっそり行なわれたことや、民間のブローカーも定価格でのみ売れること、ヨーロッパの貿易商品が高官やアルドラのフェウラ、ウィダの王自身またはカラバールの地方的王の認めたレートでのみ奥地市場で販売されていたことには、もちろん疑いの余地はない。価格は原則として変えることはできなかったのであり、[36]王の単なる通告だけで交渉はなかったというのが答えである。

グールが言うには、値段は棒鉄とインド絹に対する以外は変更されなかった。主として前にきた船のレートが有効だという慣習的原理によって変更は禁じられていた。ダホメは

女奴隷1人に対する取揃え商品（単位・金ののべ棒）

かんな または こて（1つ）	10本
77ポンドのやかん（7つ）	26
チンツさらさ（3枚）	12
ハンカチ布（1枚）	2
〈計〉	50

奴隷の値段は高度の政治的問題であり、カラバールではながながしい交渉になる問題だった。しかし、取揃え商品を含むレートについては、私たちがほとんど知らない税がかけられていた。

精密な調整は実際のレートの記録と、特に取揃え商品の中に入れられる新商品の、普通は一カ月の延引をもたらす認可とに向けてていねいな調整が行なわれた。それ以上は、機密のままであったようであるし、私たちには、いかにどの程度まで、取揃え商品中の各品目の〈レート〉が現実に取引きされていたのかも確かではない。

人間の価値をはかる範疇づくりは古代法に責任の源がある。旧約聖書は、寺院が成年者から寺院の儀式に献げられた彼らの子供や両親を受け戻す補償を規定している。ナハティガル[59]が、奴隷価格一覧表とおおよそ似たものをダー・ファー（東スーダン）で発見した。アトキンスは、一七二一年のシエラ・レオネでの女奴隷一人に対する取揃え商品の大体の例を示している。

金ののべ棒は、アトキンスによれば、金のワイヤをねじまげたもので、一アッキィ〔金の棒〕、または金一六分の一オンスにあたるものとして述べられている。

ここで取揃え商品の部分として記されているのは仮定のもので現実のものではない。船荷証券は、多くの商品が安全のための避難所に積み上げられているやり方や、地理的に連続する寄港地に関係なく船荷を記載している。他方、アフリカ人は古くからの伝統的な商品やレートに慣れていて、たくさんの商品は諸会社の倉庫に売るためのものだった。会社は経験から金や奴隷の供給は、全員に充分なことを知っていて、同じ商品を出すことでの競争を避けるよう注意していた(4)。

すでに述べたように、取揃え商品は、おもに〈現物〉の一対一貿易の原則を奴隷貿易で維持するための工夫であった(4)。調整を多少してもその原則を適用することに可能な限り固執したのである。バーボットは、奴隷一人の標準サイズは、「足首から耳たぶまで六スパン」〔一三七センチ強〕だったと言う。アイザートはまた次のように述べている。「若い黒人男子は、成人として数えられるには四フィート四インチ（ラインランド尺）の身長がなくてはならなかった。そして、黒人女子は、四フィートだった。この長さに足りない分は、一インチあたり八リズダラーと計算された(40)」

身代金のリストも残っている。「……たとえば、歯が一本ないと二リズダラーである。片目とか、指一本、手足一本がないような大きな欠点があると、値下がりはもっと厳しかった」[40]。もしも、奴隷が標準以下の身長しかなくて、欠陥をひとつ持っていると、売り手は買い手に補償をしなくてはならなかった。取揃え商品は手つかずに残されるだろう。その削減をすれば、どの品目を除くかという選択、ヨーロッパ商人に対し、いかに取揃え商品を再調整するかという問題を与えただろう。それは、一単位としての取揃え商品の交換を意味する〈現物〉の現地的取引きの原則を残すからである。

〈現物〉取引き原理と厳密に一致する機能的な考案がまた出現する。ジェームズ・バーボット・ジュニアは、〈一五歳から二五歳の黒人〉すなわち標準年齢からはじめて、年齢別グループのリストを作り、彼らを値ぶみした。彼はつぎのように続ける。「八歳から一五歳、二五歳から三五歳は、三人で二人と見なされた。八歳以下と、三五歳から四五歳は、二人で一人と見なされた[3]」

幼少や老齢という欠陥は、ここで単純な計算上の考案によって実際的にまとめられ、整理されていた。

取揃え商品は、アフリカ的な良い記憶力と取引きの基準を維持する熟練した計算力に頼る架空の単位であった。これがおそらく節約の工夫として、かの有名なダンバ豆が出てきたゆえんであろう。アイザート[40]のせんさく好きの精神と、鍛えられた心が、ダンバの謎を解いた。アフリカとアジアに広く見られるカンゾウ豆は同じ形の黒い斑点を持つ明るい赤の魅力的な豆を持っていたので、〈あひるの眼〉とも呼ばれた。

ダンバ豆は、〈医薬用衡量〉としても用いられ、また宝石や貴金属にも用いられた。それはダホメにおける金の重量をはかる一般的な物差しであった。金の大きな衡量は、それぞれ二四個のダンバにあたる一六アッキィまたはエンジェルの、トロイオンスであった（隣りのアシャンティでは、二ダンバにあたるタクの種ひとつが使われていた）。ダンバ豆それ自体は価値のないものだった。それは、ヨーロッパ商人に売った金の代価として自分たちに支払われるべき貿易商品の価値を忘れないための計算器として記憶技術的に用いられたのである。

英貨四ポンド（八〇シリング）または一オンスの金に等しいので、一アッキイは四ポンドの一六分の一、すなわち五シリングに等しい。ヨーロッパ人が金を買い商品で支払う黄金海岸では、売られた金の総額分の数のダンバ豆を入れた一枚の皮袋が、ヨーロッパ人が〈現物〉で現地人に支払うべきポンド、シリング、ペンスの代わりになる。すでに売られた金に相当するダンバの数を正確に取り去ると、まだ袋に残っているダンバが現地人に支払うべき貿易商品総量を示していたのである。すでに支払われた商品の〈レート〉をよく知っているので、商人からくるべき商品を計算しておくのである。

そのようにして、子安貝と金の比率が絶対的に安定しているので、現地人は簡単にダンバ豆をヨーロッパ人によって金のレートで安定させられている子安貝の量やポンド、シリング、ペンスに、そしてオランダ・ギルダーや、デンマーク・リズダラーになおすことができる。

もしも、取揃え商品が〈現物〉一対一交換という土着の原則のもとにあるとしても、新しい産物を導入したり、もっとも利益の多い割合で貿易商品を提供するさいに商人の商業的熟練が発揮される余地を残していた。一〈オンス〉の等価とされた商品量が、永久的に設定されたにもかかわらず、国内でもっとも安価な商品を選んでおくことはヨーロッパ商人の権限内にあったからである。マージン利潤の制度化はまだまだ達成されなかった。

英の〈商品オンス〉と仏〈オンス〉

ヨーロッパ人たちが強制されていたアフリカの貨幣機構は、最初からヨーロッパ人自身の業務でも貨幣使用を妨げていた。だが、それは別としても、ヨーロッパの外国貿易に不可欠のふたつのものが欠けていた。その価値が付加されうる輸出品種類の拡大と、利潤マージンの組み込みである。K・G・デイヴィースは、確固たる損益勘定の欠如がいかに王立アフリカ会社の資本構成の基礎を掘り崩し、結局一七五〇年の公式の会社清算のはるか以前に一七一二年ごろには商品輸出停止を余儀なくしたかを書いた。

実際条件における問題は、つぎのふたつに要約できる。第一は、会社の貿易における最初の一〇年にすでに少なくとも一五〇種のヨーロッパ商品(14)――重量によるブランデーと火薬、個数による棒鉄と銃、長さによる布、総額、重さ、量による子安貝——が多種類の単位に基づいて貿易されたことである。

二、三の現地商品との交換に先んじて〈積み上げ〉られるべき商品の種類はどのようであったのか。第二は、〈現物〉で行なわれる貿易では、ヨーロッパ人はいかにして結果的な損失を避けたのかである。より正確には、いかにして利潤を確保するように計画された商業が行なわれ、その利潤が現実化したかということである。

結局、その解決は、新たな計算単位、〈商品オンス〉に伴う特選商品取揃えの導入によってなしとげられた。そして、この方法は一九世紀の植民地主義がアフリカ人に強要したような、ヨーロッパ貨幣の強制使用は伴わなかった。また、この調整は、運営的には西アフリカの現地的遠隔地貿易の当然の方法に従っている間に行なわれた。

〈商品オンス〉は、ヨーロッパ人による一時期の貨幣化と、交易上の損失を防ぐ初期の試みにさかのぼることができる。最初の貨幣化は、アフリカ人が商品を尺度にした方法、すなわち王立アフリカ会社が採用した慣習の中に見ることができる。会社の輸出における棒鉄の優位は、すでに述べたようにおもにアフリカ人の鉄使用に対する文化的偏性にうながされたものであった。

しかし、この準貨幣化では不充分だった。なぜなら、金価格での棒鉄の値段は変動したし、海岸の数地域で差異があった。カラバールには、棒鉄ではなく、〈銅〉が導入された。

棒鉄の取引き価格

棒鉄（1本）……	棒銅4本
ビーズ（1束）……	4
ランゴウ（5つ）……	4
大コップ（1つ）……	3
鉢（1つ）……	4
わずかの他商品	
リンネル（1ヤード）……	1
ナイフ（6本）……	1
真鍮の鈴（1つ）……	3
わずかの他商品	

ジェームズ・バーボット・ジュニアは、一六九九年の旧カラバールでの棒銅価格リストを作っている。彼がリストを作ったこれらの棒銅の取引きの等価物は、合計していっしょに支払いに供される選ばれた貿易商品の一単位になっていくというわけではない。

棒鉄の乱暴な値積みが損失に対する常識的予防処置であった。トマス・フィリップスは棒鉄をロンドンで三シル六ペンスで買い、黄金海岸のバサムで金に対し七シル六ペンスで売った。* 金貿易における前兆たるべき初期の百パーセントの値積みであった。これが、新しい貨幣単位、〈商品オンス〉の導入を招いた〈平均百パーセント値積み〉のペースを定めたのである。〈商品オンス〉の工夫とは、単にヨーロッパが奴隷の対価で支払わねばならない金のオンスを「現物」で支払うことだけなのであるが、商品を〈商品オンス〉で、すなわち平均百パーセントの値積みを伴って計算するのである。

この計算単位が現地人奴隷商人に受け入れられたために、ヨーロッパ人は貨幣化による輸出の多様性と利潤マージン組み込みの双方に近づいたのである。

〈商品オンス〉の歴史は、理由はよくわかるが、同時代の人びとによって隠されていた業務資料によっておおわれた。議会の証言によると、奴隷貿易からイギリス経済が得ていた実質利益が、ときに奴隷業者が過大な値段を払いすぎたり、そのひどさを同情されたりしている間、減少しているように見えることを望まなかったのである。

ボスマンが公刊した手紙の文章には、奴隷のほんとうの値段の数字を隠すためにその代わりに目立つダッシュを一本入れるという欠文がある。だが、〈商品オンス〉の歴史は、そんな遠慮とは関係なかった。議会の証言もまた、その時代の暗い事業の協力者の精神を、いかにも不正ながら後世の経済史家にわざとうまく誤解させることを望むために情報を出し惜しんだ。それでも、充分な存在証拠やヨーロッパ商人の通貨単位変更の事由などがにじみ出てくる。

分析のためには、利潤に関する三つの異なった関係の違いをあきらかにすることが有効である。

第一は、マージン利潤を確保するため「事前に」商品の値上げを早目に実施すること。

第二は、「事後に」実現した利潤水準を変えること。

最後は、貨幣単位の出現、すなわち前にも後にも三万二千個の子安貝に値した一オンスの金とは別種の一万六千個の子安貝値段にあたる一〈オンス〉で示される〈商品オンス〉貿易であった。

資料の不足は長い間、修史上の影響を持った。デイヴィースもウィンダムも、〈商品オンス〉については何も述べていない。最近になるまで、それは奴隷貿易の歴史家にも無視され、最新の論文にさえもその含んでいる問題については曖昧にしか論じられていなかった。ニューベリイはつぎのように書いている。「奴隷の値段は、商品〈オンス〉の場合を除いては、正確には決められえない。黄金海岸でのように、この計算単位は、取揃えられたヨーロッパ商品、すなわち地方的にオンスではかられるが、もとの購買価格は非常に違っている布、子安貝、ビーズ、銃、火薬、ラム酒、タバコ、棒鉄などからなっていた」(60)**

最初に、一七八九年の奴隷貿易についての議会委員会は、西アフリカ貿易で行なわれている支払い方法を調べたところ、「物々交換以外には支払いはない」という答えを異口同音に受け取った。「物々交換」の意味についてさらに突っ込んだ質問をしたところ、その支払いは常に変わらず物でなされることが確認された。ダルゼルなどその筋の大家は、奴隷価格の〈約半分〉にしかならない支払いがあったことを付け加えている。

別の証人が、「英貨一ポンドは、ヨーロッパ人の一〇シリングにあたる」と述べた。〈サフォーク州出身の紳士〉で、船医として乗組員に加わったアトキンスはもっとはっきりとしていた。彼は、アポロニア岬の奴隷貿易で奴隷は一人あたり〈オンス〉レートで四〈オンス〉の率だったと書いた。「彼らは平均英貨八ポンドの価格だった」[1]。すなわち、四〈オンス〉で交換される奴隷は、わずか英貨八ポンド分の商品で支払われたのだ。四オンスの〈金〉が、（四ポンド＝一オンスのレートで）英貨一六ポンドになるのに、四オンスの商品オンス（すなわち商品）では、わずか英貨八ポンドにしかならなかった。換言すれば、商品をもらったヨーロッパ人はそれで支払う〈オンス〉商品価格を百パーセント値上げしたのである。彼らの支払った〈オンス〉は、その価値が一オンスの金の半額または二ポンドであると公式に認められたとき、それが後世のダルゼルのような当局者が〈商品オンス〉と呼んだものだったのである。

＊「一アッキィは約五シリングである。……私は……一・五アッキィ（の金）を棒鉄一本で得た」[63]

＊＊ニューベリイの言は明らかに取揃え商品による新しい支払い法についてである。が、その言は、ダルゼルやアイザートの時代に確固たるものとなった金オンスや〈商品オンス〉の特徴を正しく述べることをしようともしていないのである。

子安貝の価値

私たちの述べた百パーセント値上げは、平均的なものであると強く言われている。事前の値上げは商品ごとに、また契約ごとに異なっていた。しかし、その商人は、事後に取引きのそうした値積みを〈平均〉か、〈その近く〉にすることが望めた。

当然のことながら、個人的取引きや一船全部でさえも、低い利潤しか生まないこともあった。しかし、それは商品オンスの価格差はいうまでもなく、事態を明確にするためにはむしろ望ましいことであった。百パーセントの値上げはかなり早くから知られていたし、バーボットにもボスマンにも注目されていた。バーボットは、彼が一六八〇年に市場で購買したことについて、鶏肉が〈ほんとうは三ペンスなのに物で買うと一つ約六ペンス〉だったことを教えてくれる。(14)

ウィダで支払われた関税総額を推計してボスマンは、――商品で支払われた――関税が、「商品は増殖せねばならないので、ギニア価格で約百ポンドに達する」(14)と述べた。〈商品オンス〉は、現地人へヨーロッパ人が全負債を支払ううえでの、慣習的な虚構の計算単位なのであった。ヨーロッパ人たちは、なかでもそれを〈ギニア価格〉（バーボット）またはウィンダムによれば〈海岸貨幣〉と呼んだ。貿易港は、〈一〉種類のみでの支払いを王に主張されることをきっぱりとやめさせて、取揃え商品で奴隷を購うことを承認する奴隷会社と条約を結んだ。ウィダでは子安貝が貿易商品の位置にあったので、単独商品支払いの禁止によって、奴隷貿易におけるヨーロッパ人側の唯一の支払い方式、取揃え商品がはっきりと確立したのである。

一七〇四年以降、ウィダの特許会社の代理人がほぼ同時に、導入した〈商品〉は、ともに百パーセントの事前値上げのやむなきに至ったのもまったく当然である。実際、事後値上げについては、〈平均で〉(アトキンス)、〈だいたい〉(ボスマン)、〈ほぼ〉、といった限定語が資料からけっして省略されていないのである。

私たちの出会うものは、平均の値上げから新しい貨幣単位への移行である。ダルゼルの〈数人の著者から集めたダホメの貨幣数、重量の完全な表〉には、貨幣と、個数による子安貝と、シリング、ペンスによるイギリス鋳貨の比較がある。〈四アッキィ=子安貝一万六千個=当座借越し四〇シリング〉というように述べられている。

ダルゼルの表の編者、「J・F」は、二種類のオンスがあることを述べる。[22] すなわち、「英貨四ポンドにあたる金オンスと、そのわずか半額の商品オンスである」。マクリオドもまたその価値を四〇シリングとしている。[54] アイザートが、この慣習について徹底的に検討している。[40] 議会委員会の証人としてダルゼル領事は、ウィダの奴隷価格についてだけはほぼかしたが〈商品オンス〉の価格はつねに提出していた。彼は、〈並みの奴隷〉は五オンス

〈商品〉＝一〇ポンドであり、一方〈高級奴隷〉は供給が少ないと、〈三〇ポンド弱〉であったと証言している。(61)奴隷であれ棒鉄であれ、貿易商品の価格は変動したが、金の子安貝価格は〈商品オンス〉の金価格と同様まったく安定していた。

通貨の変遷を考えるとき、金貿易の制度的、運営的慣習からさして離れようとしなかった、イギリスのギニア貿易を忘れるべきではあるまい。一六九八年から一七一二年の――一〇パーセント交渉――密貿易者の方針変化とは別に、この貿易の全歴史は王立アフリカ会社の年代記にまとめられている。ロンドンでは、金勘定は廃止されなかったし、イギリス商人には〈オンス〉は相変わらず金一オンスすなわち四ポンドを意味していた。ロンドン塔内の造幣局が、砂金や金塊になる塊の基準の守護者であって、どのみちたかだかごくわずかのマージンしかありえなかったのである。

王や廷臣も正規の業務方法での配当を事業に期待する株主たることを予約申し込みしていたが、配当などははじめのころを除いて出なかった。損失を埋めるために国庫が必要となることはありえなかったし、西インド諸島で引き渡されたアフリカ奴隷について一人頭いくらの補助金は出すこともなかった。〈ギニイ＝ビニイ〉会社の株は自由に売買された。そしていくつかの謀みや破綻にもかかわらず、ギニア貿易では伝統的に厳格な業務生活で訓練された保守的なやり方が平穏に行なわれていた。だが、経済史家にとっては、全体としてイギリスの奴隷貿易は型どおりであるという状況は不変であった。

フランスの海外貿易、特に奴隷貿易は、宮廷の会社と、ブルジョアの船主のふたつのグループによって組織されていた。高官たちに内職を提供した非資本家的な会社はたいていの場合、二年と続かず、非常に似ているがより良くはいかないので同名は用いない別の短命の会社にとって代わられただけであった。会社は内閣に対して海軍と陸軍の諸問題に対して責任を持っていた。会社はギニア海岸の要塞建設と倉庫に責任を持ち、地方職員を雇い、フランス領アンティル諸島に陸あげした奴隷について政府補助金のチェックをし、海軍の当局とともに出港許可を当局に求めている奴隷商人たちを記録した。

ギニア貿易に携る記録ずみの全船舶にかかる従屯税から会社の収入が引き出されていた。会社の社長、支配人その他職員は高い給料をとっていた。[24] その出費はフランス王を代理する人びとの特権要求に準拠していた。

ドゥカスの視察旅行(一六八二)に続く一世紀間の外交使節の役人については、彼らがフランス政府代表であって、おもに民間の企業人ではないことを示すために、私たちはデルベ、ダモン、ジャン・ドゥブレ、デマアカス、小さくはラバ神父と、最後には不幸なグールバヌル・グールを思い起こせばよい。

他のグループについて言えば、船主であるナントの富裕な企業はほとんど会社船を数的に凌駕するような私有船は持っていなかった。ブルジョア層の船員は、多数の彼らの船舶後援者や、宮廷の会社にはげしい敵意を持ち、それがフランス革命のまぎれもない遠因であったと、ガストン・マルタンが述べている(53)。

制度の歴史を見るために、フランスの努力がウィダを国際港とする中立宣言を出させた一七〇四年にまでさかのぼってみよう。K・G・デイヴィースは、この後二年間にイギリスとフランスの貿易会社が〈契約を結んだ〉事実を明らかにしている(24)。デマアカスが示すところのサヴィにあるウィダ王の竹造り宮殿にただちに起きた劇的な事件についての話は、イギリス人歴史家の記述にはまったく見あたらない(46)。奴隷貿易外交官の署名のある一七〇四年九月六日の条約の目的は、デイヴィースが明記しなかった〈条文〉に関係があったらしい。

二、三の枢要なポイントは推測されている。すなわち、〈現物〉支払いだけが行なわれるであろうことと、取揃え商品つまり一単位として扱われて支払われた数種の貿易商品の存在は継続して、奴隷の対価は単独一種類の商品では要求されないだろうということである。取揃え商品のうちのいくつかの商品を選ぶ隊商の裁量には、平均的な〈値積み〉があり、それはヨーロッパ人の利潤源泉として認められるということである。

しかしながら、一七〇四年の条文には、取揃え商品を支払いに用いる点だけが公然と述べられていて、その他は言わず語らずであった。また、イギリス人はこの条約の効力には秘密の留保条項は持たなかったようである。しかし、条約には特に熱心だったフランス人は強力であった。彼らは新しいウィダ王国の王を任命した。直接的結果としてフランスの

〈オンス〉が現われた。これを研究するためには、私たちは航海書類をシモーヌ・ベルベインが公刊しているほぼ七〇年後の特許会社奴隷商ダオメ号の事例について見なければならない。

フランス語の〈オンス〉は、ちょうど〈商品オンス〉がイギリス人たちにとってそうだったように奴隷とヨーロッパ商品両方に対するウィダでのフランス奴隷貿易の計算貨幣だった。だがその運用は、少なくとも表面上はイギリス人のように四ポンドに等しい金オンスに基づいているわけではなかった。ポンド、シリング、ペンスとは違ってフランスのリーブルは金に基づいておらず、それゆえ一オンスのリーブル価格は固定されていなかったのである。

事実はつぎのように示される。フランス人は奴隷を購入するさい、現地レートの商品で支払った。ウィダのフランス奴隷貿易の最高の歴史家であるシモーヌ・ベルベインは、「取引きは、オンスという虚構の計算単位に従ってとりおこなわれる。それは一六リーブルになり、アフリカ人は計算表が固定したのちは、それで物々交換の商品を評価している(8)」と言った。

フランス船ダオメ号(一七七二)の書類が示すところは、〈オンス〉の等価物が奴隷購入に関する船の毎日の計算に使用されていたことである。取引きで提供された商品は、けっして変わらない価格計画に合致していたとフランス領事グールが語っている(36)。彼は質によって差のあるサンゴや絹に依拠している棒鉄を期待していた。

奴隷と取揃え商品

ダオメ号の文書に出てくる一〈オンス〉にあたる女奴隷に対する典型的な取揃え商品はつぎの表のとおりである。

表の取揃え商品には子安貝に関する注目すべき明細が含まれている。〈一二三ポンドの重さの子安貝＝三オンス〉という品目によって、四一ポンドの重さの子安貝が一〈オンス〉すなわち一万六千個の子安貝に等しいことが示されている。子安貝について慣習的につけられていたこの明細は、子安貝の物理的重さの価値と〈オンス〉の価値を等しくすることによって重量で表現されている。こうして子安貝四一ポンド重量は、全部で一万六千個の子安貝と同じであり、当然イギリス人の〈商品オンス〉に等しい。

しかし、ベルベインは〈商品オンス〉については何も言わなかった。その特徴が記述されていなくとも、基礎的要素はすでに見たとおり、一オンスの金に対し英貨四ポンドを代価とするという、棒鉄の値積みのようにいくつかの実際の事実によって物語られていた。一オンスの金は、三万二千個の子安貝に当たるが、商品オンスでは一万六千個だった。あるいは、簡単にいえば、奴隷の値段を百パーセント値積みした商品の〈現物〉で支払うこ

ブイヨン氏からの
女奴隷に対する取揃え商品（単位・オンス）

ブランデー（3樽）	3
123ポンドの重さの子安貝(1)	3
ハンカチ布（2枚）	1
プラティル(2)（8枚）	1
〈計〉	8

注）(1)〈オンス〉あたり41ポンド
(2) 固くたたんだ白い木綿織物

とによって半額で支払おうということであった。

イギリスの学者と同じくベルベインもまた、彼女の調査における限定された条件を暴露している。彼女の論文の題〈一八世紀におけるウィダのフランス海外支店〉が語っていることは、その主題がフランス奴隷貿易のウィダ事務所の機能だったということである。だからその範囲はウィダに集中するフランス奴隷貿易に慎重に限定されていた。フランス領アンティル諸島での奴隷貿易が取り扱われるはずがないだけでなく、フランス人以外によるウィダの奴隷貿易も取り扱われなかった。

それゆえ、イギリスの常設事務所が考慮されず、その〈商品オンス〉も無視されていた。このことによって、〈オンス〉の取扱いに関しては、フランス貨幣制度が唯一の枠組みとなった。またその〈オンス〉は、そうは言われていないが論理的に言って、イギリスとフランスの貨幣制度の違いをつねに意味する結果になった。

イギリス通貨制度〈ポンド、シリング、ペンス〉での金の役割のおおきさは、絶対的なものとして考えられていたフランスのリーブルが金から独立しているのとは大きな対照をなしていた。だが現実には、リーブルを変動する通貨にしていた金からの独立は、地域的な理由によって〈ユダ（ウィダ）とそのフランス常設事務所にはおよんでいなかった〉。奴隷ラッシュで与えられた条件のもとで、フランス人は組み込み利潤を伴った取揃え商品で取引きすることをイギリス人以上に避けることは不可能だったからである。

このため、またもや虚構の計算単位が作られたのである。イギリス人はその金通貨をもってこの虚構の単位を金を基礎とした。ウィダのフランスもそうすること以外にはできなかったのだ。そのためベルベインの提起を混乱させる逆説も出てくる。計算貨幣としてのフランス人の〈オンス〉は、子安貝の価値を安定させることになった。この事実によって、子安貝の安定した金価格が、あいまいなままの金に〈オンス〉を連結した。

ベルベインはまた子安貝の価格が、奴隷海岸でのみ維持されていたと主張している。この価格は子安貝一万六千枚または四カベスだとされた。*それは実際、ダオメ号の船長が記録している取揃え商品においても、不変の〈一オンスの子安貝〉として出てくる。この事実からみて、リーブルもまた〈オンス〉の一六分の一だったに違いない。〈オンス〉はイギリスの〈商品オンス〉または子安貝一万六千個に等しいと推定される。

つまり、イギリスの〈商品オンス〉は、金オンスの半額にあたり、フランスの〈オンス〉も同じだったのだ。だが、この事実も、一六リーブルに細分される虚構の単位としてのみ語られる〈オンス〉の定義には触れずじまいである。

リーブル銀貨は金を基礎にしていないいっぽう、ベルベインのいうオンスの一六分の一であるリーブルは〈オンス〉の子安貝価格によって間接的に金と結びついていた。だから、その間の差異がパリとロンドンの現実の交換レートによって与えられる一定の範囲内を変動していたのにもかかわらず、リーブルのこれらふたつの変形間には定まった関係はありえなかった。

なお〈商品オンス〉のイギリス型よりもフランス型に近いもうひとつの変形が、オランダ人、デンマーク人によって発展させられた。その〈リズダラー貨幣または通貨〉なる虚構の単位は〈リズダラー金〉の半額として通用していた。これらのふたつは、〈商品オンス〉と金オンスとのような関係であった。

フランスの〈オンス〉の取揃え商品は、アトキンスのころを思い出させるが、品目数はたいへん少なかった。ベルベインは、成功した取引きではたった三種類の商品、子安貝、プラティル織、ブランデーだけが求められたと率直に述べている。ダオメ号の船荷は九〇パーセント近くまで、これらで占められていた。

取揃え商品と船荷についてのアイザートによる例は別のやり方を示している。これには、一ダースぐらいの貿易商品が含まれていた。この数は不適当のようにも思えるが、貿易港と取揃え商品と〈商品オンス〉が三角形をなし、中にフランスの〈オンス〉取引き法の要素が小さい比重で参加しているという考えを支持するものである。事実、封建的性格を持つフランスの〈会社〉が、〈商品オンス〉と組みになっている取揃え商品を認容する程度までも輸出航路をより多く増やそうと熱望していたかどうかは疑わしい。イギリス人であれ、フランス人であれ、その他の人びとであれ、虚構の計算貨幣を一方的に導入したことは、奴隷貿易の経済の深刻な混乱につながらねばならなかった。こまかく見れば、フランスの〈オンス〉は、〈商品オンス〉と多くの点で共通し、その単なる一亜種にすぎなかった。〈商品オンス〉それ自体も、ギニア海岸のヨーロッパ人貿易の別の発明から、すなわち取揃え商品から出たものだった。

取揃え商品と〈商品オンス〉は、ヨーロッパ通貨がアフリカに侵入するまさにそのとき広まる運命にあった、お互いに絡み合った形を作り出していた。外から見ると、これらのヨーロッパ人の主導性は、みずからの利益のために一方的取引き率変更をもたらしたかのように見える。ヨーロッパ人の主導性の結果として、二種類の断層が生じた。分析すればあきらかなように、ふたつの変化の要素が相互作用していたのである。

＊四一リーブルの樽または一万六千個が、一オンスあるいは四カベスに値する。

海岸貨幣

価格と利潤を考えると、ヨーロッパ価格の値積みがはっきりしていた。奴隷ラッシュのまえには、トマス・フィリップスの言う棒鉄、アトキンスによる名目的な英ポンドから半額の〈現物〉への奴隷価格の値切り、そしてまたバーボットやボスマンの〈ギニア価格〉と〈海岸貨幣〉がヨーロッパ人の事業政策を明らかにしてくれる。(80) だが、実際の利益は百パーセントというゴールにはほど遠かった。金や、ときには奴隷を売るアフリカ人は、複雑な商品の組み合わせに対面することなく、彼らにとってはいわば単品の輸入品だけで対処していたのである。

奴隷ラッシュによって取揃え商品への変化が迅速になり、そのため貿易港の設置とともに物々交換の関係そのものが変わっていった。公然と拒否されなければ、取揃え商品は有効なものとして支払いに受け入れられた。平均的値積みが、支払い単位としての〈商品オンス〉の中に取り込まれてしまっていた。

貿易港の管理から広まった商慣習が、触媒的な要素であった。並みの背たけがなかったり、手足や歯の足りない奴隷があると、売り手はその不完全な払い渡しの責があると当然考えられる。貿易港がダホメによって支配される前では、債務者の商人はヤボガンの調停

でだいたいは子安貝の現金で買い手に償いをせねばならなかった。(8)

国際競争のどまん中の自由港が与える避難所は港当局の中立性によってだけでなく、海軍軍艦によっても是認されていた。

アフリカ人側からの〈商品オンス〉に対する最初の反応は、奴隷価格の投機的な上昇によって現われた。K・G・デイヴィースを引用すると、「一六七〇年代、八〇年代にはアフリカ人奴隷の慣習的値段は三ポンドであって、これが一六八七年にペトリ・ウェイバーンがウィダで黒人を供給する契約をしたときのレートだった」のである。彼は脚注でつぎのように付け加えた。「私が見つけた限りでは、見積られた奴隷の値段はみなそれで購入された商品の送り状値段となっている。ほとんどの場合、この仕入れ値段は、その会社がイギリスで支払った輸送コストを埋める余裕を持たない価格なのであった」

原文は続く、「一六六三年にアフリカ会社の船長たちが、一人あたり五ポンドまでで買えるだけの黄金海岸の黒人を購入するように指示された。一七〇二年以後、他の土地に較べて、ウィダではあまり目立たなかったが、かなりの価格上昇があった。黄金海岸の黒人は、すぐに一人一〇ポンド、一一ポンド、そして一二ポンドはするようになったし、一七一二年には一六ポンドや一七ポンドも支払われた。こうして、二〇年ほどの間に、奴隷の値段はほぼ五倍に騰貴したのである」(24)

制度的に見て興味をそそる事実がある。アフリカ人はいまだに、英貨ポンドをオンスで計算していた。そして、〈商品オンス〉は、ヨーロッパ人だけに用いられていた。スワロー号のジョン・ジョンストン船長の航海資料によると、一七九一年までは、はっきり完全に〈商品オンス〉で値がつけられているが、ふつうの男奴隷で一三オンスの価格であった。(45)しかし〈アフリカ人独自の貨幣単位において何か対応する変化〉があったかどうかはまったくわからない。それゆえ、私たちはアフリカ人の反応は、主として慣習的なオンス単位における奴隷価格の急速な騰貴といった経済的なものだったと考えている。

フランス人や密貿易者の競争によって引き起こされた需要増加が、突然の騰貴についてのいままでのところ唯一の——不充分ながら——説明として提起されてきた。それは〈商品オンス〉にはまったく触れていない。不幸なことに、一七八九年の聴問会で、イギリス証人は奴隷貿易の値段や通貨混乱をあきらかにすることに不熱心で、単に支払い条件が買い手にたいへん有利なことを繰り返しただけであった。

少なくとも例外的にだが、イギリス人商人が〈商品オンス〉に組み込まれた過度な値積みの償いを現地人の売り手にしなくてはいけないと感じたことが、議会委員会でのマシューズ氏の秘密の証言でわかるだろう。「私たちは彼らに塩やいくつかの製品を与えます。一五から一八ポンドの金が、送り状価格以上に支払われます……」(61)

ここまで述べてきた変化は、価格と利潤の関係である。別の手段を講じても、どちらか側にひずみが出るに違いないというのが常識的な考えである。結局、成長の手段を拡げ、耐え難い位置から抜け出す一方、結果的に出てくる損失分を隊商に補償をするといったヨーロッパ側の調整策が出て来た。成長は多面にわたった。たくさんのヨーロッパ輸出品と現地産の布、内陸の隊商の数と範囲が増大し、海岸貿易の量も増した。

貨幣の面における制度的変化には、三つの段階があった。ペトリ・ウェイバーンが奴隷を三ポンドで買う契約を結んだころは、ヨーロッパ商品には棒鉄を、奴隷には子安貝をというふたつの尺度がウィダには通用していた。第二段階として、一七〇四年までは、ウィダ王が独立したので、外国商人は彼に〈関税〉を払わねばならなくなった。その年の〈条約〉の原文には、棒鉄と子安貝は価値単位としては奴隷にはっきり置き換えられていた。[46] この型の価格リストが、商品の物々交換をしていた地方によって私たちにもよくわかっている。ハムラビ法典よりも時期の早い、エスヌナ法にはこの段階の〈棒鉄海岸〉での流儀で等価物を定めている。すなわち〈棒〉一本と等価の各種の商品を定めているのである。

古代バビロニアの銀一単位（シェクル）は、同様のやり方で、さまざまの量の穀物、各種の質の油、毛織物その他の商品と同価になっている。ウィダがアフリカ奴隷用の国際貿易港として活躍するようになって以来、価格単位が奴隷に集中する傾向が当然のものとなってきた。しかし、すぐにダホメがウィダを征服し、子安貝が優勢となった。この第三段階で重要な段階に入った。

金の安定した子安貝価格こそが、ダホメ統治による絶対的な要求となった。それゆえ制度の面では、ウィダの前ダホメ統治時代を考慮して研究せねばならない。その時代に、ヨーロッパ商品に対しては棒鉄、奴隷には子安貝が尺度だったのである。ダホメがウィダを征服すると、金オンスの価値尺度には子安貝がなった。経済変化などは、虚構の貨幣単位の出現に象徴される深遠な制度的変化のほんの表面的反映であった。

もっとよく見れば、私たちは、子安貝の金価格が、最初の貿易港出現以前の時代から、実にダホメ征服に至るまで、ウィダの貨幣的尺度の変遷を超越して不変に維持されてきたという未曾有の事実に直面する。

ボスマンは、一六八〇年代に子安貝千個の価値は、二シリング六ペンスだと述べた。バーボットは、子安貝二百個で売られたニワトリ一羽の値段が六ペンスだと言っている(4)。ふたつの計算から、はっきりと金一オンスが子安貝三万二千個だということになる。ダルゼルの表(22)では、金オンスが英貨四ポンド、〈商品オンス〉が英貨二ポンドまたは子安貝一万六千個だとしている。

ダオメ号士官クラッス・ドゥ・メデュイは、一七七二年に四一ポンド重量の子安貝はしばしば一フランス〈オンス〉または金半オンスであるとして、子安貝一万六千個と等しいと計算している(8)。つまり、金の子安貝価格はダホメにおける不変の古代的貨幣システムの一部を形成していたのだった。

第4部

古代的経済——結論・非市場経済の普遍的諸制度

1章　古代的貨幣制度——子安貝と非市場経済

私たちの分析は、古代的経済制度に埋め込まれているであろう生活プロセスの西アフリカ的なあり方の例を取り扱う。三つの交換制度のうち、交易と市場の古代的なあり方についてはすでに述べられている。しかし、それを安定的に用いたのは唯一ダホメ経済のみであった貨幣の問題については、ほとんど触れられていなかった。なにがアフリカ貨幣の価値をその地域では安定的なものにし、いかにして適当なメカニズムもないのに価格が保たれていたのであろうか。

古代的貨幣の社会的機能

その答えは、貨幣の社会的機能とその社会構造におよぼす効果のなかに求めることができるであろう。貨幣的なものの代表をここでは子安貝通貨とし、市場システムの代わりとして古代的社会を整える構造的均質性に注目してみよう。

私たちが〈古代的〉と呼ぶものを、〈原始的〉な血縁組織社会には欠けていて、国家社会にのみ現われるような経済諸制度であり、かつ交換手段としての貨幣が普及したときには消えていくような経済制度であるとしよう。そこで、国家社会に姿を現わす経済制度は大きくふたつに分けられる。すなわち、利潤の取得、抵当、協同事業などのいったん確立されると現代まで永続するものと、任意の労働チーム、子供の質入れ、果樹の限嗣相続などの最後には無視できる程度のものになったり消滅したりするようなもののふたつである。初期の国家社会にだけ存在する後者が、とくに古代的経済制度と呼ぶに値するものなのである。それらは数ダースにのぼるが、数えあげられるのはそのうちの少数である。

抵当が、利潤取得に似た目的に使われた。抵当物とされたものは、土地、家畜、奴隷のいずれであれ、債権者に手渡されておくだけでなく、債務が支払われるまでの間は債権者はそれを使ってもよいのであった。市場がなくても販売活動は保証されていた。スーダンの各地では、販売は仲買人をとおして定期的に行なわれて、しばしば仲買人の兼任だが競売人さえもが雇われていた。大部分の商品には、私たちが〈基本物資財政〉と呼ぶ機能の中で価格が確立されていた。ことに、再配分と家庭会計の運営の上ではそうであった。

交易、市場、貨幣などの経済制度はその古代的形態を持っている。明らかに、身分商人や貿易港を含む〈管理〉商業や、強制的な貨幣使用を伴った〈孤立した〉市場、そして最後ではあるが決して最小の重要性というわけではないところの貨幣の古代的形態がある。ダホメの子安貝貨幣はその目ざましい実例であった。

一般的にいって、貨幣というのは言語や書くということとか、秤量や尺度に似た意味論上のシステムである。この性格は、貨幣の三つの使用法、すなわち支払い、尺度、交換手段のすべてに共通している。古代的貨幣は、社会構造をかためるというただひとつの影響力を持つものなのである。

諸制度は、数字の導入の結果である権利や義務の量的な統一によって強化されていくのである。諸制度が含まれている社会学的特性は、おもに身分と国家建設である。古代的経済制度は原則として、このふたつとの関係をとおして結びついている。こうした諸制度が発展するなかで、身分が確立され、国家が強化される。いっぽうでは、それらの諸制度は諸グループや諸階級をうるおす利益に頼り、かつ助けられているのである。

だから、社会的諸機能はそれらの厳密にみた経済的役割とは別に、とくに古代的経済制度の中に存在する。イブン・バツータの信ずべき発見によれば(39)、一四世紀のニジェール諸王国には身分貨幣として細い銅線と太い銅線を使っていた。賃金として支払われる薄い銅線では、わずかに薪や粗末なキビしか買えない。いっぽう太い銅線では特級の商品をのぞくすべてが買えるのである。消費の制限はこのように貧しい者に対してであり、有閑階級の豊かな生活水準は自動的に守られていた。公平に見て、〈貧者の貨幣〉は上流階級の特権を守るための道具だったと言える。

しかし、ここに含まれている福祉への深慮もまた記録にある。一六世紀の近東に、値段の安い布を買うために〈貧者のエル〉がバスラにあった。それは高価な布を買うときのエルより五分の一長いのであった。

反対のことがホメロスのギリシアでの宝物を相与的に贈るときの〈高級通貨〉の中に見られる。西アフリカでは、〈高級通貨〉は貿易の原則であった。馬、象牙、熟練した奴隷、貴金属、宝石その他の宝物はこの一連の高級商品の各品目に対する交換によってのみ入手できた。古代の近東における古代的貨幣にある地位の格差は、ある楔形文字の経済的謎を解く鍵になる。

ハムラビ法典によると、銀で返済される借金は利子が二〇パーセントだが、小麦の場合は三三パーセントと三分の一の利率だった。返済方法は、奇妙に思えるが、あきらかに債務者の自由選択にまかされる。しかし、理由のある仮定なのだが、銀の借入れは高貴な身分の人びとにだけ許され、一般人には小麦の借入れだけが認められるとすれば、身分の存在がその明白な不合理を説明するだろう。古代的貨幣がさまざまのかたちで社会組織の見えない強いつながりを作り出す身分と結びついていたことははっきりしている。

子安貝と金

ダホメ、アシャンティ、ウィダの三つの隣接する国ぐにでは、それぞれ別の通貨が使用されていた。ダホメでは、君主によって子安貝の貝殻のまとまりが発行された。アシャンティでは、金だけが通用した。ウィダの貿易港では、イギリス奴隷商人が計算貨幣として〈商品オンス〉の貨幣的単位を発達させ、フランス人はまさに虚構の〈オンス〉を用い、オランダ人とデンマーク人は〈リズダラー貨幣〉を使った。

もし一九世紀の国際金本位制がしっかりとうちたてられた人工の貨幣単位としての英貨ポンドによっているのなら、ギニア海岸一帯ではその機能はダホメの紐をとおした子安貝がになっていた。子安貝は戦時にも平和時にも、国内価格水準でも金との対外交換でもその安定を保ちながら、規則的に発行されていた。しかし、金の役割と子安貝のそれとは無理に比較してはいけない。

ヨーロッパにおいては、金は銀行券の裏づけであり、対外交換レートによって外国貿易機構の規定要因となっていた。子安貝にはそうした役割は与えられていなかった。また、ダホメは商船団を持っていなかったし、貿易活動はしなかった。そしてその唯一の貨幣である貝殻は、遠くのサンゴ礁から商人たちが安価な底荷として輸出をしてきたものであった。

過去七五年間を通じて、集中的な研究が装飾品としてと貨幣としての両方の子安貝の使用について行なわれてきた。貝類学、地理学、文化人類学、考古学、そして経済史がそれに貢献した。J・W・ジャクソン(41)は、子安貝の先史の全範囲について記している。ふたつの貨幣としての子安貝は全体から見れば例外的な使用である。他の多数のサイプリア〔子安貝を含む腹足類の種類〕が、もっと装飾的なものとかもっと性的想像力をかきたてるものとして古い時代の人びとによって選ばれている。

先史時代から初期の歴史上の時代にやってくると、鉄や銅や貴金属が広い範囲で貨幣として用いられていたとき、子安貝は金属類とならんで、もしあったとしても稀にではあるが、単独の通貨として出現する。歴史上の子安貝は貨幣のタイプだけである。すなわち〈キプレア・モネタ〉と〈キプレア・アンヌルス〉である。重くて大きい方の〈キプレア・アンヌルス〉は、灰青色の色合いを持ち、黄色のふちどりがあって、通常は乳白色の優美な〈キプレア・モネタ〉とまざっていた。

〈アンヌルス〉の発祥地はザンジバルの対岸のアフリカ東海岸だった。この二級品の子安貝は海路をとおってダホメに入ってきて、はるかに携帯に便利でまた均整もとれている〈キプレア・モネタ〉とせりあうことになった。どのみち、子安貝の通貨は、同じ地域の先史時代の発掘物とは関係がない。また、太古の時代を含む歴史上の諸時代には、西アフリカや極東の一部とは対照的に中近東には子安貝貨は存在しなかった。

通貨というものは、その制度的特徴からいって、文化上の特色としての子安貝のたんなる装飾品としての側面とは遠くへだたった一現象である。このことは、子安貝貨幣の研究に対して経済史に魅力を与える概念的な明確さを付与する。私たち自身のヨーロッパ文化の外部に起きた経済問題についてすぐにいだきやすい自民族中心的な偏見には注意しなくてはならない。

何世紀以上もの間、いっぽうの銀や金と他方の子安貝がせりあっていた。近東では銀が少なくとも二千年は、金に先んじていたが、とどのつまり近代人はみずからの詭弁を用いて金を勝利者としてしまった。私たちはここで銀を無視して、金と子安貝の比較に限定する。

通貨単位としての相互の力関係を調整した金と子安貝の、現地でのおおまかな量的バランスは妥当なものだろう。金に対する貝殻の明白な優位性の中には、それが目で見ることのできる単位だということがある。金は重さではかられてみずからの単位を持たないし、適当な金の重量単位がなかった。もうひとつのこの貝殻の有利な点はその微量な価値単位である。

そのため、原始的生活に必要な品目、すなわちだれしもの手がとどくひとほおばりの食物を買うことができたし、反対に金は、ウィダ市場には微量の砂金が通用してはいたが、高級である性格のために不利であろう。他方、「産業的な」使用においては、金はその代わりに大きな経済的重要性を持っていた。金には大きな需要にも対応しうる性格があったからである。子安貝の装飾用の需要は一定していたし、その限られた範囲でさえ金の「産業的な」用途に比較するほどの経済的重要性を持たなかった。

金の通貨が安定したときの、その産業経済上の用途の重要性は、強調するまでもなくよく知られていることである。しかし、子安貝の利点についてまた述べれば、模造されないということがある。砂金や金ののべ棒や金貨は、しばしば青銅粉をまぜて品質が落とされたし、金貨は切られたりされやすかった。

さらに、別の政策視点によって子安貝はその束で富の蓄蔵量を示すものとしてすすめられた。指導者がわいろの誘惑には弱かった事実を知られているスパルタ人は、金の輸入を禁じて、代わりに鉄を用いた。ダホメのゲゾ王は、近くのコング山脈に金鉱があるのに、模造されないこと、だれもがひそかに金持ちになることができないことのふたつの理由をもって子安貝を通貨に選んだと述べて、バートンに引用されている[19]。

子安貝の物理的性質は二面的な可変的性格を有している。子安貝の貝殻は大量にまとめられ、袋につめられシャベルですくわれ、貯えられ、地中に埋められ、砂利のようにばらまかれうるが、きれいで、優美で、錆びず、光ったままの乳白色は変わらないのである。

子安貝は非常に大量で輸送可能であるが、そのため一個の貝貨をうまく運用するのを妨げる傾向もあり、実際すでに使われていた子安貝貨がなくなるのもまれではなかった。私たちは普通、子安貝を〈貨幣の起源と発達〉の仮設的発展史の展望の中での原始的貨幣の一例として他の貝殻と同列にあつかってきている。しかし、歴史的研究はこの大きな偏見をとりのぞくのである。子安貝通貨は、金属貨幣や鋳造された貨幣が地中海域の中核地帯でかなり前から確立されていたときに、ニジェール川の中部・上部に出現した。これが、イスラム世界の西アフリカの新しい非金属貨幣出現の観察されるべき背景であった。これを貨幣の一般的発達の一部として考えるのはあやまりであろう。だが、むしろ、地方の貨幣史に影響を残した初期黒人帝国の、中央集権政府と食料市場の発展の中の特徴としては考えられる。

ダホメ王国の領内では、砂金と子安貝は食料市場での貨幣的役割をきびしくせりあっていた。ヴォルタ川からは豊富な砂金が採取され、子安貝は南はギニア海岸経由で、北はニジェール地方から入ってくるものが使われていた。周知のごとく、金もまた北ダホメの山脈で採れたが、砂金は良いはかり（ふつうアシャンティにおけるようにそこに住む者によって持ってこられた）がなければ、市場で成人男子によって使われることはなかった。アシャンティ人はまた多種類の基準のない個人的な金の重量を共通単位なしに用いていた。ウイダの婦人たちは、砂金の質を見わけたり指先でこまかい砂金を判断できるという評判だった。しかし、それでも貝殻のこまかく違った別々の単位とは比較にはならなかった。いつでも食料市場では子安貝は金に勝っていたのである。そのうえ、まとめて計算することはいうにおよばず、重さでも量でもはかることができた。長い眼でみた子安貝の弱点、すなわち極端な安価さや不均質性は、古代的な条件のもとでは致命的なものではなかった。子安貝はヨーロッパの鋳貨に対する独自性を容易に保つことができたし、唯一子安貝がまったく不適である国際金融の条件下でのみ、金の有利さに屈したのである。

北からの貝と南からの貝

ダホメ王国が出現するずっと前、黒人と白人は西アフリカにおいてふたつの地域で出会った。アフリカにおける子安貝の物語は、最初に中部ニジェールで、その一世紀後ギニア海岸で彼らが出会ったときの様式を反映しているに違いない。いつ、どこで、いかにして子安貝の貝殻は西アフリカに浸透したのだろうか？　そして、だれによって子安貝は通貨システムとして確立させられたのだろうか？

ダホメは、ギニア海岸と広大なニジェール湾曲帯の間に位置していた。ベニン湾の海岸と、中央ニジェールとのそれぞれに、子安貝は二組の別々の商人たちによって浸透した。ひとつは、ベルベル・トゥアレグ人で、のちにはアラブ人である。しかし、その地帯の最先端は、チンブクツとゴゴの間で千マイル以上も離れていた。そこには、モルディブ諸島の子安貝をトゥアレグ人の隊商を用いてヴェネツィア人が送りこんでおり、南ではヨルバ文化の前進拠点であるベニンとアルドラにポルトガル人がいた。

北方から西アフリカへ子安貝が到達したと推定されるもっとも古い時期は、ほぼ一二九〇年ごろ、マルコ・ポーロが極東への航海のためヴェネツィアを出発したときである。彼が南西中国の雲南省で子安貝を見たときのくわしく記述されている驚きは見せかけのものではなかった。私たちの資料によると、マルコ・ポーロの故郷であり家族企業の本拠地でもあるヴェネツィアは、エキゾチックな貝殻を用いて金を買うためにペルシャ湾からニジェール川へ子安貝を運ぶ仲買人の町だったのである。

この事実により発生の時期は一二九〇年から、イブン・バツータが中央ニジェールの川が急激に南に曲っている位置にあるゴゴで子安貝貨が用いられているのを見た一三五二年の間だということになる。すべての証拠は、マリ帝国においても、子安貝がそのころまでには金ののべ棒や銅線とならんで正規の通貨だったことを示す。

その金との交換レートについては、イブン・バツータがちゅうちょなく大量に引用している。彼は、雲南省のマルコ・ポーロと同じく極東で子安貝を見たときひどく驚いたが、ポーロのようには子安貝とその貨幣的使用について完全な保守主義者ではなかった。彼は、子安貝の価値が一ミトカールやダカール貨に対して、一一五〇個ほどだったことにびっくりしている。

モルディブ諸島では、たまたま交換された三倍の一二〇万個ほどではなくても、四〇万枚以下ではなかったからである。ゴゴでのこの交換レートは、彼によって保証つきで語られている。そして、実際に一四四五年に見たわけではなかったのだが、カ・ダ・モストは伝聞によって〈キプレア・モネタ〉のことを正しく書き、さらにペルシャ湾からヴェネツィアへ、またヴェネツィアから西サハラの砂漠ルートを経てニジェールへいたる道すじについて特別の情報をつけ加えた。

のちに子安貝が南から西アフリカに入った時期は、輸送手段こそはっきりしないが、ほぼわかっている。北方のアラブ商人は、一一世紀のイスラム教の世界的動きを代表していた（彼らは七世紀にもやってきたが、ごく短期間でかつ表面的であった）。彼らは、ローマ時代以来、上ニジェールからカルタゴ、リビアにむかって流れこんできた金の源をうるのに熱心であった。上部と中部ニジェールへの彼らの文化的影響は非常に大きくアラビアからインドまで持ちこまれていた子安貝はマリで通用しており、東は少なくともゴゴまでいたっていた。

アラブ商人は、金銀のディナールやディアレム貨と同じくらいにミトカール貨やその少額貨幣の用法に馴れていた。ダンバ豆やタクをバカにしている〈非信仰者〉のように金の重量ばかりにこだわっていたのではなかった。一五世紀と一六世紀に彼が海岸でヨーロッパ人に会ったとき、自分らにとって優越者ではないにしても、貿易上同等の相手であると律法学者は感じたのだった。

ベニンにおける一五世紀のポルトガル貿易は、それを自分たちの内陸の領域への侵入だと思っているアラブ人の眼から見ると少し変わっていた。ポルトガル人は黄金海岸に居をかまえ、そこでアフリカ商品や金を、一定の量のヨーロッパ商品すなわち布、銃と火薬、中古シート、鉢やナイフのような金属製品、そしておもに棒鉄とか銅の環と取引きした。奴隷の群れや子安貝はまだ姿を現わしていなかった。一四九七年にインド航路が開かれると、ポルトガル商業は方向を変えた。フェルナンド・ポー島やサン゠トーメ島に基地をおいて、ポルトガル人はベニン湾を自分の湖にしてしまった。いまや、彼らのアフリカ人からの購買活動は、島のサトウキビ・プランテーションで用いるためか沿岸貿易のためのものとなった。ここで私たちは、ポルトガル人がある程度浸透した子安貝のふたつの使用地域、ベニンとアルドラにもどることになる。ベニン人とアルドラ人自身も自ら引きあげたような、不順な気候の海岸は、ポルトガル人が定住するにもよくなかった。

彼らは海岸から離れた島じまか、海から六、七〇マイルも入った奥地の市場を選んだ。彼らは奥地の現地人たちを彼らが差し出さねばならない、奴隷を含んだ商品を取引きするよう誘った。しかし、イル゠イフェの宗教、芸術、政治技術の後継者であるベニンのすぐれた文化は、ポルトガル人の文化の拡大に小さな枠をはめた。そのうち、アラブ商人たちが北からやってきてポルトガル人に出会い、それ以上の浸透をさえぎったのである。

しかし、アルドラではポルトガル人は強い影響をおよぼした。王そのものが、サン＝トーメ島のキリスト教王国に擁立されたのである。子安貝通貨の重大な特徴がそこから生じた。システム上の数量的な命名、たとえば、紐をとおした貝四〇個の最小単位はトクエ、貝二百個の五トクエをガリンハ、貝四千個にあたる二〇ガリンハをカベスとした。すべてはポルトガル人の命名である。

呪物のような重要な文化のシンボルも、ポルトガルの名前を持っている。グループの管理者や、重要な港の担夫は、カボセロスである。子安貝単位の自国語もまたダホメでは通用していたことも注意しておかねばならない。しかし、このポルトガル系の用語は、ダホメ自身を含む紐をとおした子安貝を用いる全域で使われていた。当然ながら短い間に、一三世紀の終りから一四世紀のなかばまでの間いつか、子安貝は中央ニジェールに現われた。一五世紀の第四・四半期にポルトガル人が、ベニン奥地にも子安貝があるのを発見している。中央ニジェールの子安貝は疑いもなく北方の砂漠ルートをとおって地中海からきたものであるが、ベニンにそれが現われたのは、北のニジェールから、黒人かアラブ人商人によって浸透してきたものであろう。いずれにしても、その流入はのちに喜望峰をまわってくる海上ルートから充分に強化された。コンゴの峡谷をとおって東海岸からくる小さな流れは無視できるだろう。

最初はばらの貝殻から成り、〈キプレア・モネタ〉と〈キプレア・アンヌルス〉のたぶんまぜあわせであるアフリカの子安貝通貨の起源についての私たちの疑問は、いま部分的には答えうる。子安貝がいつ、どこで現われたかを見れば、ダホメが子安貝通貨システムの創始者では〈ない〉ことは確かであろう。ダホメはただちにそれをとり入れ、主役になったわけではあるが……。

ダホメに紐をとおした子安貝の貨幣が出現した最初の局面については、私たちは、なによりもウィダがダホメに征服される以前でさえ子安貝に紐をとおしていたことを知っている。私たちはここでたんにばらの子安貝の貝殻の貨幣的使用だけでなく、いったんダホメに根をおろすと、国家の存続のための手段およびギニア海岸の広大な地域の経済組織の道具にはっきりとなった、通貨としての子安貝の組織化されたシステムにも注目している。

経済史上残されているエピソードはこれに関連がある。リスボンでポルトガル王室の紋章を捺印されたポルトガルの四角い布の貨幣は、ギニア海岸の新しい内陸統治者の、貨幣に対するイメージを刺激した。バーボットのおいの、ジェームズ・バーボット・ジュニアは、興味をそそるアンゴラの現場報告を、ギニア海岸についてのおじの著作の付録として刊行している。

アンゴラのコンゴ帝国からの離脱は、リスボンに住みながらカプチン派〔フランチェスコ会の一派〕の僧たちに現地人改宗と経済組織導入の機会を与えた。範囲の広い税制が、これまたアフリカ人の特権的階級、ソナセンの手中にある地方行政に基礎をおいていた。

アンゴラの貨幣制度は地方化され、部分的には王室の独占になっていた。貨幣としての子安貝通貨、すなわち粗末なシンボス貝〈オリヴェッテ・ナナ〉は部分的にしか国内産でなかった。他はブラジルから輸入された。国内産では、ロアンダから出るものが美しい色のためにもっとも珍重された。この立派なシンボスは六四ポンドの重さを支えるわら袋に入れられて、現地人の従者たちにかつがれて、コンゴへ運ばれ奴隷や現地産の樹皮でできるさまざまなサイズの角布と交換された。

ジェームズ・バーボット・ジュニアの書くところでは、コンゴではすべてのものがこの貝殻で買えた。銀や食料や金でさえもである。加えて、彼は、「鋳貨の使用は、金でも他の金属でも、アフリカの他のいくつかの場所のように全コンゴでおさえられ、禁止されている」と述べている(3)。しかしながら、リスボンのポルトガル政府は、徴税請負とリスボンで捺印された不換貨幣の発行独占とを結びつけ、それからアンゴラに徴税請負人とこの王室「鋳造」の財政独占者に非常な利を与えつつこれを導入した。

マーク入りの布切れ（布貨幣）の公式の価値は、マークのないものの四倍であり、ふたつマークの入った布切れは五倍から六倍だった。紀元前四世紀と紀元九世紀の中国の紙幣をのぞいては、そうした野心的な機構は帝国規模ではどこにも記録はない。ダホメ国家財政に与えたポルトガル人のこの知的影響はけっして過小評価すべきではない。

ギニアの大胆な地域的に安定した貨幣の試みは、その前のアンゴラの経験に源を発していたであろう。ダホメよりはるかに先行していた北方のニジェール帝国からは、このような精巧な子安貝通貨の存在を示唆するものは見出せなかった。

私たちはもっと基礎的な種類の無視をしていたことを告白せねばならない。すなわち、いかにして最初これらの貨幣がその故郷から物理的に大量に長い道のりを経て移動してきたのか、ということである。伝統的には子安貝の移動は、民族誌家によってインド商人の貨幣利益への関心にその源を自信をもってさかのぼらされてきた。だが、需要について自ら説明を要するので、貿易は説明にはならない。

たしかに、イブン・バツータの言葉によれば、利潤には一〇万パーセントの可能性があった。しかし、これでは取引きの主因、すなわち、なぜ子安貝がアフリカでは特殊通貨用にそれほど大量に需要されたのかには触れていないままである。また、どこからそのようにして大規模に消費でき、またそう望んだ購買力はきたのかという疑問にも答えていない。

経済学者も実際のところ、流通手段それ自体のもっとも重要で有効な需要を持つ初期社会の出現を説明するのには窮している。経済発展はおもに私たちが「経済的利害」と呼ぶようになったものに関連しているのだという概念は、あやまりの多いものである。むしろ国家建設の領域や経済組織化における大きな諸事件が、西アフリカの通貨制度の導入を説明するであろう。

これは、通貨として用いられるべき貨幣的物品の需要と、その結果としての、それらを獲得する購買力を供給可能な財政の源泉であっただろう。経済史家は説明を新しい帝国の興隆に求めねばならないかもしれないし、あるいは地方的食料市場の機能を促進する大衆的な通貨の必要の中に求めるかもしれない。子安貝の伝説は、この方向を指し示しているようである。

子安貝の伝説

子安貝と食物の市場についてダホメに起源する土着の伝説は、そのふたつの事柄を結びつけている。狩猟から定住的な生活への転換が、土着民に親族組織も村落組織をも残し与えたことは、疑う余地のないことだろう。混乱した新しい臣従民への食物の配給は、北部ではニジェール諸国家に問題を生じさせたにちがいないし、同じくのちには南部の叢林やサバンナの王国にも起こった。より適切に表現すれば、後者は北方の例をならったのかも知れない。

テ・アグバンリ（一六八八〜一七二九）、つまりウェグバジャの兄弟でダホメの最初の王についての伝説のひとつは、ポルト・ノヴォ地域における彼の立場の事情を物語っている。ひとつの特殊なできごとが、貨幣と市場との間の密接なつながりを示している。語り手は、まだ貨幣がなかった時代を想起しながら、テ・アグバンリが市場を〈案出した〉ことを語りつづける。

「その頃には、まだ貨幣がなかった。もしもお前が何かを買いたいと思っており、お前が塩を、他の男がトウモロコシを持っていたとき、お前はいくらかの塩を彼に与えて、彼はいくらかのトウモロコシを与えた。もしもお前が魚を欲しがっていて〔「持っていて」か〕、私が胡椒を持っていたなら、私はお前に胡椒を与え、お前は私に魚をくれるだろう。この時代にはただ交換だけがあった。貨幣はなかった。人はそれぞれ自分のもっているものを他人に与え、そして必要なものを彼から得るのである。

さて、テ・アグバンリがまだよそ者であったころに、彼はアコノの人びとに〈私はお前がたがここに市場をもっていないのを知った。私はお前がたのために市場を作ってみた〉と言った。

そこにひとりのアコノの男がいて、〈なぜ人は何でもよそものに与えねばならないのか。私らは彼に生活する場所を与え、いまや彼は市場をつくる土地を欲しがっている〉と言った(37)」

これらの異議を招いた不運なアコノの男は、市場を清めるための人身供犠となった。同じころに、ダホメのアラドクソヌ王朝の創始者である、アグバンリの兄弟のウェグバジャは、アボメ高原の南部の土着の人びとゲデヴィ族の王、アグワ＝ゲデと劇的な勢力争いを行なっていた。ふたりの王は、魔術や社会的革新の領域できそっていた。ウェグバジャは新しい法令、綿布の紡績と機織、死者を樹木の中に置くよりむしろ地中に埋葬すること、後を継いだ君主が埋葬に土地を使用する権利のために永代所有の支払いをすることなどを導入した。「人びとはこれを非常に好んだ。彼らは〈たいへんよい。私たちは貴方を好きだ。私たちはずっと貴方を王とするだろう〉と言った」(37)

しかしウェグバジャは最後には勝ったけれども、彼ははじめのうちはアグワ＝ゲデに負けていた。後者の王は日照りに雨を降らせたり、作物を食べた〈魔法の魔力をもった〉イナゴ、イナゴの災害をやめさせる魔法、土くれから落花生やまた子安貝を作り出したりした。最後のふたつのことは、彼の王としてふさわしい地位を証明するものとしてもくろまれたものである。

「テングブウェとよばれる草があった。それはすぐに芽が出るのであった。彼（アグワ＝ゲデのこと）は、ふたたび〈もしも土くれがほんとうに私の父のものであるなら、私がこの雑草を引き抜いたとき、落花生はそれといっしょに引っぱられるだろう〉と言った。彼は雑草を引っぱった。そして落花生がそこにあった。

人びとは大声で叫んだ。彼らはその手を口において、かっさいした。

彼はふたたび〈もしも土くれがほんとうに私の父に属するものなら、もしも私が草を引っぱれば、私は子安貝を見るだろう〉と言った。彼はそうした。そして子安貝があった。

人びとはいまや食べる食物を見つけた。そしてもはや品物を交換しなかった。彼らは貨幣を持っていたのである。

人びとはアグワ＝ゲデの方へ急ぎ〈貴方は私らの王だ。私たちには他にだれも王はいない〉と言明した。

そこで人びとはウェグバジャを認めることを拒んだ。ウェグバジャが統治をはじめたのは、アグワ＝ゲデの死後においてのみであった[37]」

子安貝の貨幣はこうして原住の王による革新として伝説の中に現われている。そしてその結果——〈つまり人びとはいまや食べる食物を見つけ、もはや品物を交換しなかった〉——は、彼らの心の中における貨幣と市場との間の密接な結びつきを暗示している。実際、私たちが知るように、ダホメの市場は——注目すべき事実なのだが——、子安貝による支払いが実施されていた食物の市場であった。

食物・貨幣・市場

経済を形づくり、組織化した実際的な力は、王の人格に表現される国家であった。食物、貨幣、市場はすべて国家が作り出したのである。それが唯一の機能となっている経済社会の概念と対照的な、国家に関するヘーゲル的―マルクス的概念は、古代国家には適用できない。ファラオの時代のエジプトのバビロニアからニジェール諸国家まで、国家建設にかり立てているのは経済的組織の分野における確実な力のようである。

疑いもなくそうした国家的条件へ向けて圧迫を加える要素は、また異なった事情である。しかし一度国家建設というコースにのせられると、君主制は軍隊の組織化と〈現物で〉糧食を供すること、課税の手段として通貨制度をはじめること、市場や食物の配分のための小さな変化の創始などに従事する。これはふたたび、基本物資が税の支払いや配給でお互いに置き換えられていたレートを決定する、国家が定める〈等価物〉を必要ならしめたのである。

経済に関するこれらの政府の行為は、ここでは地方の食物市場における征服された人びとの糧食を給するために、ダホメ王の妻たちによって紐をとおされた子安貝通貨の起源と機能への、いっそう現実的なアプローチを供した前章から想起される。

子安貝と国家

原始社会は、政府によってではないが、貨幣的使用のために生じた貝殻を持っていた。だが貨幣が普通の交換手段であるような社会では、それらは姿を消していた。実際、ダホメの紐をとおされた子安貝は、印象深い古代的制度として私たちの心を打つかもしれない。

なぜなら近代人の心は、貨幣政策の持つある種の比較可能な専門的特質とまだ格闘しているからである。子安貝は遂行するべき決定的安寧の機能を持っていたいっぽう、安定させることは異常なほど困難だった。国内的規模でそして実際には国際的規模での安定性の確立のためには重大な障害が克服されねばならなかった。

いくぶん人を誤まらせるようであるが、そのジレンマは現代の福祉対インフレーションの二者択一とちょっと似ているかもしれない。その後、小さい価値のために、子安貝は何世紀ものあいだ貧しい民の貨幣であった。それゆえ、インドやのちには（もしもさらに小さな程度のものをいうならば）西スーダンで、子安貝は国家的福祉の要素として実際に役だっていた。

一方ではその流動性——粘質性が欠けている——は、不可能も同然の貴金属との形式的な交換比率を維持していたのである。にもかかわらずウィダやダホメの全領域では、金による子安貝の完全な安定性は、金あるいは銀で計算を行なっている多くの貿易国の集まる国際港という複雑な条件のもとで築かれた。

イスドの通貨制度の問題は、(39)西アフリカのこれらに先行するものであった。一四世紀の第二・四半期にイブン・バツータによって訪れられたムガール帝国は、金持と貧者の極端な対照をみせており、またのちの時代の文明も民衆の生活における支配者の利害として述べられたのであった。飢饉のときに、デリーの市庁高官に任命されたイブン・バツータは、個人で五百人もの貧者の扶養を担わねばならなかった。

そのような事情で、子安貝はインドではイスラム・ヒンドゥ国家の福祉経済の一部を形づくっていたのである。アフリカでは、インドより四世紀ばかりのちのニジェール河流域のムーア人の支配のもとでも、事情はさほど異ならない。子安貝が流通していたチンブクツは別として、貝殻は貧者の貨幣としては雑穀に置きかえられていたことぐらいが異なる点である。

北部における子安貝の古代的大衆性の反映は、ダホメの狩人礼賛の伝説の中に見られるかもしれない。すなわち創始者である王は、落花生と子安貝と食物市場という三種の贈り物をもたらしたのであった。けれども私たちは、いったい何の力が、ダホメのフォン王朝をして帝国建設の手段として子安貝貨幣を受け入れさせたかについては、少しの知識もない。

イブン・バツータは、モルディブ諸島で最大のマランで三年間重要な地位に就いたのちいとまを取って、王から莫大な量の子安貝を贈られた。彼は、中国へ向かう途中のベンガル地方で米を買い入れることができるという王のたっての勧めにもかかわらず、彼には無駄だということでその贈り物を受けとることをことわった。

バツータは初めは、王の官吏が彼と同行し、取扱いを管理するという条件で、同意するつもりであったようだ。そして結局は、彼は王からいくらかの金を与えられた。他の記録もまた貧者が彼らの毎日の食料の米を買うことができる貨幣として、子安貝のことを述べている。しかし船荷にしたほどの子安貝でさえ金を買うことはできなかった。

イブン・バツータもまた訪れているマラバール海岸地方では、金や銀は通商のための貨幣であった。しかし亜大陸の内陸都市では、子安貝は貧者の貨幣として使用されていた。子安貝はばらで使用され、ダホメの体系におけるようにけっして慣習的貨幣単位に細分されていなかった。どんな割合で、それが鋳造されたディアヘム貨〔イスラム教徒の銀貨〕と交換されたかを確かめることは困難であり、もしもそのような交換があったとしても、その割合がいつ、どのように変動したかを確かめることも困難である。結局、バツータがゴゴでの彼の経験を関連づけて思い起こしたように、高度に発達した政府をもつモルディブ諸島でさえ、交換比率は極端に不安定であったようである。

貝の役割

同じ時代の西アフリカ諸王国は、一四世紀初頭からそれほど遅くないころに、子安貝を輸入しはじめた。それはニジェール河中流域地方ではまったくはじめてのことであった。インドでは極端に安価であったけれども、バツータはみずからゴゴにおいて、それがけっして無価値ではなく、おおいに評価されているのを見出した。

けれども西部サハラを縦断して長い巡路を一方へ運搬するベルベル人商人は、他方へ何かを運ぶと金での支払いを主張した。隣りあう中央スーダンでは、子安貝は知られておらず、飢饉のあいだはムーア人の王は貧民に雑穀を分配した。雑穀類は、食料になるほか、他のいかなる通貨にも合わないほど安価な、あらゆるものを市場で買えた。雑穀と同じく、子安貝貨幣は古代的国家における福祉政策の生きた役割を演じることとなった。

専門的にみて、ダホメの子安貝は厳密には原始的貨幣ではない。逆説的ながら、それはそれらの〈野蛮な〉人びとの貨幣よりもっと自然の状態に密着していることで、オセアニアの貝殻貨幣とは違っている。紐でつながれた子安貝は、そうでないと使われないので、まだモルディブ諸島のサンゴ礁で〈収穫された〉と同じ自然的状態の中にあった。

原始社会の貝殻は、巧妙に忍耐づよくそしてしばしば熱心な共同労働によって、みがきをかけられ、切断され、彫り込まれた。ここに彼らの貨幣の〈稀少性〉の原因がある。そ(51)の価値は、この稀少性とそれを造ることに向う人間の努力への感情的反応とに由来する。

また一方では、子安貝は国家的政策の効力によって、通貨としての地位を獲得した。その政策は自由に輸入されてくる船荷を防ぐことで、その使用を規定したり、急増をおさえたりした。原始的社会においても、またのちの近代的条件(異なった理由があるにもかかわらず)のもとにおいても、そうした子安貝の価格操作的な運用は可能ではなかった。

一八四八年に、ボルヌ王は子安貝の通貨を確立するのに、大きな困難に直面している。

結局、通貨としての子安貝は、フランス人の行政管理の到来、金属通貨の導入、交換手段としての貨幣の一般的使用にともなって、ダホメ社会から姿を消した。

つまり私たちの言葉でいえば、子安貝通貨ははっきりと古代的経済制度であった。その作用は精密に検討されるに値する。一七世紀と一八世紀のダホメの交換レートは、金一オンス（八アラブ・ミトカールと等しい）[6]につき正確には三万二千個の子安貝であった。

いっぽうハインリッヒ・バルト、オスカー・レンツ[49]、ナハティガル[59]などによって一九世紀中葉に見積られたスーダン地方の交換レートは、一ミトカールにつき子安貝三千五百個から四千個のあいだを変動している（それはまだ非常に標準に近いものである）。その起源地により近いインド洋では、子安貝は積荷という場合を除いてほとんど価値がなかった。一九世紀の中葉以前には、起源地より地理的に遠く隔っていることによって守られたため、交換レートの破滅的な変動を免れた。

何よりも注目すべきことは、西アフリカにおける子安貝の地理的出現のない部分である。文化における他の側面の相違にもかかわらず、原始的貨幣の多くの事例を含む多くの文化的特質は、ひとつの地域に浸透してから、あらゆる方向に流布した。しかし西アフリカにおける古代的貨幣の分散は、まったく異なったものであり、その使用の伝播はけっして一般的ではない。

事実、子安貝の使用された地域とそれが支払いには受け入れられなかった地域とは、あたかもその境界が行政的権威によって引かれたかのごとくに明確である。さらに私たちは、だれかがその現象をそう呼んだように、この〈子安貝貨幣の生態学〉の運用的側面のことを知ってはいない。それは、驚くべきことに、しばしば小さいがはっきりした地域での、金と子安貝との間の厳格な交換レートを含んでいた。ここで、東西を結ぶ境界線で北部と南部とを分けて西アフリカにおける子安貝のある地方を地図化する試みの価値は、万能ではなくなってくる。

つまりある程度の段階まで組織された地域や交易ルートに沿った地域のほかでは、それが広く使用されているのを見出すことはほとんどないのである。それはふたたび、ひとつの半政治体として初期国家に似て旅行用の治外法権をみずから持っている、隊商の基本的性格によって説明される。断片的な例として、サハラという子安貝のない地域とニジェール河湾曲部の広い地域との間に位置する、金貿易の中心都市チンブクツは、つねに子安貝貨幣の飛び地であったとして知られている。

またさらに西の地方では、大西洋岸地方は別として子安貝はなかった。またずっと後になるまで子安貝を通貨とする地域は、ニジェール河流域地方から東のハウサ諸国家へは拡がらなかった。ニジェール湾曲部の南の子安貝地帯やアシャンティ地域への途中の、通貨として砂金をもつ上ヴォルタ地方の交易中心ボンドゥクを通過したバンジェーは、アワブという村落が子安貝がまだ通用する最後の地点であり、すぐ南の次の村落はそれをこばん

でいるという事実を記録している。(9)

たとえばダホメにおけるような古代的国家の状態のもとや、あるいは国家と国家とを結びつけている隊商においてのみ、子安貝の極端な流通性は中立化されうる。しかしダホメ王国に先行したマリやソンガイという歴史上の帝国を除けば、ニジェール河谷とその流域の広大な地方には、ダホメに比較しうるような国家レベルに達したものはなかった。それほどの古代的経済制度であったダホメの子安貝通貨の領域には、不安定さも不調和もなかった。世界市場の著しい進歩ののちに、貝殻貨幣の流通性はふたたび支配管理からはずれた。

等価物の交換

これらの極上の貝殻が、文字どおり何千万個と外洋船の船倉から流出したとき、子安貝は植民地行政官にとっては悪夢となった。一八四八年、ボルヌ王がそれを導入する決意をしてのち、リバプールから輸出された子安貝は、一八四八年、四九年にはそれぞれ六〇トン、三百トンに達した。それは合わせて七二万ポンドの重さにもなる量である。二〇年後の一八六八年から七〇年にかけては、ラゴスへ輸入された量はちょうど一七二〇万重量ポンドを数えた。それは、約三八〇個の子安貝が一重量ポンドにあたるとして、三年間で七〇億個以上の子安貝に等しい。

「ウガンダにおいてイギリス政府はある手段をとった。一八九六年、約二百個の子安貝が一ルピー銀貨と交換された。しかし一九〇一年までにその交換レートは八百個にまで上昇した。一九〇一年三月三一日以後、子安貝は税の支払いとしての受け取りが中止された。同時に政府は、莫大な量の子安貝がドイツ領東アフリカ〔現在のタンザニア〕から輸入されつつあるとの情報を受けて、子安貝の輸入禁止を実施した。政府自身の在庫は最後は焼いて石灰にされた。政府の在庫の破壊のあとの一九〇二年には、まだウガンダでは三億個ほどの貝殻が流通していたと推定された(77)(31)」

フランス・スーダンにおいては、フランス人は子安貝の不適正配置との無駄な戦いをやっていた。すなわち「セグではフランス政府側は一時に二千万個以上の子安貝を蓄積した。……ジェンネでは(ほぼ一五〇マイル離れている)行政官はまるで蓄えなかった(31)。「三つの村落での現金の局地的不足を解除するために、四百万個の子安貝がフランス人によって緊急にこれらの村むらで使われた。またもや分配が問題であった(31)」

一九世紀の終りまでには、子安貝はハウサ地方では価値が下落していた。C・H・ロビンソンの探検隊は、病気になり数日の休養を必要とした一頭の馬を売らねばならなくなった。

「問題は私たちが馬を売ることができないことであった。というのはその値段分の子安貝は、それを運ぶのに一五人の余分な担夫を必要としたし、彼らには彼らが運んだ貨幣を全部支払わねばならない。そしてその上莫大な……」[69][31]

しかしながら子安貝は、まだ引き継ぐまでにいたっていなかった市場システムによって分配されるものとはならないまま、ひとつの古代的経済制度の要素を形成しなくなったのである。するといったい、一八世紀のギニア海岸のほぼ完璧な通貨システムと見なされる社会的効果を生み出した、〈古代的貨幣〉の特性とはなんだったのであろうか。

身分および国家形成

近年の人類学や歴史学における研究は、原始的貨幣に関する私たちの視野を大きく拡げた。外来物品の博物館展示の場では、いまや貨幣の機能をもった物へ投資する機関を創設することに、注意が向けられている。ボハナンによって示されたように、[12][13]倫理的レベルでの貨幣の位置づけの洞察は、未開社会における貨幣の身分づくりの機能をより明確にする。原始的通貨のこの側面は、国家の創成に貢献するというまったく新しい機能とともに、原初的な国家において重要性を認められるものである。

古代的貨幣は、事実、展開する国家構造と密接に結び合わされていた。アリソン・クイギン[67]は、未開社会においては、訪問してきた部族による首長や王への贈り物贈呈の手順の中での重要な品々の儀礼的贈呈がいかにマナ〔自然界に内在し、宇宙の秩序を維持する超自然力〕を備えた物を贈るかについて述べている。実用的な品物は、税や貢ぎ物やあるいは名誉ある贈り物としての性格の誇示により、そしてその社会の首長による受納をとおして、その地位と威厳を獲得する。

そのような強い印象を与える公的な取引きが、品物に貨幣の威光ある特性を付与することになる。そしてその使用は多種多様の規則のもとで実施されるのである。彼女はこれを通貨の制度的よりどころのひとつと考えている。このことは、私たちがつけ加えることなのだが、権利と義務とに定量的意味を導入し、はっきりと社会構造の強固さに寄与することになった。それによって成層化した国家社会とは分離することのできない消耗の時代や内部的緊張に、より抵抗する能力を与えることになったからである。

多くの古代的取引きは、〈たとえ無意識的であろうとも、あらゆる不当利得に対する倫理的な安全装置として〉、慣習的な等価物を交換するという法令の存在を想定させた。ユダヤ教のミシュナ〔二世紀末に編集されたと伝えられるタルムドのもととなるユダヤ教の不成文律書〕は、〈利息〉すなわち交換をとおして得ることのできる法外な利益にほんとうに取りつかれてしまうことを示した。

このことはまた、売買のあらゆる場面において、物知り顔で貨幣と商品とを分別しているミシュナの中の法的詭弁に支持を与えるのである。つまり、交換の原理の中にある手続きが、貨幣で貨幣を買うような売買を締め出すのである。クィギンは経験にもとづいて、未開社会では貨幣は第一義的には交換の手段ではないという説をたてた。貨幣が原初的国家の礎石やその強固な社会構造の中に位置づけられているような原初的国家社会では、けっして交換手段ではなかったのである。

事実、交換手段としての貨幣は、まず身分にとらわれない貨幣であることを必要条件とする。売買とか貸借のような経済的取引きは、伝統的な社会では原則として、まだ身分にもとづく取引きに付属している。すなわち財貨は人の運命のあとからついていくのである。土地やウシや奴隷に対する個人の専有は、養取とか結婚のような地位の変化に結び合わされているのである。財産の譲渡とはちがって単なる使用権の相互移譲さえも含みながら頻繁に行なわれた。しかし、バビロニアのヌジ人のディテヌツ制におけるように諸家族によって所有権は保有されている。

また身分のからむ問題として、土地譲渡は祭司や軍隊や交易などに関する身分と結びついている。このように古代的経済制度のもとでは、経済的統合や地位構造が相互依存的であるかもしれない。身分にともなって出てくる権利と義務は、ある人びとの特権が他の低い身分と対応するかぎりは、統合的効果をもつであろう。それとは反対に、経済的統合の諸形態は、身分を示す効果につながる水路を開き、同時にそれを補強するかもしれない。ここにおいて明らかに、国家形成と身分の網目に関する再配分、互酬性、家族経済の概念が有効となるのである。

交換も例外的ではない。交易の古代的なあり方は、その身分が親族制度にもとづくものであろうとまた同意にもとづくものであろうと、身分的交易者を生み出す。貿易港は、もうひとつの、そのような古代的制度である。ほとんど女性の地位を決定的にした食物市場も、またもうひとつの制度である。そうした制度的背景において、古代的貨幣について、ダホメの子安貝通貨が焦点に入ってくるのである。

また経済の組織化という点では、原初的国家は諸制度をもつ古代的世界に属する。国家レベルの経済とその非国家的領域との行政的接触こそが、全体として経済的過程を形づくることになる。また統合性をもった交換形態が存在するとき、国家はそれを形成する役割を果たすのである。交換レートや価格決定に関する等価物、輸出入のための行政管理された貿易港、地方的な食物市場での強制的な貨幣使用などは、少なくとも外面では行政的機能に依存した、典型的な古代的経済制度である。

はじめ両者は密着していたのだが、国家的レベルで発展した法令の枠の中で身分による取引きから経済的取引きの分離が起こってくる。国家および身分という二重の焦点が、こうして古代的経済制度の発展を形成し、その結果としてまさしく古代的経済の強固さの源泉とみなされる社会の緊密な組織化をなしとげるのである。

1555. In R. Hakluyt, *The Principal Navigations of the English Nation*. London.

80. Wyndham, H. A.

1935 *The Atlantic and Slavery*. London: Oxford University Press.

1865 Zur Geschichte der römischen Tributsteuern. *Jarbücher für Nationalökonomie und Statistik*, IV.

71. Rostovtzeff, Michael

1932 *Caravan Cities*. Oxford: Clarendon Press.

72. Roussier, Paul

1935 *L'Établissement d'Issiny, 1687-1702. Voyages de Ducasse, Tibierges et d'Amon ā la côte de Guinēe (publiēs pour la premiēre fois et suivis de la relation du voyage au royaume d'Issiny du Pēre Godefroy Loyer)*. Paris: Larose.

73. Sik, Endre

1961-63 *Histoire de L'Afrique Noire,* Tome I-II [Traduit par Frida Lederer]. Budapest: Akadēmiai Kiadō.

74. Skertchly, J. A.

1874 *Dahomey as it is: Being a Narrative of Eight Months' Residence in that Country*. London: Chapman and Hall.

75. Smith, William

1744 *A New Voyage to Guinea*. London.

76. Snelgrave, Capt. William

1734 *A New Account of Some Parts of Guinea, and the Slave Trade*. London: J. J. and P. Knapton.

77. Thomas, Harold Bekan, and Robert Scott

1935 *Uganda*. London: Oxford University Press.

78. Thurnwald, Richard

1916 *The Bararo. Mēmoirs, American Anthropologist*, No. 4.

79. Towrson, William

1907 The First Voyage of Master William Towrson,

60. Newbury, C. W.
1961 *The Western Slave Coast and Its Rulers*. Oxford: Clarendon Press.

61. Parliamentary Papers
1789 Minutes of the Evidence taken before a Committee of the House of Commons of the whole House to consider the circumstances of the Slave Trade.

62. Parliamentary Papers
1790 Report of the Lords of the Committee of Council relating to the Slave Trade (Board of Trade) 1789. (Published 1790.)

63. Phillips, Thomas
1746 *Journal of a Voyage to Africa and Barbadoes*, Vol. VI. London: Churchill, Awnsham Comp.

64. Polanyi, Karl
1944 *The Great Transformation*. New York: Rinehart.

65. Polanyi, Karl
1947 Our Obsolete Market Mentality. *Commentary*, Vol. 13, September. pp. 109-17.

66. Polanyi, Karl
1963 Ports of Trade in Early Societies. *The Journal of Economic History*, Vol. XXIII, No. 1, March.

67. Quiggin, Alison H.
1949 *A Survey of Primitive Money*. London: Methuen.

68. Richard-Molard, Jacques
1949 *Afrique occidentale française*. Paris: Berger-Levrault.

69. Robinson, Charles Henry
1896 *Hausaland*. London: S. Low, Marston and Co.

70. Rodbertus, Karl

1868 *Voyage dans le Soudan occidental (Sénégambie-Niger)*. Paris : L. Hachette et Cie.

51. Malinowski, Bronislaw
1922 *Argonauts of the Western Pacific*. London : G. Routledge and Sons.

52. Martin, Gaston
1948 *Histoire de l'esclavage dans les colonies françaises*. Paris : Presses universitaires de France.

53. Martin, Gaston
1931 *Nantes au XVIIIe Siècle, L'ère des négriers, (1714-1774)*. Paris : Félix Alcan.

54. McLeod, John
1820 *A Voyage to Africa with Some Account of the Manners and Customs of the Dahoman People*. London : J. Murray.

55. Mercier, Paul
1951 Les tâches de la sociologie. *Initiations Africaines*. IFAN.

56. Mercier, Paul
1954a *L'affaiblissement des processus d'intégration dans des sociétés en changement*. (Bulletin) de l'IFAN, Vol. 16.

57. Mercier, Paul
1954b *Cartes ethno-démographiques de l'ouest africain*. Feuilles No. 5, IFAN.

58. Mercier, Paul
1954c The Fon of Dahomey. In *African Worlds*, D. Forde, editor. London : Oxford University Press.

59. Nachtigal, Gustav
1879-89 *Saharâ und Sûdân*. Berlin : Weidmann.

42. Jobson, Richard
1904 *The Golden Trade or a Discovery of the River Gambia and the Golden Trade of the Aethiopians (1620-21)*. Teignmouth, Devonshire: E. E. Speight and R. H. Walpole.
43. Johnson, Rev. S., S. J.
1921 *The History of the Yorubas from the Earliest Time to the Beginning of the British Protectorate.* London: G. Routledge and Sons.
44. Johnston, Captain John
1930 in *The Proceedings of the American Antiquarian Society*, N. S.
45. Johnston, Captain John
1930 "The Journal of an African Slaver, 1789-1792," with an introductory note by George A. Plimpton. *The Proceedings of the American Antiquarian Society*, N. S. vol. 39, pp. 379-465.
46. Labat, Père Jean-Baptiste
1731 *Voyage du Chevalier des Marchais en Guinée.* Amsterdam: Aux dépens de la Compagnie.
47. Lambe, Bulfinch
1744 Report, 27th November 1724. In *A New Voyage to Guinea*, W. Smith, editor.
48. Le Herissé, A.
1911 *L'ancien Royaume du Dahomey. Moeurs, Religion, Histoire*. Paris.
49. Lenz, Oskar
1884 *Timbuktu: Reise durch Marokko, die Sahara und den Sudan 1879/80*. Leipzig: F. A. Brockhaus.
50. Mage, Abdon Eugène

London: Longmans, Brown, Green and Longmans.

34. Forde, C. Daryll
1960 The Cultural Map of West Africa: Successive Adaptations to Tropical Forests and Grasslands. In *Cultures and Societies of Africa*, Ottenberg, S. and P., editors. New York.

35. Gautier, Émile Felix
1935 *L'Afrique noire occidentale*. Paris: Librairie Larose.

36. Gourg, M.
1892 Ancien Mémoire sur le Dahomey...(1791). In *Mémorial de l'Artillerie de la Marine*, 2e Série, Tome XX. pp. 747-776.

37. Herskovits, Melville J. and Frances S.
1958 *Dahomean Narrative*. Evanston: Northwestern University Press.

38. Herskovits, Melville J.
1938 *Dahomey, an Ancient West African Kingdom* (2 vols.). New York: Augustin.

39. Ibn Batuta
1958 *Travels, A.D. 1325-1354*. Cambridge: Printed for the Hakluyt Society at the University Press.

40. Isert, Paul Erdmann
1797 *Reize van Koppenhagen naar Guinea*. Amsterdam.

41. Jackson, J. W.
1915-16 *The Use of Cowry-Shells for the Purposes of Currency, Amulets and Charms*. Manchester Memoirs, Vol. LX, No. 13.

1780 *Abrégé de l'histoire générale des voyages* (Vol. 2, Ch. IV. Dahomey ; and Vol. 3). Paris : Hôtel de Thou, Rue des Poitevins.

26. D'Elbée
1671 *Journal du Voyage du Sieur d'Elbée en 1669* par I. Clodoré. Paris.

27. Doublet, J.
1883 *Journal du Corsaire Jean Doublet de Honfleur*. Paris. Du Casse, J.

28. Doublet, J.
1935 Relation du Sieur Du Casse (1687-1688). In *L'Établissement d'Issiny, 1687-1702*, Paul Roussier. Paris : Larose.

29. Duncan, John
1847 *Travels in Western Africa, in 1845 and 1846* (2 vols.). London : R. Bentley.

30. Dunglas, Édouard
1957-58 *Contribution à l'histoire du Moyen-Dahomey* (*Royaumes d'Abomey, du Kétou et de l'Ouidah*). 3 vols. Études dahoméennes, XIX-XXI. IFAN.

31. Einzig, Paul
1949 *Primitive Money in its Ethnological, Historical and Economical Aspects*. London : Eyre and Spottiswoode.

32. Foà, Édouard
1895 *Le Dahomey*. Paris : A. Hennuyer.

33. Forbes, Frederick E.
1851 *Dahomey and the Dahomans, Being the Journal of Two Missions to the King of Dahomey, and Residence at His Capital in 1849 and 1850*.

1942　*Land und Herrschaft*. Brünn : R. M. Rohrer.

16. Bücher, Karl

1913　*Die Entstehung der Volkswirtschaft*. Tübingen : Verlag der H. Laupp 'fchen Buchhandlung.

17. Burns, A. C.

1929　*History of Nigeria*. London : G. Allen and Unwin Ltd.

18. Burton, Captain Sir Richard F.

1863　*Abeokutia and the Comaroons Mountains*. London : Tinsley Brothers.

19. Burton, Capt. Sir Richard F.

1893　*A Mission to Gelele, King of Dahome* (2 vols.), Memorial Edition. London.

20. Cà da Mosto

1780　in De la Harpe, M. *Abrégé de l'histoire générale des voyages*, Tome 2.

21. Clapperton, Hugh

1829　*Journal of a Second Expedition into the Interior of Africa from the bight of Benin to Soccatoo*. Philadelphia : Carey, Lea and Carey.

22. Dalzel, Archibald

1793　*History of Dahomey*. London : Author.

23. D'Amon

1935　Relation du Chevalier D'Amon (1698). In *L'Établissement d'Issiny, 1687-1702*, Paul Roussier. Paris : Larose.

24. Davies, Kenneth Gordon

1957　*The Royal African Company*. London, New York : Longmans, Green.

25. De la Harpe, M.

Service.

8. Berbain, Simone

1942 *Le Comptoir Français de Juda (Ouidah) au XVIIIe Siècle*. Mémoires de l'IFAN, No. 3. Paris.

9. Binger, Captain Louis G.

1892 *Du Niger au Golfe du Guinée par le Pays de Kong et la Mossi*. Paris: Librairie Hachette et Cie.

10. Bohannan, Paul

1959 The Impact of Money on an African Subsistence Economy. *American Journal of Economic History*, Vol. 19, No. 4.

11. Bohannan, Paul

1955 Some Principles of Exchange and Investment Among the Tiv. *American Anthropologist*, Vol. 57, No. 1.

12. Bohannan, Paul

1954 *Tiv Farm and Settlement*. London: Her Majesty's Stationery Office.

13. Bohannan, Laura and Paul

1957 Tiv Markets. *Transactions of the New York Academy of Sciences*, New Series, Vol. 19, No. 7. pp. 613-621.

14. Bosman, Willem

1808-14 *A New and Accurate Description of the Coast of Guinea*. In John Pinkerton (ed.) *A General Collection of the Best and Most Interesting Voyages and Travels in All Parts of the World*, Vol. XVI. London.

15. Brunner, Otto

参考文献

1. Atkins, John [R. N. Surgeon]
   1737 *Voyage to Guinea, Brasil and West-Indies in His Majesty's Ships the Swallow and Weymouth.* Second Edition. London.
2. Baillaud, Émile
   1902 *Sur les Routes du Soudan.* Toulouse.
3. Barbot, James Jr.
   1732 in Appendix of John Barbot, *A Description of the Coasts of North and South Guinea, and of Ethiopia inferior, vulgarly Angola*, Vol. V. London: Churchill, Awnsham Comp.
4. Barbot, John
   1732 *A Description of the Coasts of North and South Guinea, and of Ethiopia inferior, vulgarly Angola*, Vol. V. London: Churchill, Awnsham Comp.
5. Barth, Heinrich
   1857–58 *Reisen und Entdeckungen in Nord-und Central-Afrika in den jahren 1849 bis 1855*. Gotha: J. Perthes.
6. Barth, Heinrich
   1859 *Travels and Discoveries in North and Central Africa.* New York: Harper and Brothers.
7. Basden, George T.
   1921 *Among the Ibos of Nigeria.* London: Seeley

本書は一九八一年九月、サイマル出版会より刊行された
新版を底本とし、文庫化にあたり改訳した。

ちくま学芸文庫

経済《けいざい》と文明《ぶんめい》

二〇〇四年十一月十日　第一刷発行

著者　カール・ポランニー
訳者　栗本慎一郎（くりもと・しんいちろう）
　　　端　信行（はた・のぶゆき）
発行者　菊池明郎
発行所　株式会社　筑摩書房
東京都台東区蔵前二―五―三　〒一一一―八七五五
振替〇〇一六〇―八―四一二三
装幀者　安野光雅
印刷所　株式会社精興社
製本所　株式会社鈴木製本所

乱丁・落丁本の場合は、左記宛に御送付下さい。
送料小社負担でお取り替えいたします。
ご注文・お問い合わせも左記へお願いします。
筑摩書房サービスセンター
埼玉県さいたま市北区櫛引町二―六〇四　〒三三一―八五〇七
電話番号　〇四八―六五一―〇〇五三

Printed in Japan
ISBN4-480-08870-9 C0139